Math in Focus®

Singapore Math®
by Marshall Cavendish
en español

Libro del estudiante

Consultor del programa
Dr. Fong Ho Kheong

Autores
Chelvi Ramakrishnan
Michelle Choo

Grado
1B

Marshall Cavendish Education

Distribuidor en Estados Unidos
Houghton Mifflin Harcourt.
The Learning Company™

Contenido

Capítulo

8 Sumas y restas hasta el 40

Actividad práctica

Capítulo

9 Longitud y peso

Actividad práctica

Capítulo

10 Números hasta el 120

▶ Actividad práctica

Capítulo

11 Sumas y restas hasta el 100

Actividad práctica

Capítulo

12 Gráficas

Actividad práctica

Capítulo

13 Dinero

Actividad práctica

Lista de materiales manipulables

Dado de 10 caras

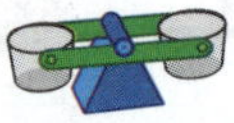
Balanza de cubetas

Bloques de base diez

Unidad de bloques de base diez

Barra de base diez

Conjunto de monedas

Cubos numerados de colores

Cubos interconectables

Palitos planos

Flecha giratoria

Fichas transparentes

Prefacio

Math in Focus® es un programa en el que **tú** estás en el centro de una emocionante experiencia de aprendizaje. ¡Esta experiencia tiene como único propósito ayudarte a entender realmente las matemáticas y resolver problemas con confianza y destreza!

Cada capítulo en este libro comienza con un ejemplo cotidiano del tema principal que aprenderás.

En cada capítulo, verás estos elementos:

PIENSA te da un problema de toda la sección, para que comiences a reflexionar. Si no puedes contestar el problema de inmediato, puedes regresar a él en varias ocasiones a medida que avanzas en la sección.

PARTICIPA contiene tareas que vinculan lo que ya sabes con lo que aprenderás a continuación. Puedes explorar y comentar las tareas con tus compañeros.

APRENDE introduce nuevos conceptos matemáticos usando ejemplos y actividades, en los cuales puedes usar objetos como ayuda para aprender.

Actividad práctica te permite trabajar más estrechamente con tus compañeros, usando objetos o haciendo dibujos, para ayudarte a aprender matemáticas.

INTENTA te permite practicar lo que estás aprendiendo, con apoyo.

PRÁCTICA INDEPENDIENTE te permite trabajar en distintos tipos de problemas y usar lo que has aprendido para resolver esos problemas por tu cuenta.

Los elementos adicionales incluyen:

RECORDAR CONOCIMIENTOS PREVIOS	Charla de matemáticas	COMPARTAMOS	JUEGA
Te ayuda a recordar conceptos relacionados que aprendiste anteriormente y viene acompañado de preguntas de prácticas	Te invita a comentar tu razonamiento y comunicar tus ideas a tus compañeros y maestros	Te alienta a crear estrategias, descubrir métodos, y compartirlos con tus compañeros y maestros utilizando lenguaje matemático	Te ayuda a realmente dominar los conceptos que aprendiste, a través de divertidos juegos con tus compañeros
EXPLOREMOS	**DIARIO DE MATEMÁTICAS**	**¡DESAFÍA TU MENTE!**	**CIERRE DEL CAPÍTULO**
Expande tu aprendizaje a través de la investigación	Te permite reflexionar sobre tu aprendizaje cuando escribes tu razonamiento sobre los conceptos aprendidos	Te desafía a aplicar los conceptos para resolver problemas de maneras distintas	Resume tu aprendizaje en un diagrama de flujo y te ayuda a hacer conexiones dentro del capítulo
REPASO DEL CAPÍTULO	**Preparación para la prueba**	**TAREA DE DESEMPEÑO**	**STEAM**
Te proporciona mucha práctica en los conceptos aprendidos	Te prepara para las pruebas estatales con problemas parecidos a los de la prueba	Evalúa tu aprendizaje a través de problemas que te permiten demostrar tu comprensión y conocimientos	Promueve la colaboración con tus compañeros mediante proyectos interesantes que te permiten usar las matemáticas de maneras creativas

¡Comencemos juntos esta travesía de aprendizaje! ¿Estás listo?

Capítulo 8

Sumas y restas hasta el 40

¿Cómo puedes sumar o restar dos números?
¿De qué maneras puedes hacerlo?

Nombre: ______________________ Fecha: ____________

Sumar hasta el 20

a Cuenta hacia delante para sumar.

11 + 4 = ?

11	12	13	14	15	16

4 pasos

11 + 4 = 15

b Cuenta para formar una decena.

8 + 5 = ?

8 + 5 = 13

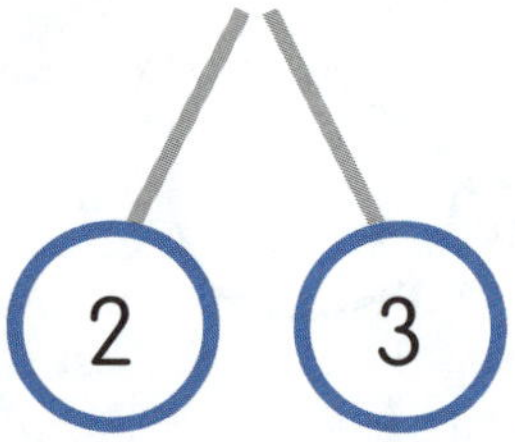

▶ Repaso rápido

Suma.
Cuenta hacia delante desde el número mayor.
Usa la cinta para contar como ayuda.

11	12	13	14	15	16	17	18	19	20

1. 17 + 2 = __________
2. 12 + 4 = __________

Forma una decena.
Luego, suma.

3 8 + 7 = ________

4 9 + 5 = ________

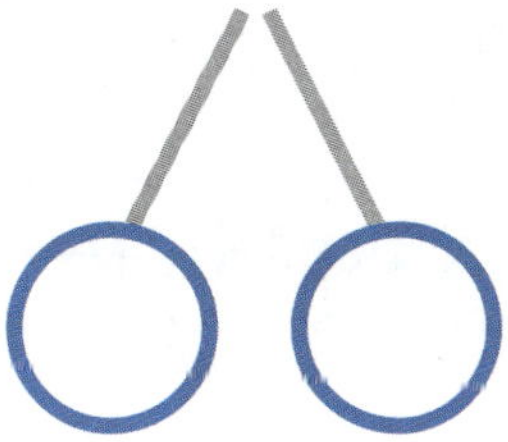

Restar hasta el 20

a Cuenta hacia atrás para restar.
16 – 3 = ?

11	12	13	14	15	16

3 pasos

16 – 3 = 13

b Resta agrupando en una decena y unidades.
16 – 7 = ?

16 – 7 = 9

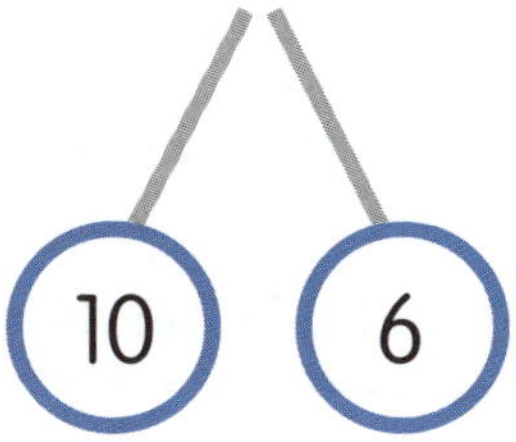

Repaso rápido

Resta.
Cuenta hacia atrás desde el número mayor.
Usa la cinta para contar como ayuda.

11	12	13	14	15	16	17	18	19	20

5. $13 - 2 =$ ________

6. $19 - 3 =$ ________

Agrupa cada número en una decena y unidades.
Luego, resta.

7. $17 - 9 =$ ________

8. $14 - 8 =$ ________

Operaciones relacionadas con suma y resta

Cada enunciado de suma tiene un enunciado relacionado de resta.

$4 + 5 = 9$ ------------------ $9 - 4 = 5$ o $9 - 5 = 4$

Cada enunciado de resta tiene un enunciado relacionado de suma.

$9 - 5 = 4$ ------------------ $5 + 4 = 9$ o $4 + 5 = 9$

Repaso rápido

Escribe un enunciado relacionado de suma o resta.

9. $8 + 5 = 13$ ________

10. $16 - 9 = 7$ ________

Nombre: ______________________ Fecha: ______________

1 Sumar sin reagrupación

Objetivos de aprendizaje:
- Sumar unidades a un número de 2 dígitos sin reagrupación.
- Sumar decenas a un número de 2 dígitos.
- Sumar unidades y decenas a un número de 2 dígitos sin reagrupación.

Vocabulario nuevo
dígito

PIENSA

Halla cada dígito que falta.

	Decenas	Unidades
	1	5
+	☐	☐
	2	7

Comenta con tu compañero cómo hallaste los resultados.

PARTICIPA

Escribe un número entre 21 y 25.

Usa 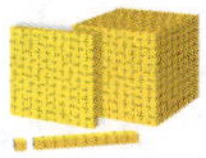 para mostrar este número.

Representa cómo sumarías 4 a tu número.

¿Qué número tienes ahora?

Escríbelo abajo.

Comenta con tu compañero cómo sumaste los dos números.

APRENDE Suma unidades a un número de 2 dígitos sin reagrupación

1. 24 + 3 = ?

Método 1

Cuenta hacia delante desde el número mayor.

24	25	26	27

3 pasos

Método 2

Usa una tabla de valor posicional.

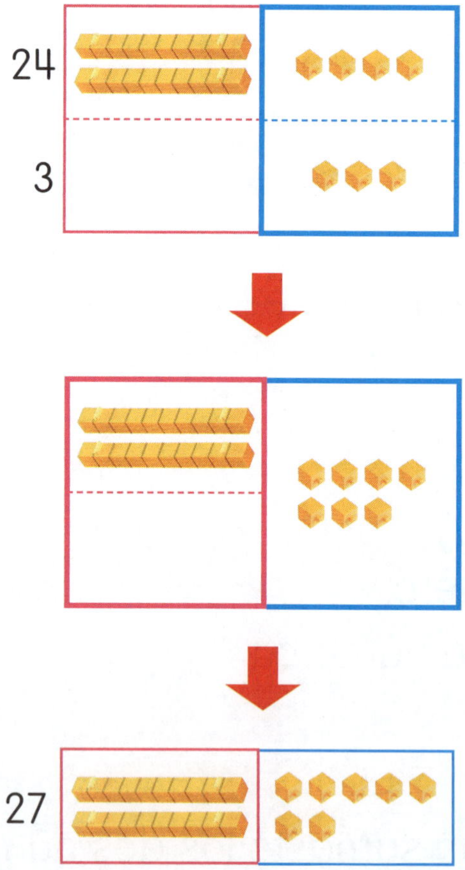

Paso 1 Suma las unidades.

	Decenas	Unidades
	2	4
+		3
		7

4 unidades
+ 3 unidades
= 7 unidades

Paso 2 Suma las decenas.

	Decenas	Unidades
	2	4
+		3
	2	7

2 decenas
+ 0 decenas
= 2 decenas

Entonces, 24 + 3 = 27.

INTENTA Practica sumar unidades a un número de 2 dígitos sin reagrupación

Suma.

1 36 + 2 = ?

Método 1

Cuenta hacia delante desde el número mayor.

36	37	38

2 pasos

36, ____, ____

Método 2

Usa una tabla de valor posicional.

Primero, suma las unidades.
Luego, suma las decenas.

36

2

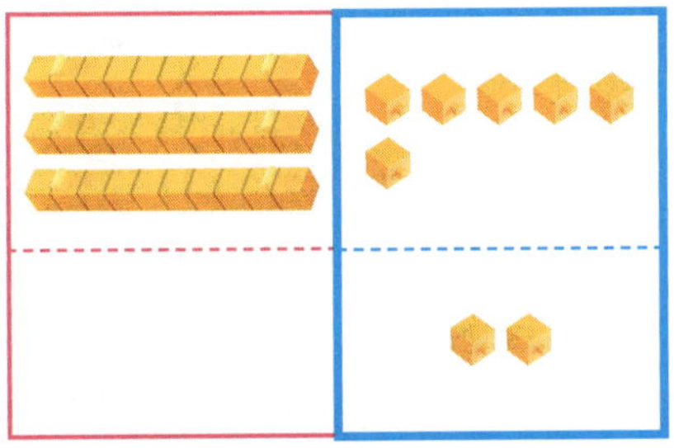

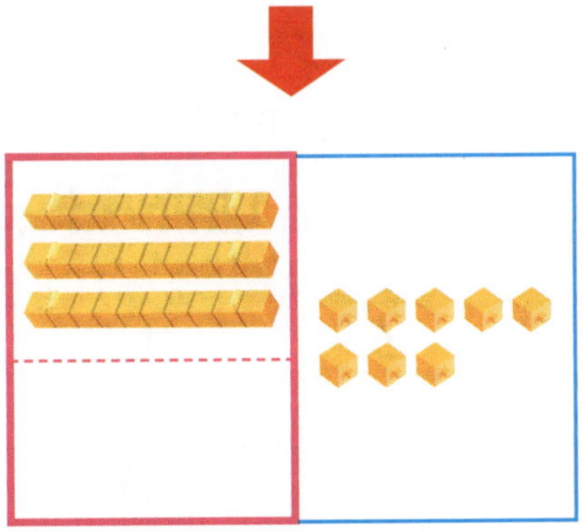

	Decenas	Unidades
	3	6
+		2
	☐	☐

36 + 2 = ____

30 ◯

Entonces, 36 + 2 = ____________.

2 32 + 4 = ____________

PARTICIPA

Cuenta hacia delante de diez en diez hasta el 40.

a ¿Qué es 10 más que 20?

b ¿Qué es 10 más que 21?

Comenta con tu compañero cómo encontraste los resultados.

APRENDE Suma decenas a un número de 2 dígitos

1 20 + 20 = ?

Método 1

Cuenta hacia delante de 10 en 10 desde el 20.

Método 2

Usa una tabla de valor posicional.

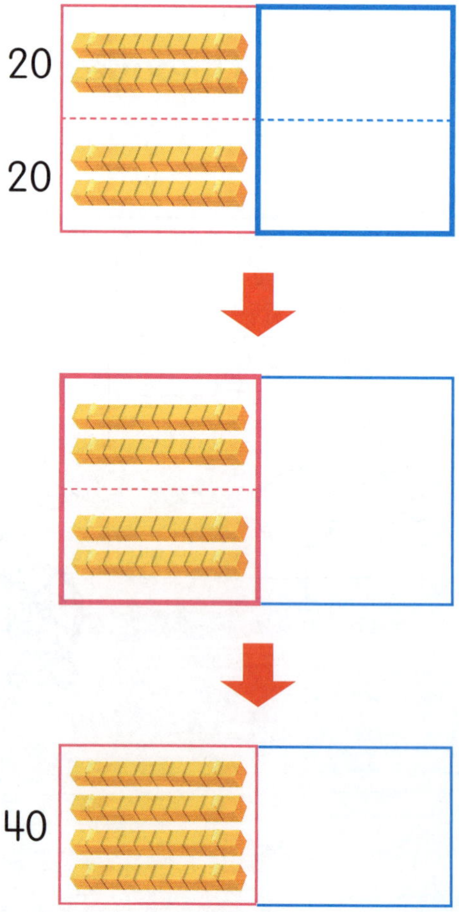

Paso 1 Suma las unidades.

	Decenas	Unidades
	2	0
+	2	0
		0

0 unidades
+ 0 unidades
= 0 unidades

Paso 2 Suma las decenas.

	Decenas	Unidades
	2	0
+	2	0
	4	0

2 decenas
+ 2 decenas
= 4 decenas

Entonces, 20 + 20 = 40.

2 $17 + 20 = ?$

Método 1

Cuenta hacia delante de 10 en 10 desde el 17.

Método 2

Usa una tabla de valor posicional.

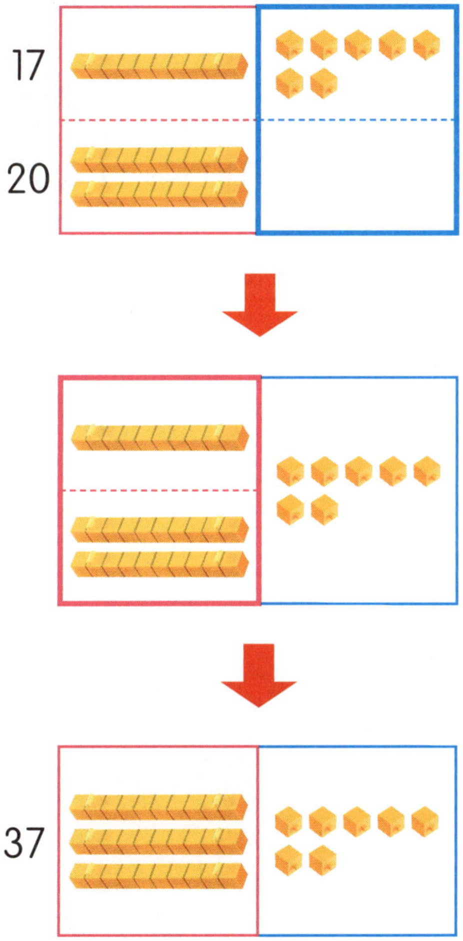

Paso 1 Suma las unidades.

	Decenas	Unidades
	1	7
+	2	0
		7

7 unidades
+ 0 unidades
= 7 unidades

Paso 2 Suma las decenas.

	Decenas	Unidades
	1	7
+	2	0
	3	7

1 decena
+ 2 decenas
= 3 decenas

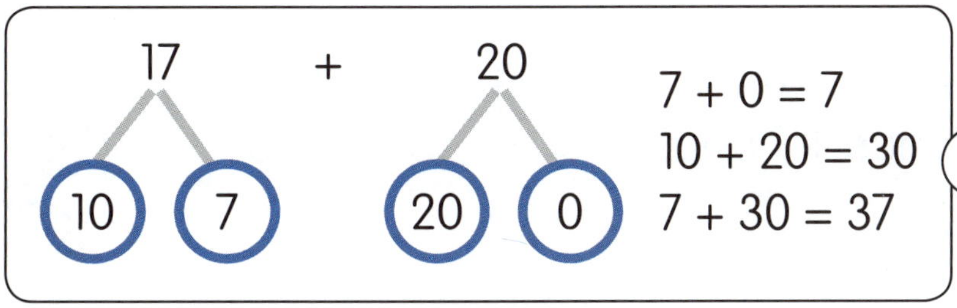

Entonces, $17 + 20 = 37$.

INTENTA Practica sumar decenas a un número de 2 dígitos

Suma.

1. 20 + 10 = ?

Método 1
Cuenta hacia delante de 10 en 10 desde el 20.

Método 2
Usa una tabla de valor posicional.

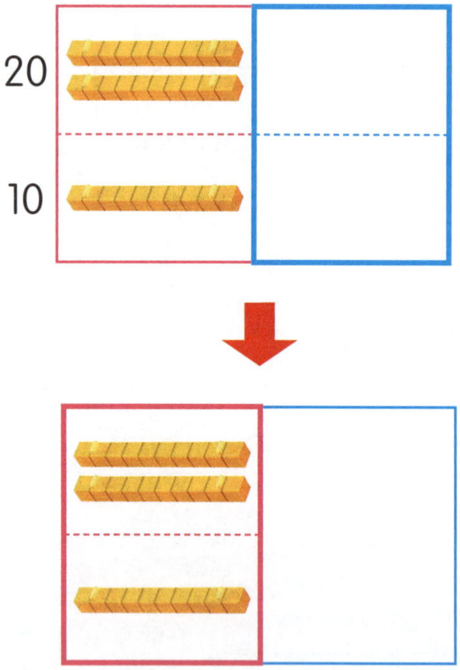

	Decenas	Unidades
	2	0
+	1	0
	☐	☐

Entonces, 20 + 10 = ________.

2 25 + 10 = ?

Método 1

Cuenta hacia delante de 10 en 10 desde el 25.

25, ..., ____

Método 2

Usa una tabla de valor posicional.

Primero, suma las unidades.
Luego, suma las decenas.

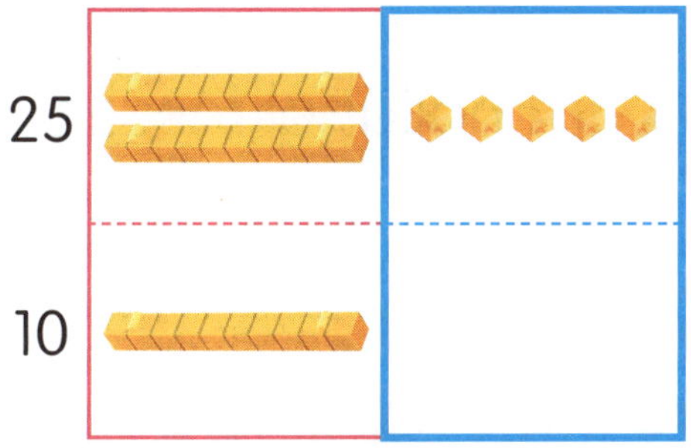

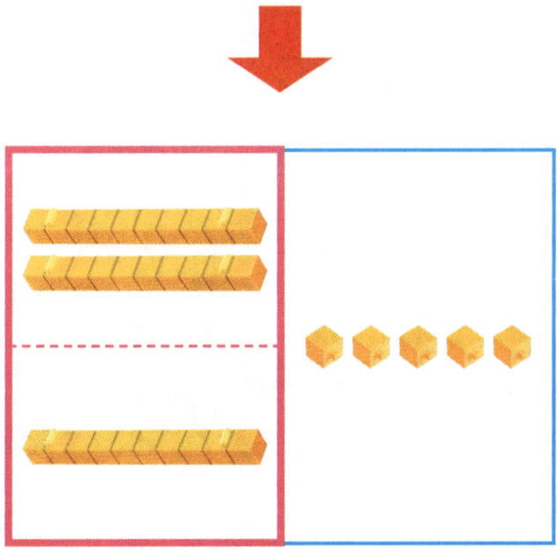

	Decenas	Unidades
	2	5
+	1	0
	☐	☐

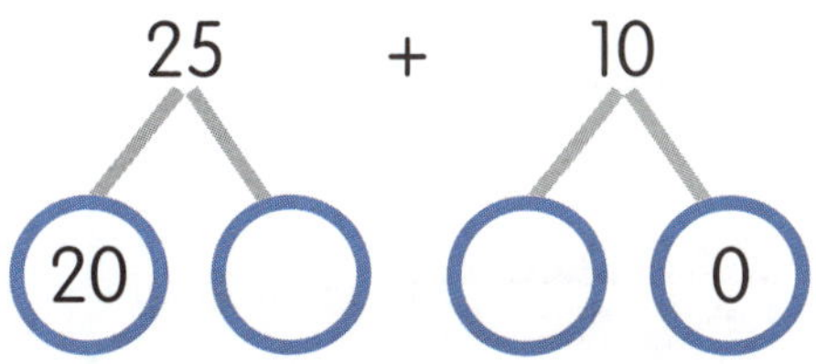

____ + 0 = ____

20 + ____ = ____

____ + ____ = ____

Entonces, 25 + 10 = ____________.

3 20 + 19 = ____________

PARTICIPA

1. 22 + 12 = ___________

   Forma números conectados para mostrar las decenas y unidades para cada número.
   Suma para mostrar el número total de decenas y unidades.

2. Beth tiene 24 frutos en su canasta.
   Agrega 24 frutos a su canasta.
   ¿Cuántos frutos tiene ahora?
   Suma las decenas y unidades para hallar el resultado.

APRENDE Suma unidades y decenas a un número de 2 dígitos sin reagrupación

1. 14 + 25 = ?

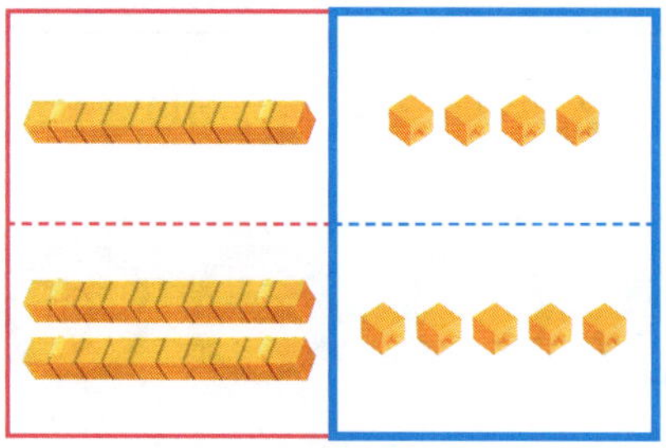

Paso 1 Suma las unidades.

	Decenas	Unidades
	1	4
+	2	5
		9

4 unidades
\+ 5 unidades
= 9 unidades

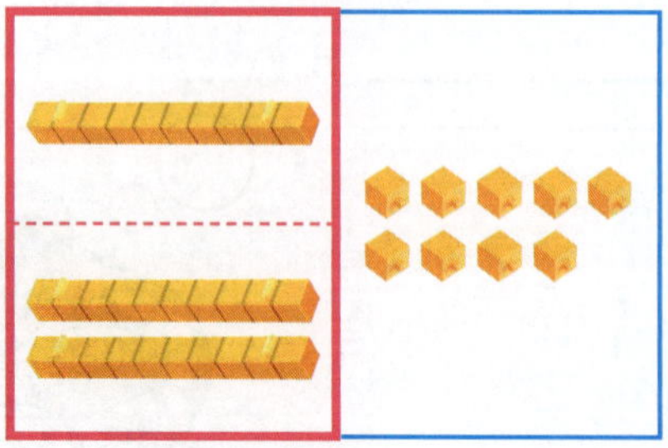

Paso 2 Suma las decenas.

	Decenas	Unidades
	1	4
+	2	5
	3	9

1 decena
\+ 2 decenas
= 3 decenas

39 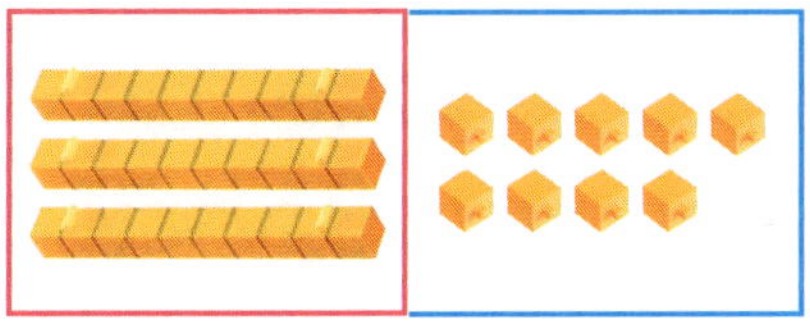

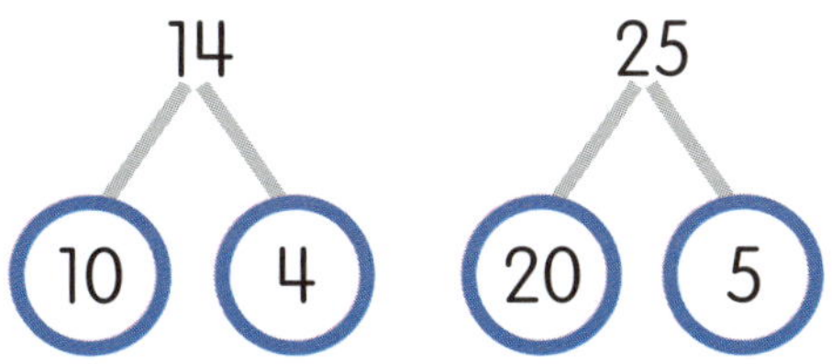

14 = 1 decena y 4 unidades
25 = 2 decenas y 5 unidades

Entonces, 14 + 25 = 39.

Actividad práctica Sumar dos números de 2 dígitos sin reagrupación

Trabaja en pareja.

① Suma 27 y 12.
Escribe los números en los recuadros de la derecha.

	Decenas	Unidades
	☐	☐
+	☐	☐
	☐	☐

② Pide a tu compañero que use  para comprobar el resultado.

Pídele que comente cada paso.

③ Tomen turnos.
Repitan los pasos ① y ② para los siguientes enunciados de suma.

a 11 + 17

	Decenas	Unidades
	☐	☐
+	☐	☐
	☐	☐

b 16 + 12

	Decenas	Unidades
	☐	☐
+	☐	☐
	☐	☐

c 21 + 18

	Decenas	Unidades
	☐	☐
+	☐	☐
	☐	☐

INTENTA Practica sumar unidades y decenas a un número de 2 dígitos sin reagrupación

Suma.

1 13 + 14 = ?

13

14

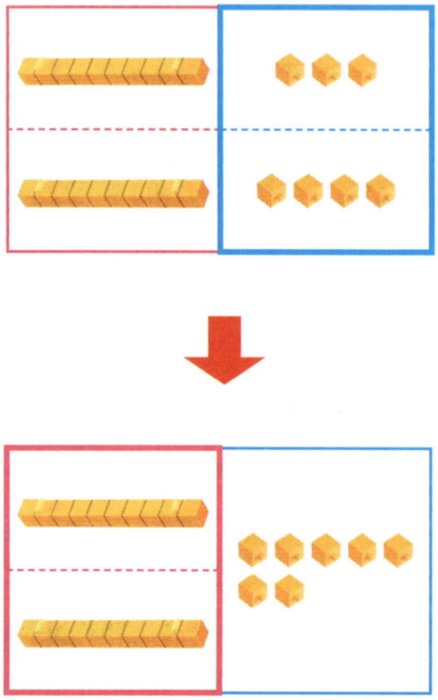

Primero, suma las unidades.
Luego, suma las decenas.

	Decenas	Unidades
	1	3
+	1	4
	☐	☐

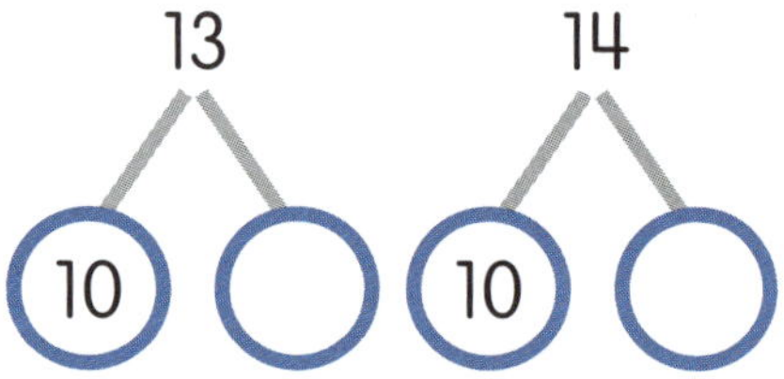

13 = 1 decena y ____ unidades

14 = 1 decena y ____ unidades

Entonces, 13 + 14 = ____________.

2 22 + 16 = ____________

	Decenas	Unidades
	2	2
+	1	6
	☐	☐

3 24 + 14 = ____________

	Decenas	Unidades
	2	4
+	1	4
	☐	☐

Nombre: ____________________ Fecha: ____________

PRÁCTICA INDEPENDIENTE

Suma.
Cuenta hacia delante desde el número mayor.
Traza flechas como ayuda.

1. $26 + 3 =$ ________

26	27	28	29	30

2. $22 + 2 =$ ________

22	23	24	25

3. $31 + 4 =$ ________

31	32	33	34	35	36

4. $36 + 4 =$ ________

35	36	37	38	39	40

Escribe cada número que falta.

5. $24 + 2 =$ ________

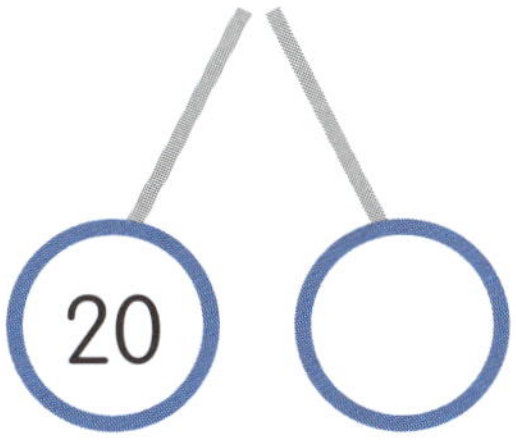

6. $35 + 3 =$ ________

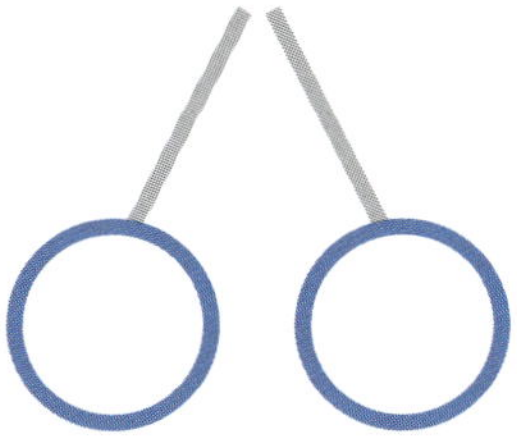

Suma.
Cuenta hacia delante de 10 en 10.

7 16 + 10 = ______

16, ..., ____

8 12 + 20 = ______

12, ..., ____, ..., ____

Escribe cada número que falta.

9 11 + 20 = ______

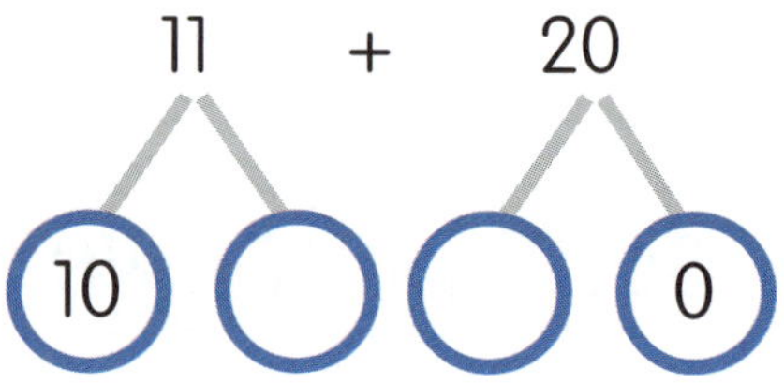

____ + 0 = ____

10 + ____ = ____

____ + ____ = ____

10 15 + 10 = ______

11 10 + 11 = ______

12 20 + 13 = ______

Suma.
Luego, traza líneas para emparejar los resultados que son iguales.

13

	Decenas	Unidades
	2	1
+		7
	☐	☐

	Decenas	Unidades
	1	4
+	2	0
	☐	☐

	Decenas	Unidades
	2	5
+	1	2
	☐	☐

	Decenas	Unidades
	1	8
+	2	0
	☐	☐

- 27
- 38
- 37
- 28
- 34

**Escribe los números en los recuadros.
Luego, suma.**

14 7 + 22 = ______

	Decenas	Unidades
	☐	☐
+	☐	☐
	☐	☐

15 13 + 10 = ______

	Decenas	Unidades
	☐	☐
+	☐	☐
	☐	☐

16 13 + 16 = ______

	Decenas	Unidades
	☐	☐
+	☐	☐
	☐	☐

17 11 + 26 = ______

	Decenas	Unidades
	☐	☐
+	☐	☐
	☐	☐

18 15 + 21 = ______

	Decenas	Unidades
	☐	☐
+	☐	☐
	☐	☐

19 24 + 15 = ______

	Decenas	Unidades
	☐	☐
+	☐	☐
	☐	☐

Nombre: ______________________________ Fecha: ______________

2 Sumar con reagrupación

Objetivos de aprendizaje:

- Reagrupar unidades en decenas y unidades.
- Sumar unidades a un número de 2 dígitos con reagrupación.
- Sumar unidades y decenas a un número de 2 dígitos con reagrupación.
- Sumar tres números con reagrupación.

Vocabulario nuevo
reagrupar

PIENSA

Halla el número que falta.

14 + 9 + __________ = 31

Comenta con tu compañero cómo encontraste el número que falta.

PARTICIPA

a Tu maestro te dará algunos y dos .
Pon todos tus en las .
Luego, completa cada enunciado

10 + __________ = __________

¿Cuántos hay?

b Toma 9 y 5 verdes.
Usa las dos para hallar cuántos hay en total.

APRENDE Reagrupa unidades en una decena y unidades

1. Puedes reagrupar 14 en una decena y unidades.

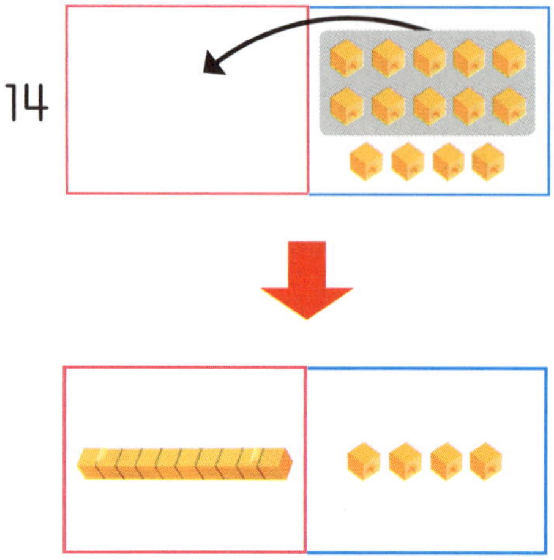

Reagrupamos cuando cambiamos 10 unidades por 1 decena.

Entonces, 14 =

Decenas	Unidades
	14

=

Decenas	Unidades
1	4

Actividad práctica Reagrupar unidades en decenas y unidades

Toma un , algunos  y una tabla de valor posicional.

① Lanza el .

② Coloca este número de  en la tabla de valor posicional.

(3) Lanza el  otra vez.
Suma el número de  en tu tabla.
Si tienes más de 10 , cámbialos por 1 .

(4) Repite los pasos del (1) al (3) hasta que obtengas 40.

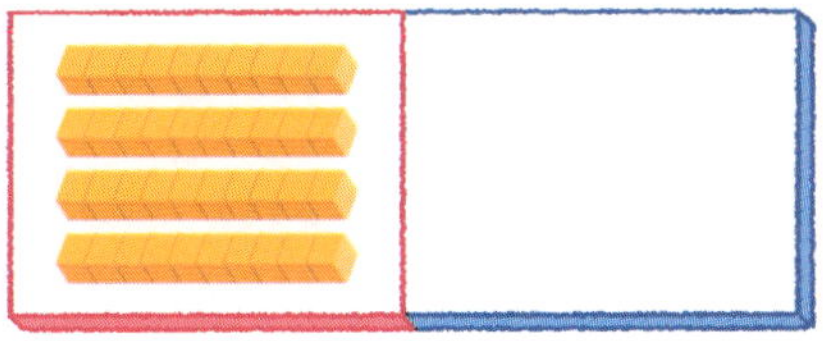

INTENTA Practica reagrupar unidades en una decena y unidades

Reagrupa las unidades.
Luego, completa la tabla de valor posicional.

1. 17 = 1 decena y ___?___ unidades

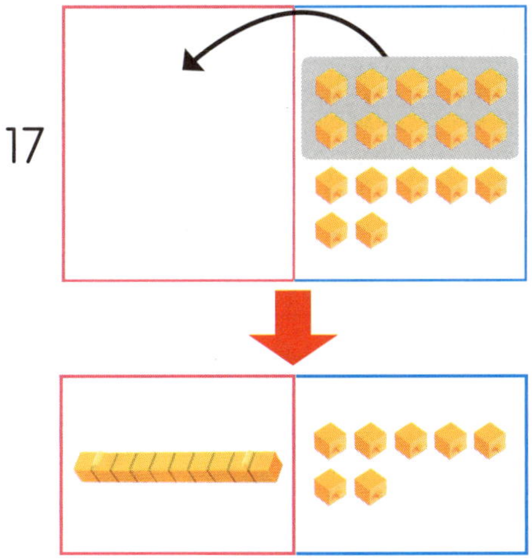

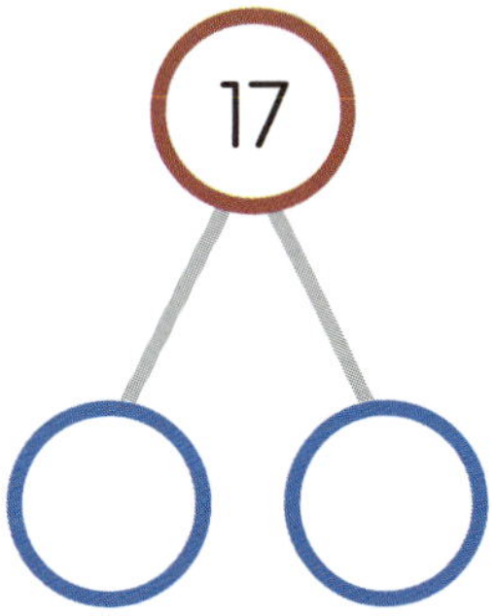

	Decenas	Unidades		Decenas	Unidades
17 =		17	=	1	

PARTICIPA

Tu maestro te dará algunos  y tres 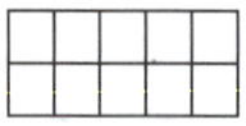.
Usa los  y las 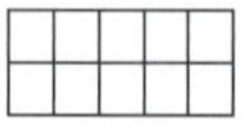 para ayudarte a resolver este problema:
Ayden tiene 15 automóviles de juguete.
Le dan 7 automóviles de juguete más.
¿Cuántos automóviles de juguete tiene Ayden ahora?

APRENDE Suma unidades a un número de 2 dígitos con reagrupación

1 28 + 6 = ?

28 = 2 decenas y 8 unidades

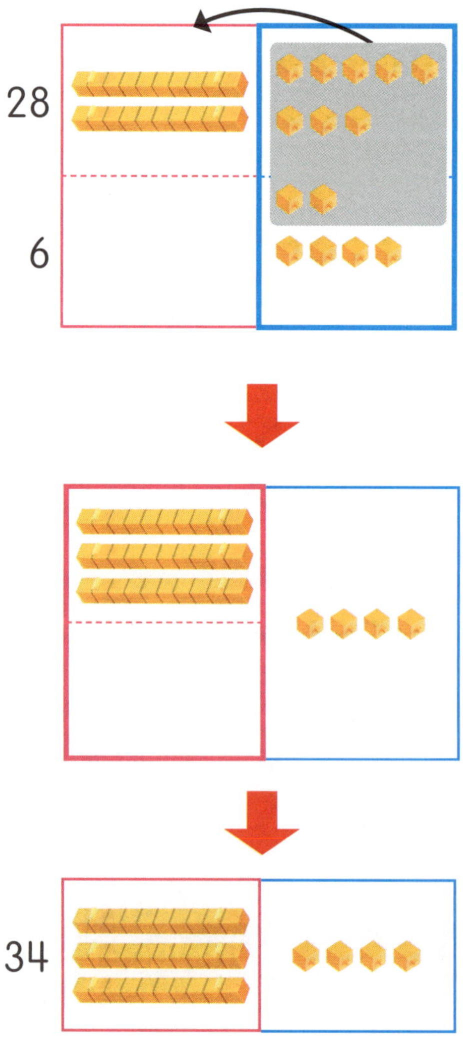

Paso 1 Suma las unidades.

	Decenas	Unidades
	1	
	2	8
+		6
		4

8 unidades
+ 6 unidades
= 14 unidades

Reagrupa las unidades.
14 unidades = 1 decena y 4 unidades

Paso 2 Suma las decenas.

	Decenas	Unidades
	1	
	2	8
+		6
	3	4

1 decena
+ 2 decenas
+ 0 decenas
= 3 decenas

Entonces, 28 + 6 = 34.

INTENTA Practica sumar unidades a un número de 2 dígitos con reagrupación

Suma y reagrupa.

1. 25 + 7 = ?

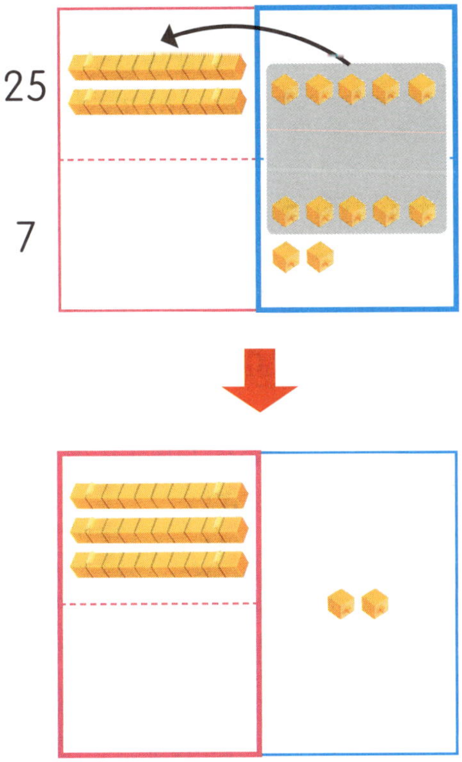

Primero, suma las unidades.
Reagrupa las unidades en decenas y unidades.
Luego, suma las decenas.

	Decenas	Unidades
	2	5
+		7
	☐	☐

Entonces, 25 + 7 = ______.

2. 29 + 6 = ______

	Decenas	Unidades
	2	9
+		6
	☐	☐

3. 36 + 4 = ______

	Decenas	Unidades
	3	6
+		4
	☐	☐

PARTICIPA

Tu maestro te dará algunos  y cuatro .
¿Cómo sumas 18 y 17?
Representa dos maneras diferentes.
Luego, completa el enunciado: 18 + 17 = 30 + ________

APRENDE Suma unidades y decenas a un número de 2 dígitos con reagrupación

1 14 + 18 = ?

14 = 1 decena y 4 unidades
18 = 1 decena y 8 unidades

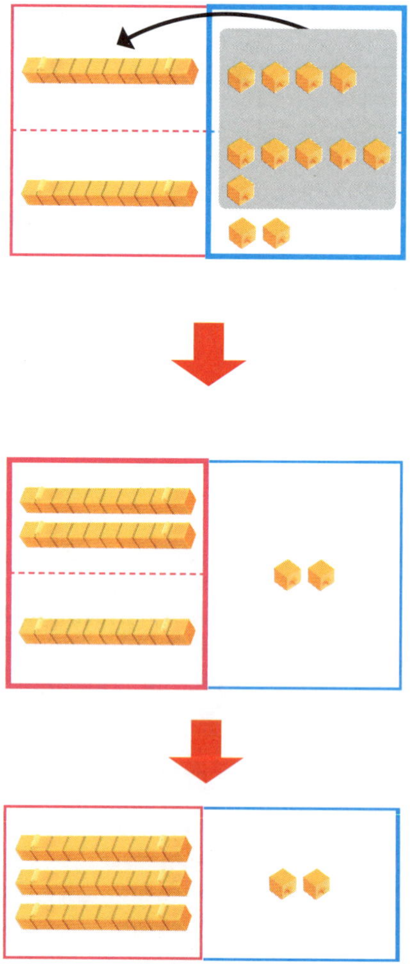

Paso 1 Suma las unidades.

	Decenas	Unidades
	1	
	1	4
+	1	8
		2

4 unidades
+ 8 unidades
= 12 unidades

Reagrupa las unidades.
12 unidades = 1 decena y 2 unidades

Paso 2 Suma las decenas.

	Decenas	Unidades
	1	
	1	4
+	1	8
	3	2

1 decena
+ 1 decena
+ 1 decena
= 3 decenas

Entonces, 14 + 18 = 32.

Actividad práctica — Sumar dos números de 2 dígitos con reagrupación

Trabaja en pareja.

1. 19 + 19 = ?
   Suma las unidades, luego reagrupa.
   Después, suma las decenas.

Decenas Unidades

\+

9 unidades + 9 unidades
= ____ unidades
= ____ decena y ____ unidades

2. Pide a tu compañero que use  para comprobar el resultado.

   Pídele que diga los pasos mientras los muestra.

3. Tomen turnos.
   Repitan los pasos 1 y 2 para los siguientes enunciados de suma.

   a 15 + 19 **b** 17 + 16 **c** 14 + 26

Decenas Unidades

\+

Decenas Unidades

\+

Decenas Unidades

\+

INTENTA Practica sumar unidades y decenas a un número de 2 dígitos con reagrupación

Suma y reagrupa.

1. 15 + 15 = ?

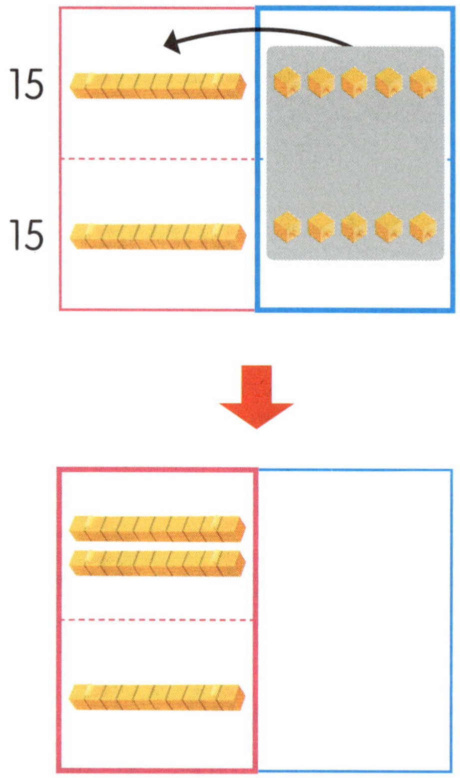

Primero, suma las unidades. Reagrupa las unidades en una decena y unidades. Luego, suma las decenas.

	Decenas	Unidades
	1	5
+	1	5
	☐	☐

Entonces, 15 + 15 = ______.

2. 12 + 28 = ______

	Decenas	Unidades
	1	2
+	2	8
	☐	☐

3. 12 + 19 = ______

	Decenas	Unidades
	1	2
+	1	9
	☐	☐

Hábito para matemáticas 3 **Elaborar argumentos viables**

John comparte con sus compañeros una manera de sumar 19 y 18.

PASO 1

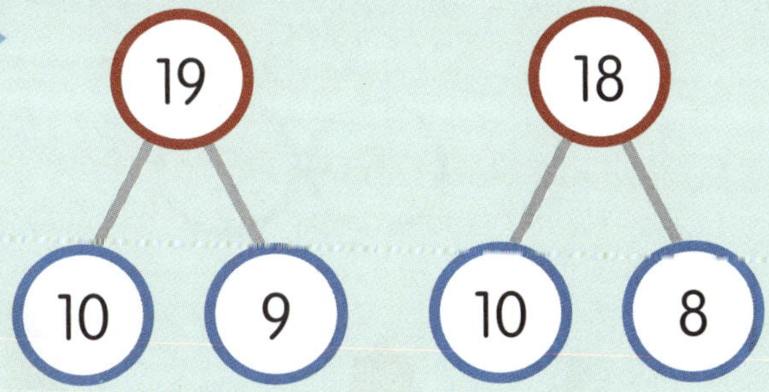

PASO 2 10 + 10 = 20

9 + 8 = 17

PASO 3 20 + 17 = 37

Comenta con tu compañero la manera de trabajar de John. Después, usa esta manera para sumar 17 y 18.

COMPARTAMOS

PARTICIPA

Forma 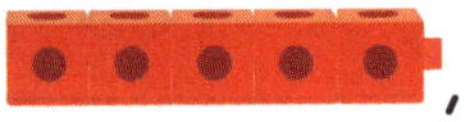, 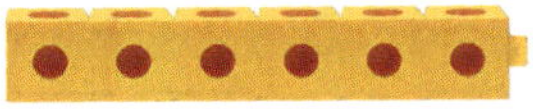 y .

¿Cómo puedes hallar el número total de ?

Muestra a tu compañero cómo lo hiciste.

¿Ambos lo hicieron de la misma manera?

APRENDE Suma tres números con reagrupación

1 5 + 6 + 4 = ?

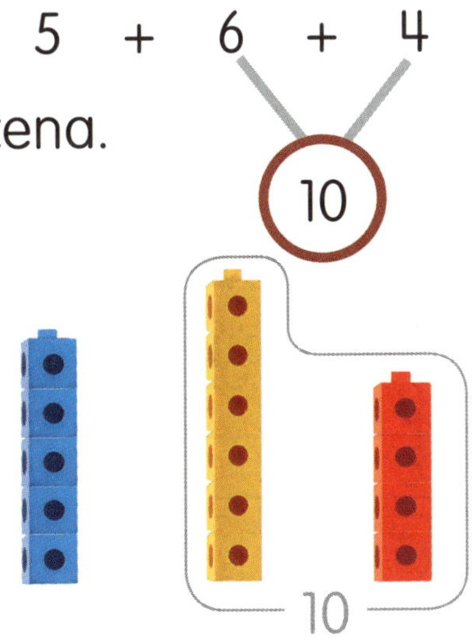

PASO 1 Primero, forma una decena.

6 + 4 = 10

PASO 2 5 + 10 = 15

Entonces, 5 + 6 + 4 = 15.

2 5 + 7 + 6 = ?

Método 1

PASO 1 Primero, forma una decena.
5 + 5 = 10

PASO 2 2 + 6 = 8

PASO 3 10 + 8 = 18

Entonces, 5 + 7 + 6 = 18.

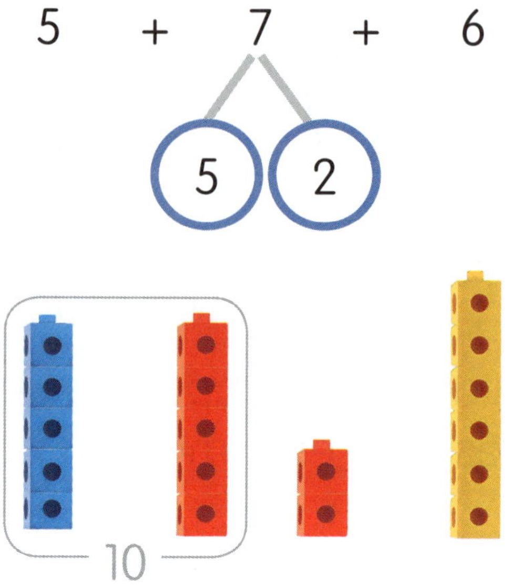

Método 2

PASO 1 Primero, forma una decena.
7 + 3 = 10

PASO 2 5 + 3 = 8

PASO 3 10 + 8 = 18

Entonces, 5 + 7 + 6 = 18.

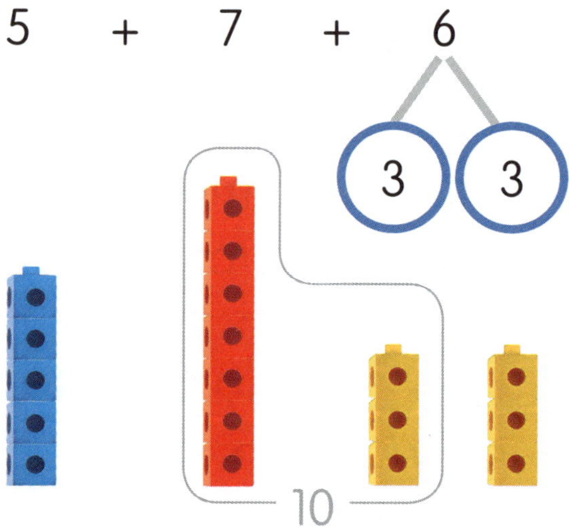

INTENTA Practica sumar tres números con reagrupación

Forma una decena.
Luego, suma.

1 3 + 7 + 4 = ______

2 6 + 8 + 3 = ______

Nombre: ______________________ Fecha: __________

PRÁCTICA INDEPENDIENTE

Reagrupa las unidades en decenas y unidades. Luego, escribe cada número que falta.

1.

Decenas	Unidades
	13

=

Decenas	Unidades
	3

2.

Decenas	Unidades
	27

=

Decenas	Unidades
	17

Suma.

3.

	Decenas	Unidades
	2	8
+		3
	☐	☐

4.

	Decenas	Unidades
	1	7
+		4
	☐	☐

5.

	Decenas	Unidades
		9
+	1	2
	☐	☐

6.

	Decenas	Unidades
	1	9
+	1	1
	☐	☐

7.

	Decenas	Unidades
	1	8
+	1	7
	☐	☐

8.

	Decenas	Unidades
	1	3
+	1	9
	☐	☐

La familia Jones hace un recorrido turístico por el safari.
¿Qué animales ve la familia Jones?
Suma.
Luego, en la página siguiente colorea los círculos con los resultados para hallarlo.

9 24 + 6 = ________

	Decenas	Unidades
	☐	☐
+	☐	☐
	☐	☐

10 4 + 29 = ________

	Decenas	Unidades
	☐	☐
+	☐	☐
	☐	☐

11 17 + 17 = ________

	Decenas	Unidades
	☐	☐
+	☐	☐
	☐	☐

12 15 + 16 = ________

	Decenas	Unidades
	☐	☐
+	☐	☐
	☐	☐

13 18 + 18 = ________

	Decenas	Unidades
	☐	☐
+	☐	☐
	☐	☐

14 15 + 25 = ________

	Decenas	Unidades
	☐	☐
+	☐	☐
	☐	☐

Traza la ruta de la familia Jones.
¿Qué animales ve?

____

Forma una decena.
Luego, suma.

15 

5 + 5 + 9 = ________

Forma una decena.
Luego, suma.

16 1 + 9 + 4 = ________

17 8 + 4 + 6 = ________

18 7 + 3 + 7 = ________

19 3 + 6 + 7 = ________

20 5 + 9 + 3 = ________

21 9 + 6 + 5 = ________

22 7 + 7 + 7 = ________

23 8 + 8 + 9 = ________

Nombre: ______________________ Fecha: ____________

3 Restar sin reagrupación

Objetivos de aprendizaje:

- Restar unidades de un número de 2 dígitos sin reagrupación.
- Restar decenas de un número de 2 dígitos.
- Restar unidades y decenas de un número de 2 dígitos sin reagrupación.

PIENSA

Halla cada dígito que falta.

	Decenas	Unidades
	3	6
−	☐	☐
	1	5

Comenta con tu compañero cómo hallaste los resultados.

PARTICIPA

Usa 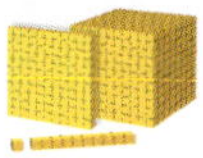 para mostrar el 27.

¿Cómo puedes restar 4?

Representa dos maneras diferentes.

Muestra a tu compañero las maneras que usaste.

APRENDE Resta unidades de un número de 2 dígitos sin reagrupación

1 27 – 4 = ?

Método 1

Cuenta hacia atrás desde el número mayor.

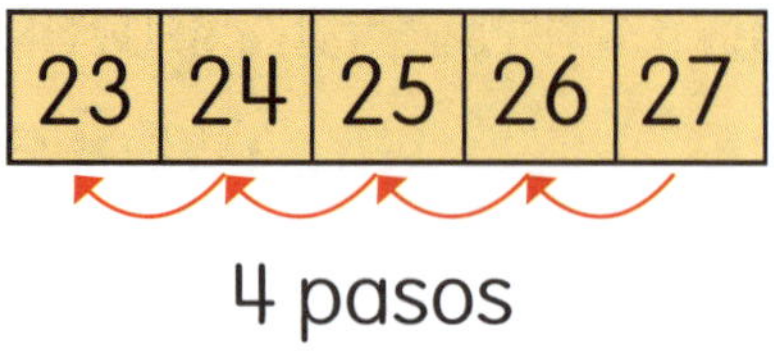

Método 2

Usa una tabla de valor posicional.

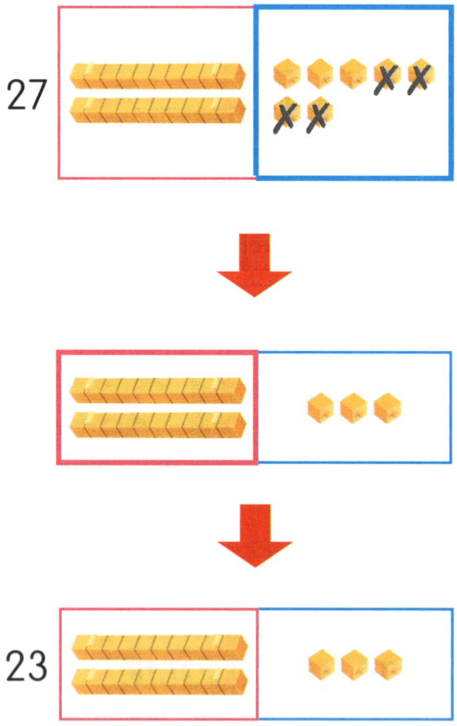

Paso 1 Resta las unidades.

	Decenas	Unidades
	2	7
–		4
		3

7 unidades
– 4 unidades
= 3 unidades

Paso 2 Resta las decenas.

	Decenas	Unidades
	2	7
–		4
	2	3

2 decenas
– 0 decenas
= 2 decenas

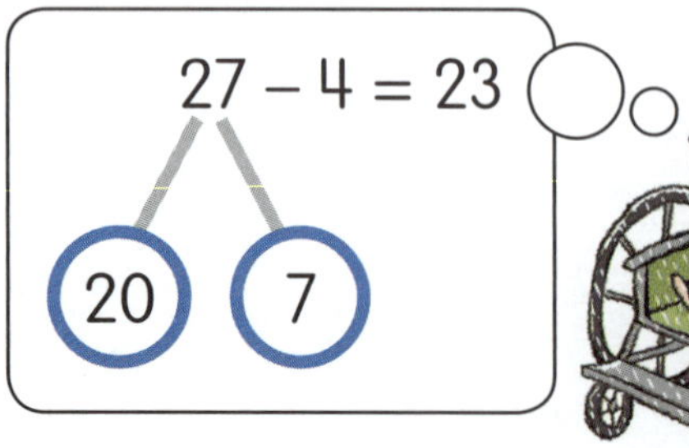

Comprueba

$$\begin{array}{r} 23 \\ +\ 4 \\ \hline 27 \end{array}$$

Entonces, 27 – 4 = 23.

INTENTA Practica restar unidades de un número de 2 dígitos sin reagrupación

Resta.

1. 36 – 3 = ?

Método 1

Cuenta hacia atrás desde el número mayor.

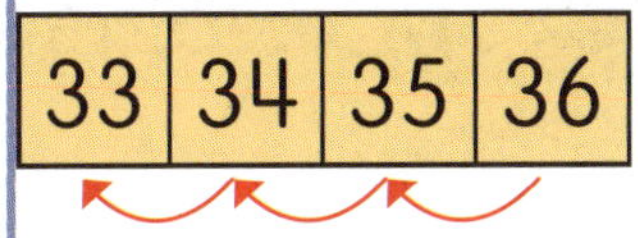

3 pasos

36, ____, ____, ____

Método 2

Usa una tabla de valor posicional.

Resta las unidades. Luego, resta las decenas.

36

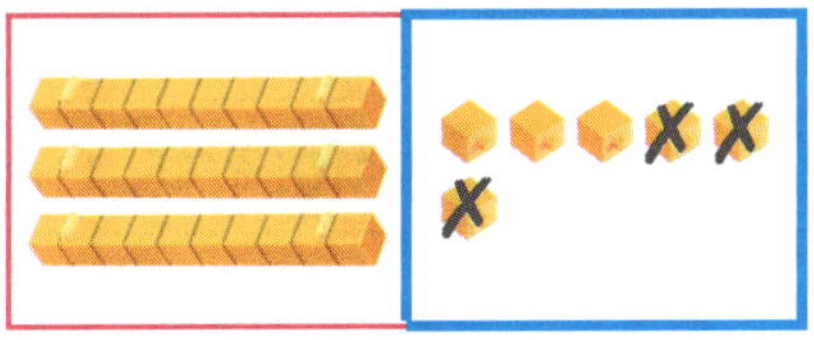

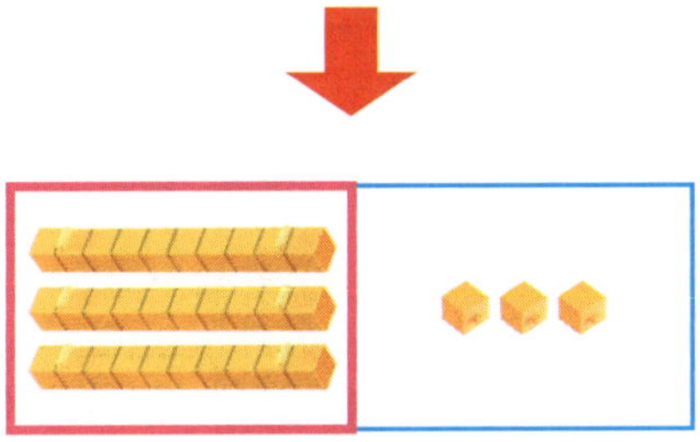

Decenas	Unidades
3	6
–	3
☐	☐

36 – 3 = ____

30 ◯

Comprueba

☐	☐
+	3
☐	☐

Entonces, 36 – 3 = ________.

2. 37 – 2 = ________

PARTICIPA

Cuenta hacia atrás de diez en diez desde el 40.

40, . . ., ____________, . . ., ____________, . . ., ____________

¿Cómo contar hacia atrás es una manera de pensar las restas? Comparte tu razonamiento con tu compañero.

APRENDE Resta decenas de un número de 2 dígitos

1 30 – 10 = ?

Método 1

Cuenta hacia atrás de 10 en 10 desde el 30.

Método 2

Usa una tabla de valor posicional.

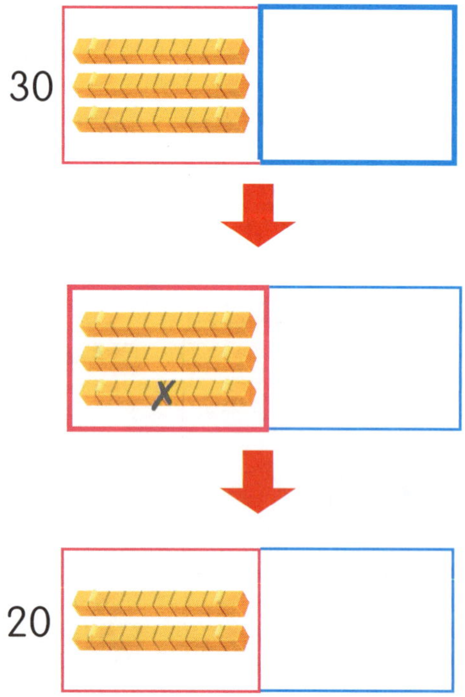

Paso 1 Resta las unidades.

	Decenas	Unidades
	3	0
–	1	0
		0

0 unidades
– 0 unidades
= 0 unidades

Paso 2 Resta las decenas.

	Decenas	Unidades
	3	0
–	1	0
	2	0

3 decenas
– 1 decena
= 2 decenas

Entonces, 30 – 10 = 20.

Comprueba

$$\begin{array}{r} 20 \\ +\ 10 \\ \hline 30 \end{array}$$

② 34 – 20 = ?

Método 1

Cuenta hacia atrás de 10 en 10 desde el 34.

34, ..., 24, ..., 14

Método 2

Usa una tabla de valor posicional.

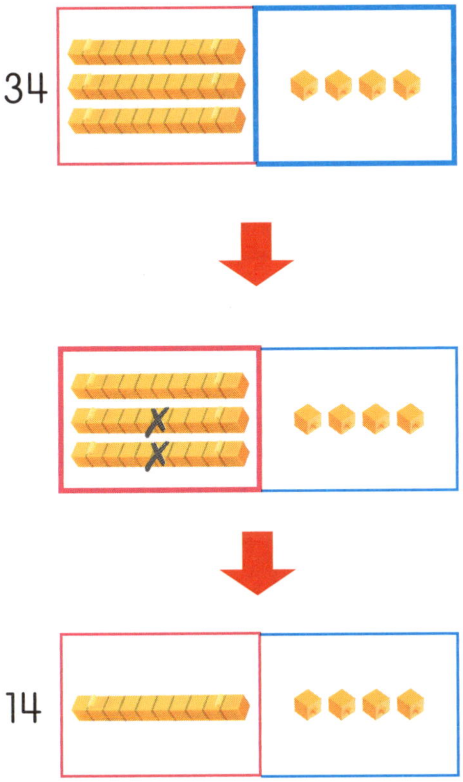

Paso 1 Resta las unidades.

	Decenas	Unidades
	3	4
–	2	0
		4

4 unidades
– 0 unidades
= 4 unidades

Paso 2 Resta las decenas.

	Decenas	Unidades
	3	4
–	2	0
	1	4

3 decenas
– 2 decenas
= 1 decena

34 – 20

30, 4   20, 0

4 – 0 = 4
30 – 20 = 10
10 + 4 = 14

Comprueba

$$\begin{array}{r} 14 \\ +\ 20 \\ \hline 34 \end{array}$$

Entonces, 34 – 20 = 14.

INTENTA Practica restar decenas de un número de 2 dígitos

Resta.

1. 30 – 20 = ?

Método 1

Cuenta hacia atrás de 10 en 10 desde el 30.

30, ..., ____, ..., ____

Método 2

Usa una tabla de valor posicional.

Resta las unidades.
Luego, resta las decenas.

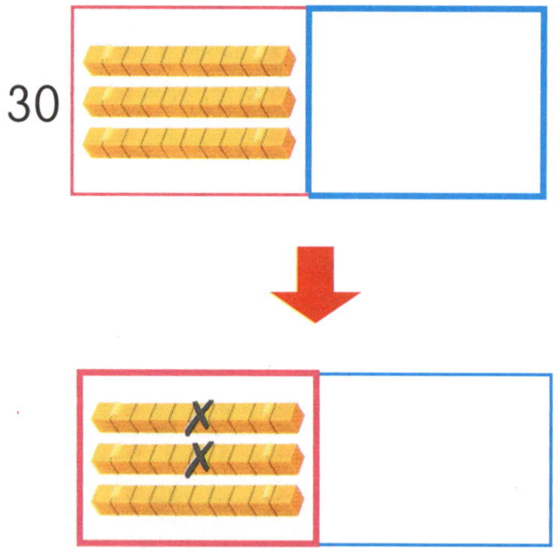

	Decenas	Unidades
	3	0
–	2	0
	☐	☐

3 decenas – 2 decenas
= ____ decena

Entonces, 30 – 20 = ____.

Comprueba

	☐	☐
+	2	0
	☐	☐

Entonces, 30 – 20 = ________.

2 35 – 20 = ?

Método 1

Cuenta hacia atrás de 10 en 10 desde el 35.

35, ..., ______, ..., ______

Método 2

Usa una tabla de valor posicional.

35

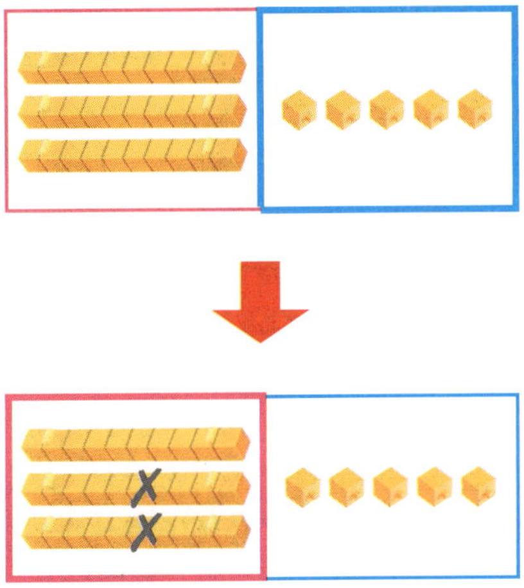

Primero, resta las unidades.
Luego, resta las decenas.

	Decenas	Unidades
	3	5
–	2	0
	☐	☐

35 – 20

30 ◯ ◯ 0

______ – 0 = ______

30 – ______ = ______

______ + ______ = ______

Comprueba

	☐	☐
+	2	0
	☐	☐

Entonces, 35 – 20 = ______________.

3 40 – 10 = ______________

4 38 – 20 = ______________

PARTICIPA

Desde la **a** hasta la **c**, coloca 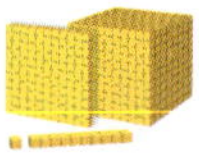 en una tabla de valor posicional para mostrar el 35.

Luego,

a muestra cómo restarías 3 en dos maneras diferentes.

b muestra cómo restarías 20 en dos maneras diferentes.

c muestra cómo restarías 23.

Comenta con tu compañero los pasos que seguiste desde la **a** hasta la **c**.

APRENDE Resta unidades y decenas de un número de 2 dígitos sin reagrupación

1 38 – 22 = ?

38 = 3 decenas y 8 unidades
22 = 2 decenas y 2 unidades

38

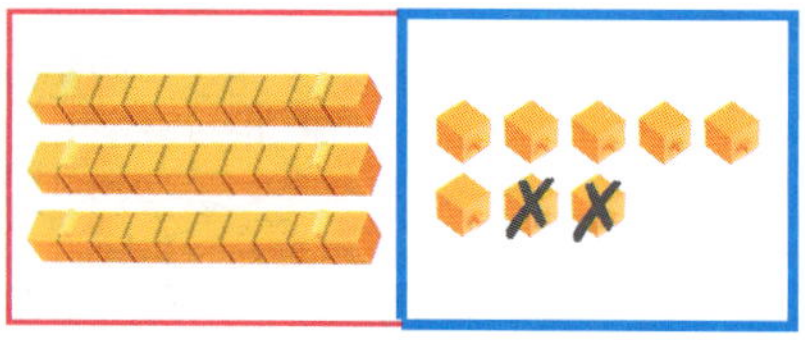

Paso 1 Resta las unidades.

	Decenas	Unidades
	3	8
–	2	2
		6

8 unidades
– 2 unidades
= 6 unidades

Paso 2 Resta las decenas.

	Decenas	Unidades
	3	8
–	2	2
	1	6

3 decenas
– 2 decenas
= 1 decena

16 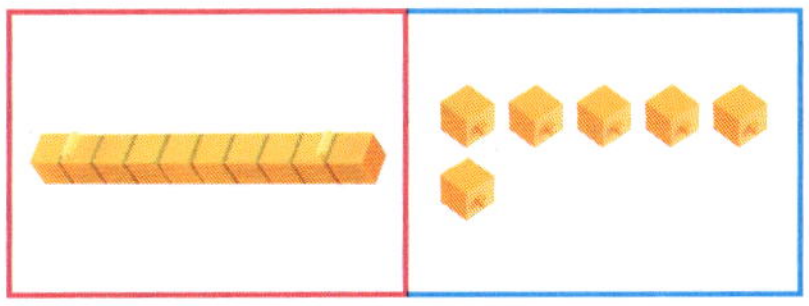

Entonces, 38 – 22 = 16.

Comprueba

$$\begin{array}{r} 1\ 6 \\ +\ 2\ 2 \\ \hline 3\ 8 \end{array}$$

Actividad práctica **Restar dos números de 2 dígitos sin reagrupación**

Trabaja en pareja.

① Resta 22 de 39.
Escribe los números en los recuadros de la derecha.

	Decenas	Unidades
–		

② Pide a tu compañero que use 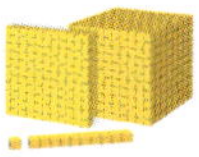 para comprobar el resultado.

Pídele que comente los pasos mientras los muestra.

③ Tomen turnos.
Repitan los pasos ① y ② para los siguientes enunciados de resta.

a 29 – 13 **b** 38 – 25 **c** 27 – 16

	Decenas	Unidades
–		

	Decenas	Unidades
–		

	Decenas	Unidades
–		

INTENTA Practica restar unidades y decenas de un número de 2 dígitos sin reagrupación

Resta.

1 39 – 24 = ?

39

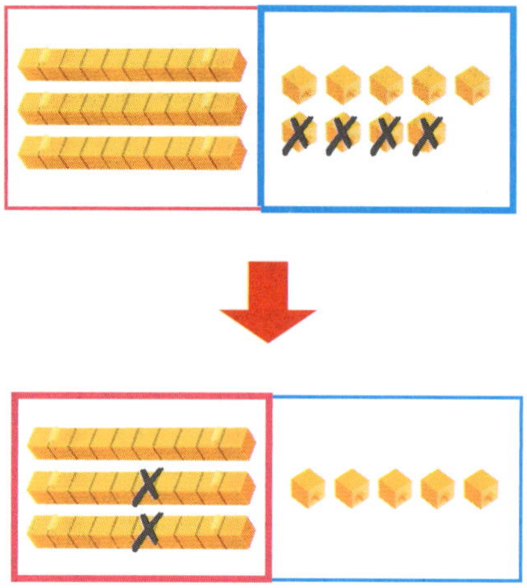

39 = ____ decenas y ____ unidades

24 = ____ decenas y ____ unidades

Primero, resta las unidades. Luego, resta las decenas.

	Decenas	Unidades
	3	9
–	2	4
	☐	☐

Comprueba

	☐	☐
+	2	4
	☐	☐

Entonces, 39 – 24 = ________.

2 36 – 12 = ________

	Decenas	Unidades
	3	6
–	1	2
	☐	☐

Comprueba

	☐	☐
+	1	2
	☐	☐

Nombre: ______________________ Fecha: ______________

PRÁCTICA INDEPENDIENTE

Resta.
Cuenta hacia atrás desde el número mayor.
Traza flechas como ayuda.

1. 25 – 3 = ________

21	22	23	24	25

2. 29 – 2 = ________

26	27	28	29

3. 33 – 3 = ________

29	30	31	32	33

4. 40 – 4 = ________

35	36	37	38	39	40

Escribe cada número que falta.

5. 28 – 3 = ________

6. 35 – 4 = ________

Cuenta hacia atrás de 10 en 10 para restar.

7. 40 – 20 = ________

40, ..., ____, ..., ____

8. 26 – 20 = ________

26, ..., ____, ..., ____

9. 34 – 10 = ________

10. 37 – 30 = ________

Resta.
Muestra cómo comprobrar tu proceso.

11.

Decenas	Unidades
2	8
–	6
☐	☐

Comprueba

	☐	☐
+		6
	☐	☐

12.

Decenas	Unidades
3	5
–	5
☐	☐

Comprueba

	☐	☐
+		5
	☐	☐

13

	Decenas	Unidades
	3	1
−	2	0
	☐	☐

Comprueba

	☐	☐
+	2	0
	☐	☐

14

	Decenas	Unidades
	3	2
−	2	0
	☐	☐

Comprueba

	☐	☐
+	2	0
	☐	☐

15

	Decenas	Unidades
	2	8
−	1	7
	☐	☐

Comprueba

	☐	☐
+	1	7
	☐	☐

16

	Decenas	Unidades
	3	6
−	1	1
	☐	☐

Comprueba

	☐	☐
+	1	1
	☐	☐

17

	Decenas	Unidades
	3	7
−	1	7
	☐	☐

Comprueba

	☐	☐
+	1	7
	☐	☐

Escribe los números en los recuadros. Luego, resta.

18. 28 – 5 = ______

	Decenas	Unidades
	☐	☐
–	☐	☐
	☐	☐

19. 39 – 8 = ______

	Decenas	Unidades
	☐	☐
–	☐	☐
	☐	☐

20. 24 – 13 = ______

	Decenas	Unidades
	☐	☐
–	☐	☐
	☐	☐

21. 38 – 14 = ______

	Decenas	Unidades
	☐	☐
–	☐	☐
	☐	☐

22. 39 – 15 = ______

	Decenas	Unidades
	☐	☐
–	☐	☐
	☐	☐

23. 32 – 22 = ______

	Decenas	Unidades
	☐	☐
–	☐	☐
	☐	☐

4 Restar con reagrupación

Objetivos de aprendizaje:

- Reagrupar decenas en decenas y unidades.
- Restar unidades de un número de 2 dígitos con reagrupación.
- Restar unidades y decenas de un número de 2 dígitos con reagrupación.

PIENSA

Halla cada dígito que falta.

	Decenas	Unidades
	4	0
−	☐	☐
	1	2

Comenta con tu compañero cómo hallaste los resultados.

PARTICIPA

Forma estos trenes numéricos.

Coloca los  entre los trenes, para que solo queden dos trenes.

Uno de los trenes solo tiene diez .

¿Cuántos  tiene el otro tren?

Muestra a tu compañero cómo lo hiciste.

APRENDE Reagrupa decenas en decenas y unidades

1 Puedes reagrupar las decenas de un número en decenas y unidades

26 = 2 decenas y 6 unidades

26
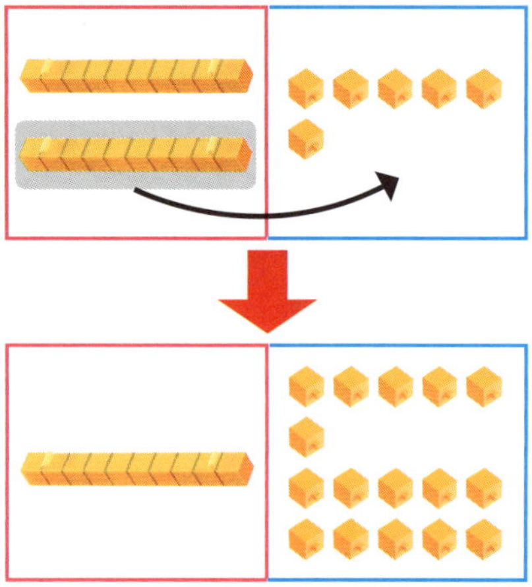

26 =

Decenas	Unidades
2	6

=

Decenas	Unidades
1	16

26 es lo mismo que 1 decena y 16 unidades.

Actividad práctica Reagrupar decenas en decenas y unidades

Toma un , algunos 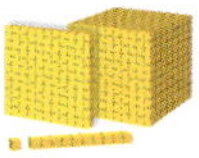 y una tabla de valor posicional.

1 Empieza con cuatro  en tu tabla de valor posicional.

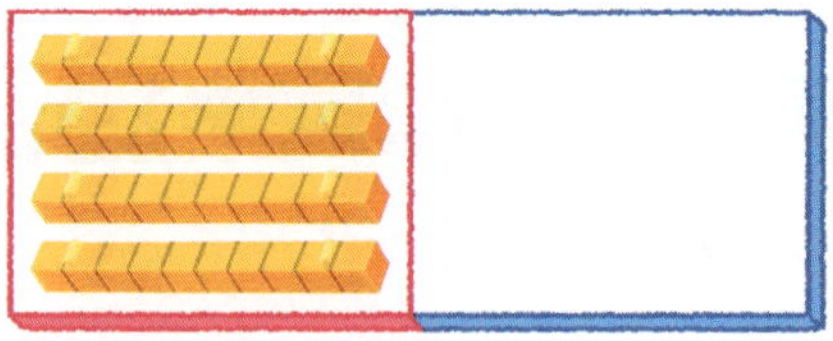

2 Cambia una  por 10 .

3 Lanza el 

(4) Quita ese número de 🟧 de tu tabla de valor posicional.

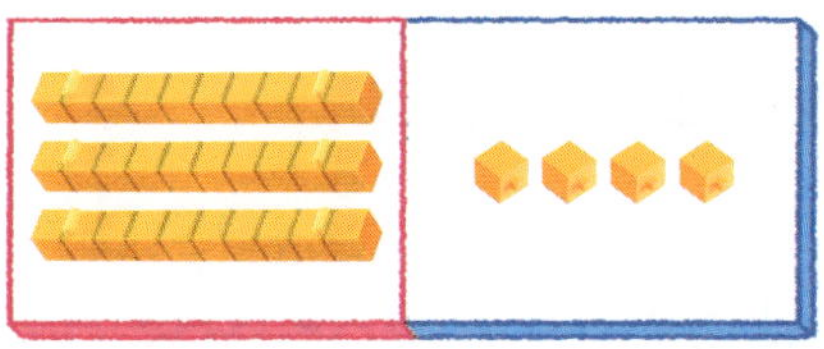

(5) Repite los pasos del (2) al (4) hasta que tengas 0.

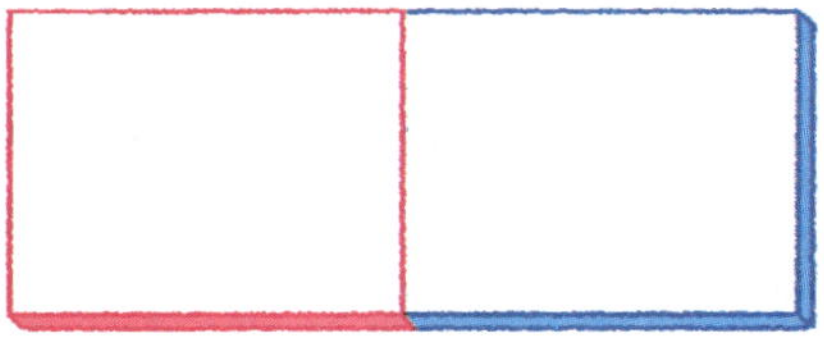

INTENTA Practica reagrupar decenas en decenas y unidades

Reagrupa las decenas y unidades.
Luego, completa la tabla de valor posicional.

1. 25 = 1 decena y ___?___ unidades

25

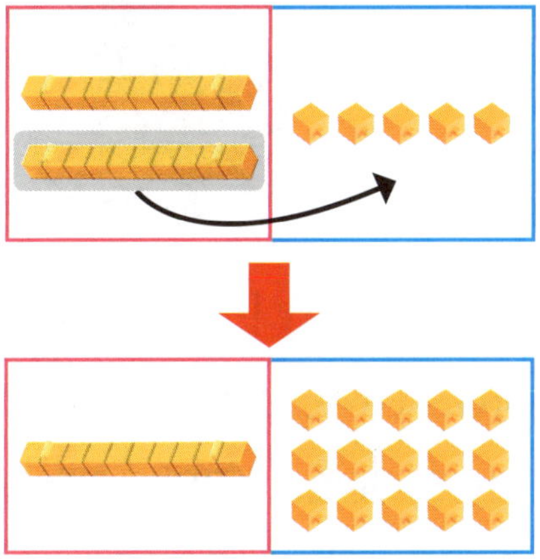

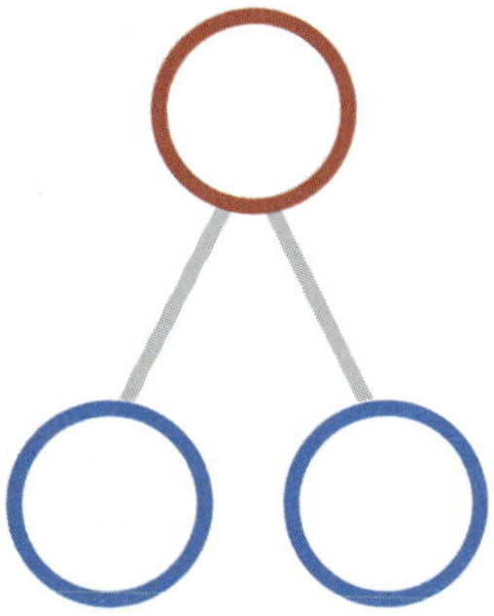

25 =

Decenas	Unidades
2	

=

Decenas	Unidades
1	

2. 34 =

Decenas	Unidades
3	

=

Decenas	Unidades
	14

PARTICIPA

Forma tres torres de 10 en el lugar de las decenas de una tabla de valor posicional.

Luego, forma una torre de 4 cubos en el lugar de las unidades de la misma tabla de valor posicional.

Vuelve a ordenar los 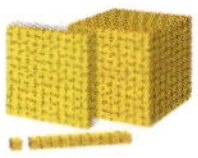 para mostrar cómo quitas 8 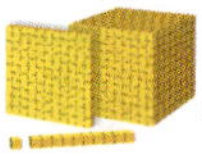.

Muestra a tu compañero cómo lo hiciste.

APRENDE Resta unidades de un número de 2 dígitos con reagrupación

1 32 − 9 = ?

No puedes quitar 9 unidades a 2 unidades.
Entonces, necesitas reagrupar.

32 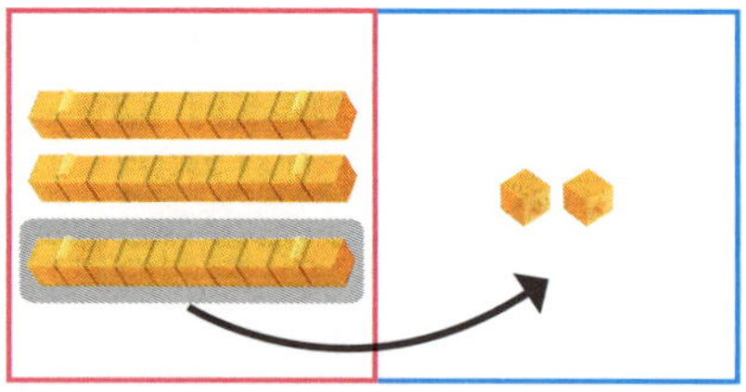

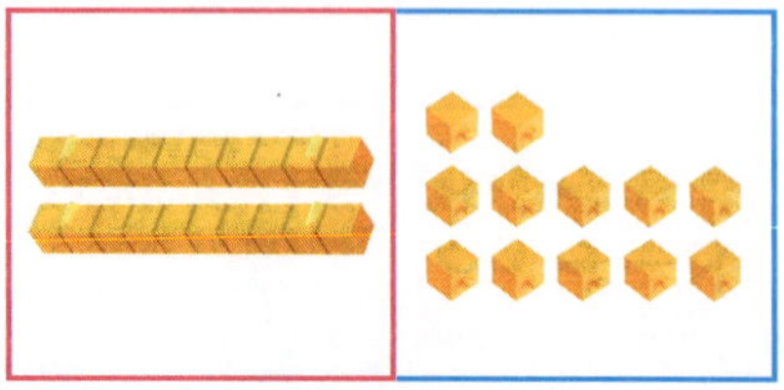

Paso 1 Reagrupa las decenas y las unidades.

Reagrupa las decenas de 32.

32 = 3 decenas y 2 unidades

= 2 decenas y 12 unidades

	Decenas	Unidades
	2	12
	~~3~~	~~2~~
−		9

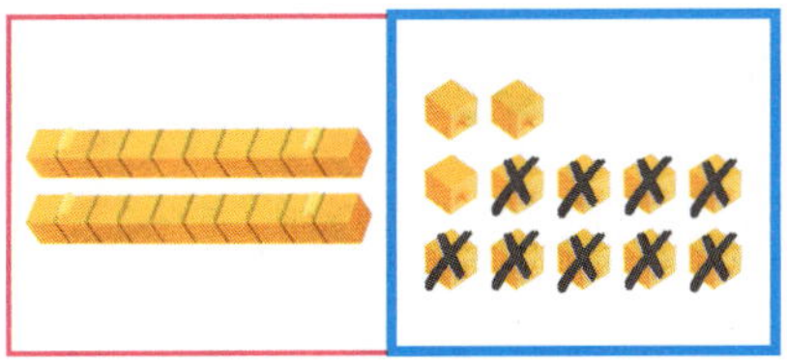

Paso 2 Resta las unidades.

	Decenas	Unidades
	2	12
	~~3~~	~~2~~
−		9
		3

12 unidades – 9 unidades = 3 unidades

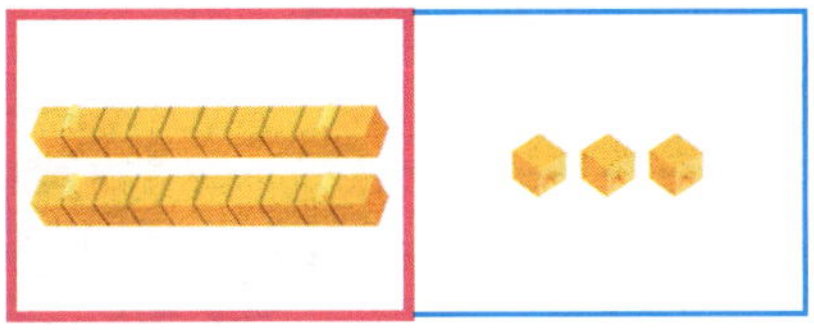

Paso 3 Resta las decenas.

	Decenas	Unidades
	2	12
	~~3~~	~~2~~
−		9
	2	3

2 decenas – 0 decenas = 2 decenas

23 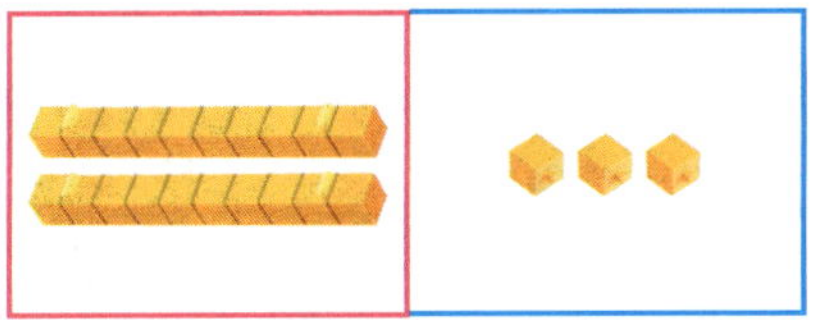

Comprueba

$$\begin{array}{r} 2\ 3 \\ +\ \ \ 9 \\ \hline 3\ 2 \end{array}$$

Entonces, 32 – 9 = 23.

Charla de matemáticas

¿Cómo puedes usar números conectados para mostrar la reagrupación cuando restas 7 a 32?

INTENTA Practica restar unidades de un número de 2 dígitos con reagrupación

Reagrupa y resta.

1. 26 – 7 = ?

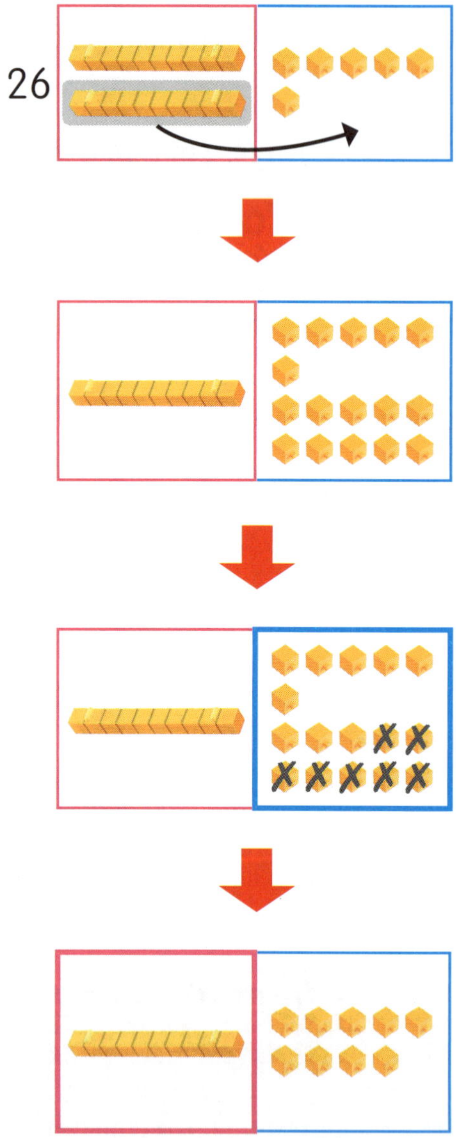

Primero, reagrupa las decenas y las unidades. Luego, resta las unidades. Después, resta las decenas.

26 = 2 decenas y ______ unidades

= 1 decena y ______ unidades

Decenas	Unidades
2	6
–	7
☐	☐

Comprueba

	☐	☐
+		7
	☐	☐

Entonces, 26 – 7 = ______.

2 34 – 8 = ?

34 = 3 decenas y ____ unidades

= 2 decenas y ____ unidades

Decenas	Unidades
3	4
–	8
☐	☐

Comprueba

	☐	☐
+		8
	☐	☐

Entonces, 34 – 8 = ________.

3 23 – 6 = ?

Decenas	Unidades
2	3
–	6
☐	☐

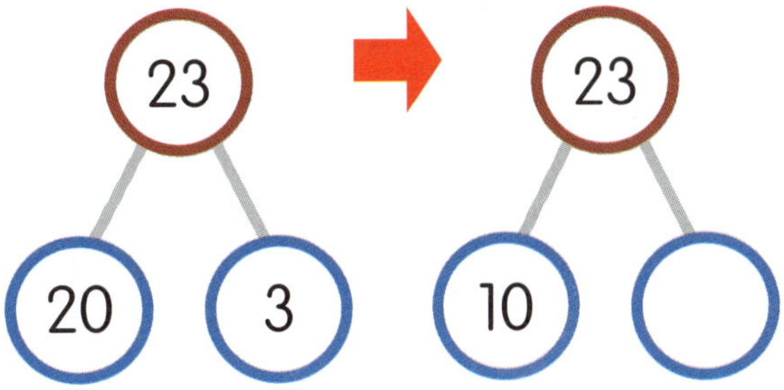

Comprueba

	☐	☐
+		6
	☐	☐

Entonces, 23 – 6 = ________.

4 33 – 8 = ________

Decenas	Unidades
3	3
–	8
☐	☐

Comprueba

	☐	☐
+		8
	☐	☐

PARTICIPA

Franco tiene 40 bloques de construcción.
Le da 18 a Aubree.
¿Cuántos bloques le quedan a Franco?
Usa 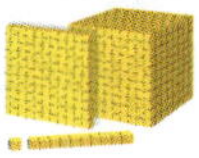 y una tabla de valor posicional para mostrar tus pasos.
¿Por cuál paso comenzaste?
¿Por qué?

APRENDE Resta unidades y decenas de un número de 2 dígitos con reagrupación

1 40 – 29 = ?

40

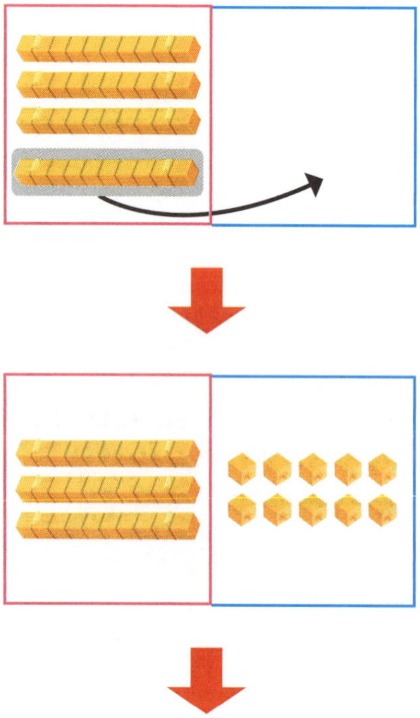

Paso 1 Reagrupa las decenas y las unidades.

Reagrupa las decenas de 40.

40 = 4 decenas y 0 unidades
= 3 decenas y 10 unidades

	Decenas	Unidades
	3	10
	~~4~~	~~0~~
–	2	9

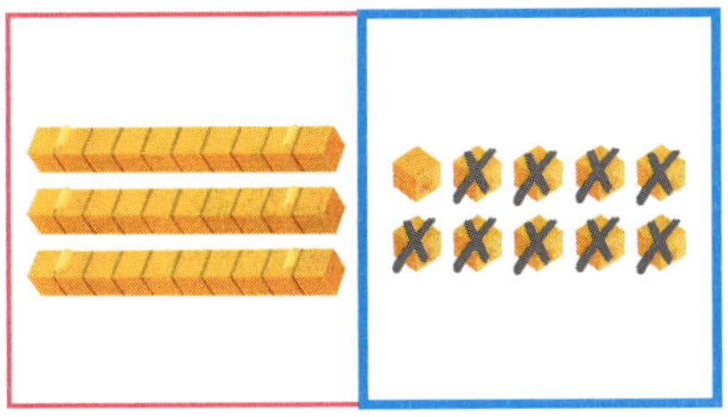

Paso 2 Resta las unidades.

	Decenas	Unidades
	3	10
	~~4~~	~~0~~
−		9
		1

10 unidades − 9 unidades = 1 unidad

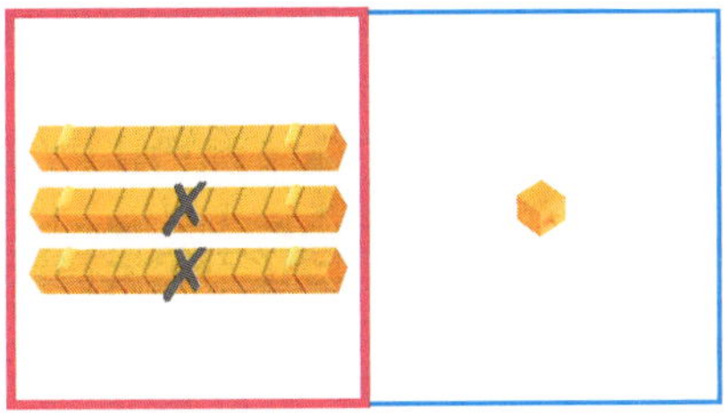

Paso 3 Resta las decenas.

	Decenas	Unidades
	3	10
	~~4~~	~~0~~
−	2	9
	1	1

3 decenas − 2 decenas = 1 decena

11 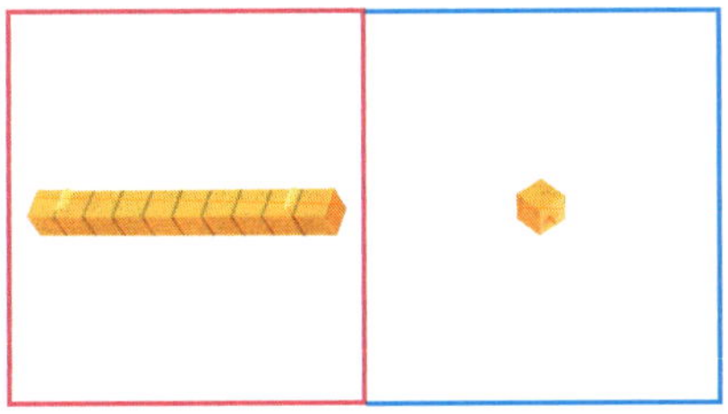

Entonces, 40 − 29 = 11.

Comprueba

$$\begin{array}{r} 11 \\ +\ 29 \\ \hline 40 \end{array}$$

Charla de matemáticas

Comenta cómo puedes usar números conectados como ayuda para resolver 40 − 28.

Actividad práctica
Restar dos números de 2 dígitos con reagrupación

Trabaja en pareja.

1. Resta 14 de 31.
Escribe los números en los recuadros de la derecha.

Reagrupa las decenas
y las unidades.
31 = 3 decenas y ___ unidad
= 2 decenas y ___ unidades

	Decenas	Unidades
	☐	☐
−	☐	☐
	☐	☐

2. Pide a tu compañero que use 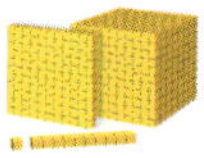 para comprobar el resultado.
Pídele que comente los pasos mientras los muestra.

3. Tomen turnos.
Repitan los pasos 1 y 2 para los siguientes enunciados de resta.

a 21 − 16 **b** 35 − 19 **c** 36 − 18

	Decenas	Unidades
	☐	☐
−	☐	☐
	☐	☐

	Decenas	Unidades
	☐	☐
−	☐	☐
	☐	☐

	Decenas	Unidades
	☐	☐
−	☐	☐
	☐	☐

INTENTA Practica restar unidades y decenas de un número de 2 dígitos con reagrupación

Reagrupa y resta.

1. 34 – 15 = ?

34

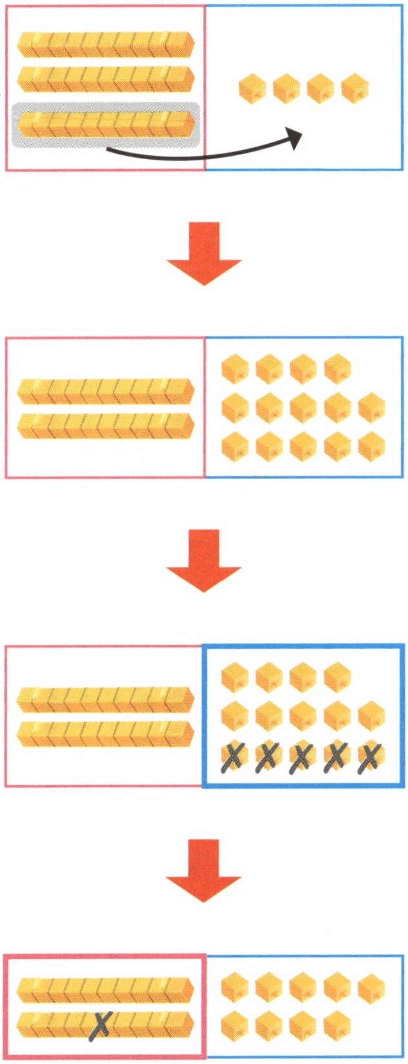

34 = 3 decenas y ______ unidades

= 2 decenas y ______ unidades

	Decenas	Unidades
	3	4
–	1	5
	☐	☐

Comprueba

	☐	☐
+	1	5
	☐	☐

Entonces, 34 – 15 = ______.

2 $35 - 28 = ?$

35 = 3 decenas y ____ unidades
= 2 decenas y ____ unidades

Decenas	Unidades
3	5
− 2	8
☐	☐

Comprueba

	☐	☐
+	2	8
	☐	☐

Entonces, $35 - 28 =$ __________.

3 $31 - 19 = ?$

Decenas	Unidades
3	1
− 1	9
☐	☐

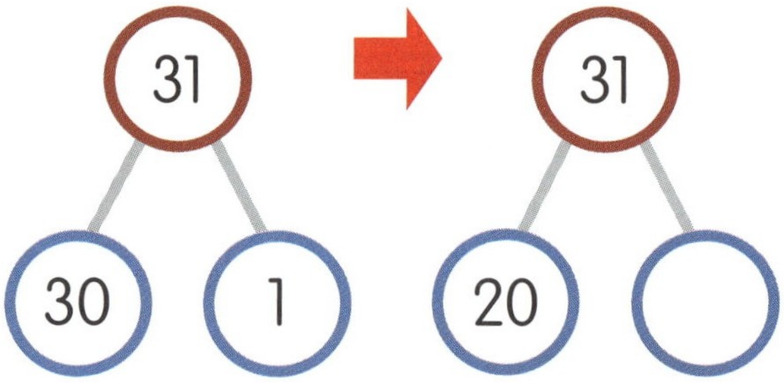

Comprueba

	☐	☐
+	1	9
	☐	☐

Entonces, $31 - 19 =$ __________.

4 $34 - 26 =$ __________

Decenas	Unidades
3	4
− 2	6
☐	☐

Comprueba

	☐	☐
+	2	6
	☐	☐

Nombre: ______________________ Fecha: __________

PRÁCTICA INDEPENDIENTE

Reagrupa.

1. 28 =

Decenas	Unidades
2	

=

Decenas	Unidades
1	

2. 30 =

Decenas	Unidades
	0

=

Decenas	Unidades
2	

Reagrupa y resta.

3.

	Decenas	Unidades
	2	4
−		7
	☐	☐

4.

	Decenas	Unidades
	2	7
−		9
	☐	☐

5.

	Decenas	Unidades
	3	6
−	2	8
	☐	☐

6.

	Decenas	Unidades
	2	3
−	1	4
	☐	☐

7.

	Decenas	Unidades
	3	5
−	1	6
	☐	☐

8.

	Decenas	Unidades
	4	0
−	2	5
	☐	☐

Luke está en una feria.
Quiere ganarse un premio.
¿A qué gancho debe apuntar?
Encierra en un círculo
esos ganchos.

¡GANA UN PREMIO!

¿Qué tableros tienen respuestas entre 15 y 25?
¡Lanza los aros a esos ganchos para ganar!

9

$30 - 6 =$ ______

Decenas Unidades

$35 - 9 =$ ______

Decenas Unidades

$40 - 19 =$ ______

Decenas Unidades

$30 - 17 =$ ______

Decenas Unidades

$33 - 19 =$ ______

Decenas Unidades

$32 - 16 =$ ______

Decenas Unidades

Nombre: ______________________ Fecha: __________

5 Problemas cotidianos: suma y resta

Objetivos de aprendizaje:

- Resolver problemas cotidianos que involucran suma y resta.
- Usar operaciones relacionadas y de suma y resta para resolver problemas cotidianos.
- Resolver problemas cotidianos que involucran la suma de tres números enteros, cuyo resultado es menor o igual a 20.

PIENSA

Luis tiene algunas crayolas.
Tiene 3 crayolas menos que Kate.
Ambos niños tienen 27 crayolas en total.
¿Cuántas crayolas tiene Kate?
Comenta con tu compañero cómo hallar el resultado.

PARTICIPA

Luna tiene 14 libros.
Tiene 2 libros más que Carson.
¿Cuántos libros tiene Carson?
Usa  para mostrar el número de libros que tiene cada niño.

APRENDE Resuelve problemas cotidianos que involucran suma

1 Molly tiene 15 libros.
James tiene 3 libros más que Molly.
¿Cuántos libros tiene James?

PASO 1 Entiende el problema.

¿Cuántos libros tiene Molly?
¿Quién tiene más libros?
¿Qué necesito encontrar?

PASO 2 Elabora un plan.
Puedo usar  para mostrar el problema.

PASO 3 Lleva a cabo el plan.

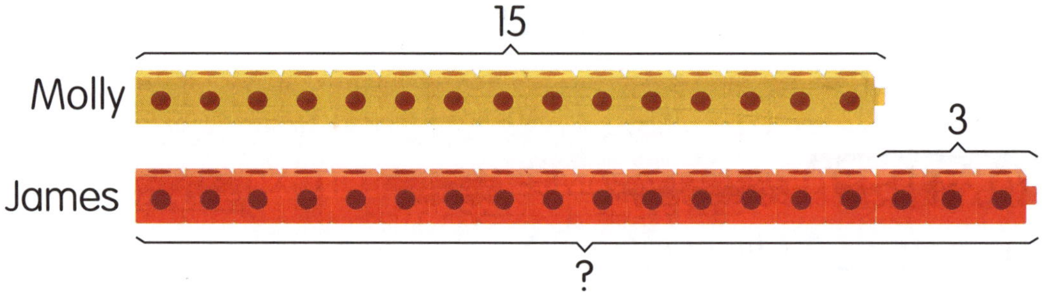

	Decenas	Unidades
	1	5
+		3
	1	8

15 + 3 = 18
James tiene 18 libros.

PASO 4 Comprueba el resultado.
Puedo trabajar
de atrás para delante.

Comprueba

$$\begin{array}{r} 18 \\ -\ \ 3 \\ \hline 15 \end{array}$$

Actividad práctica Contar cuentos de suma

Trabaja en pareja.

Toma algunos cubos.

① Cuenta un cuento de suma.
Usa **más** en tu cuento.

② **Hábito para matemáticas 4** **Usar modelos matemáticos**
Pide a tu compañero que use cubos para mostrar el problema.
Luego, pídele que escriba el enunciado de suma.

③ Tomen turnos.
Repitan los pasos ① y ②.

INTENTA Practica resolver problemas cotidianos que involucran suma

Resuelve.

1. Alyssa hornea 8 tartas de fruta.
Thomas hornea 6 tartas más que Alyssa.
¿Cuántas tartas hornea Thomas?

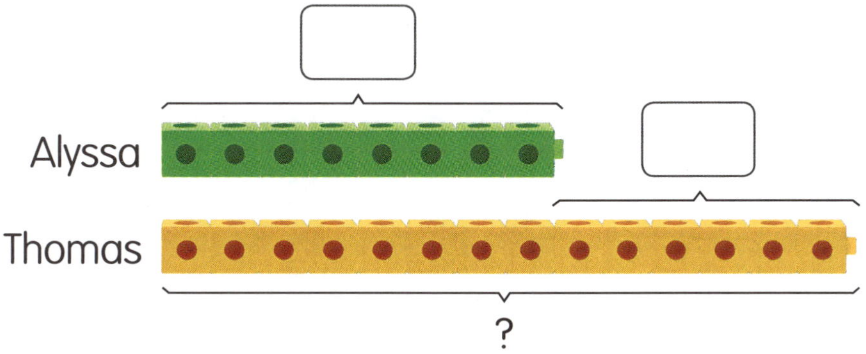

______ ◯ ______ = ______

Thomas hornea ______ tartas de fruta.

PARTICIPA

Rodrigo tiene 13 adhesivos.
Ava tiene 10 adhesivos.
¿Cuántos adhesivos menos tiene Ava que Rodrigo?
Usa  para mostrar el número de adhesivos que tiene cada niño.

APRENDE Resuelve problemas cotidianos que involucran resta

1. Jason recolecta 14 caracoles.
Amy recolecta 11 caracoles.
¿Cuántos caracoloes menos recolecta Amy que Jason?

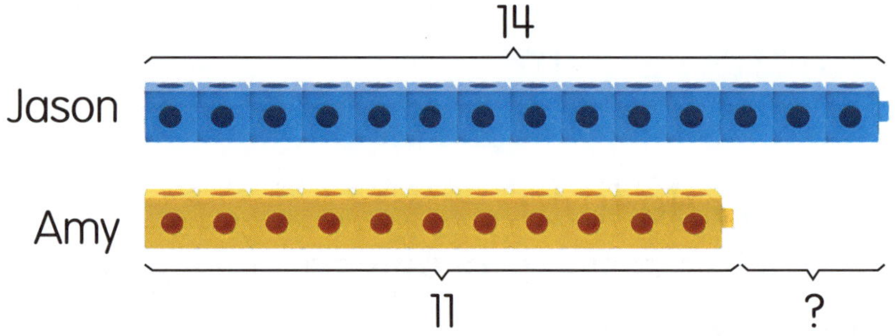

$14 - 11 = 3$

	Decenas	Unidades
	1	4
−	1	1
		3

Comprueba

$$\begin{array}{r} 11 \\ +\ \ 3 \\ \hline 14 \end{array}$$

Amy recolecta 3 caracoles menos que Jason.

2 Ellie hornea 19 tartas de manzana.
Owen hornea 7 tartas de manzana menos que Ellie.
¿Cuántas tartas de manzana hornea Owen?

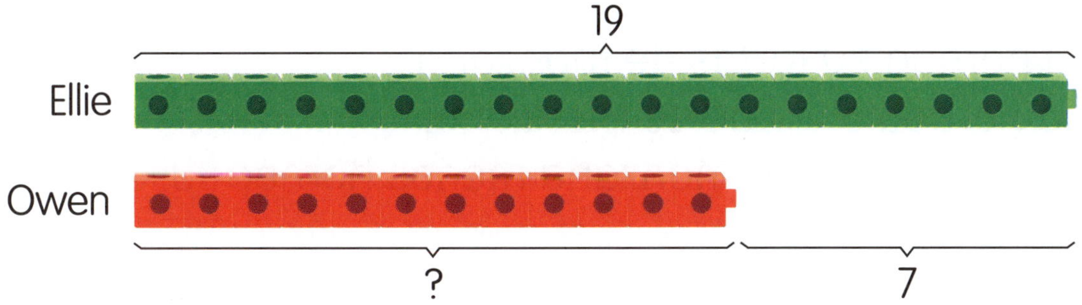

$19 - 7 = 12$

	Decenas	Unidades
	1	9
−		7
	1	2

Comprueba

$$\begin{array}{r} 12 \\ +\ \ 7 \\ \hline 19 \end{array}$$

Owen hornea 12 tartas de manzana.

Actividad práctica **Contar cuentos de resta**

Trabaja en pareja.

Toma algunos .

(1) Cuenta un cuento de resta.
Usa **más** o **menos** en tu cuento.

(2) **Hábito para matemáticas 4** **Usar modelos matemáticos**

Pide a tu compañero que use para mostrar el problema.
Luego, pídele que escriba un enunciado de resta.

(3) Tomen turnos.
Repitan los pasos (1) y (2).

INTENTA Practica resolver problemas cotidianos que involucran resta

Resuelve.

1. Ravi hornea 20 tartas de manzana.
Julia hornea 6 tartas de manzana.
¿Cuántas tartas de manzana menos hornea Julia que Ravi?

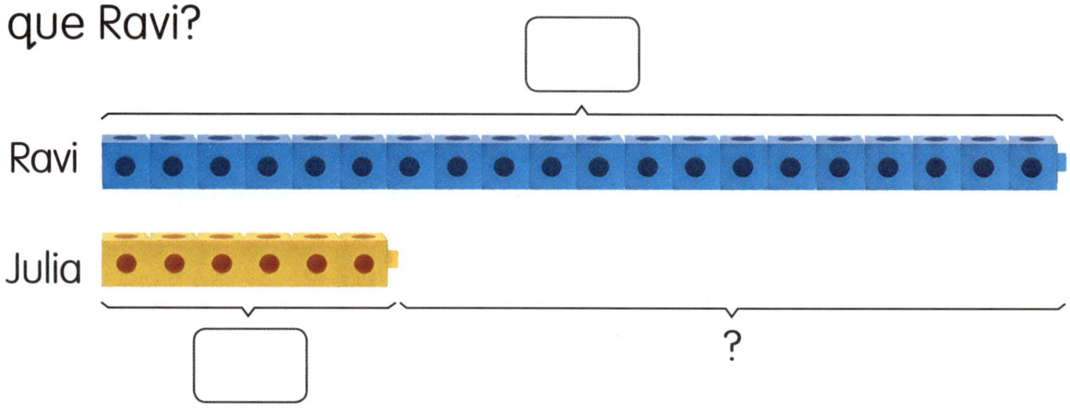

_____ ◯ _____ = _____

Julia hornea _____ tartas de manzana menos que Ravi.

2. Elie tiene 16 peces.
Pedro tiene 7 peces menos que Elie.
¿Cuántos peces tiene Pedro?

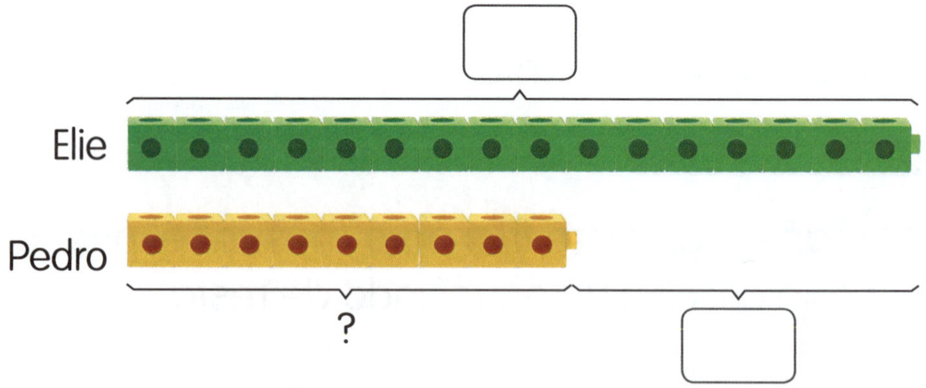

_____ ◯ _____ = _____

Pedro tiene _____ peces.

PARTICIPA

Stella tiene 4 cuentas rojas, 6 cuentas azules, y 5 cuentas verdes.
Usa  para mostrar el número de cuentas de cada color.
Luego, halla el número de cuentas que tiene Stella en total.
Comenta con tu compañero cómo sumas los tres números.

APRENDE Resuelve problemas cotidianos que involucran la suma de tres números

1 José compra 6 naranjas y 5 peras.
También compra 3 manzanas.
¿Cuántas piezas de fruta compra José en total?

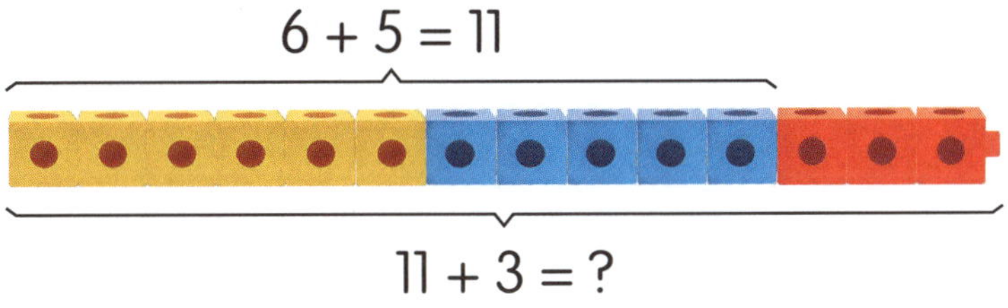

$6 + 5 = 11$
$11 + 3 = 14$
José compra 14 piezas de fruta en total.

Actividad práctica Contar cuentos de suma

Trabajen en grupos.

Tomen tres  **y algunos** **.**

① Lancen los .

② Usen los números para contar cuentos de suma.

③ **Hábito para matemáticas 4** **Usar modelos matemáticos**
Pidanle a sus compañeros que usen  para resolver el problema.
Luego, pidanles que escriban el enunciado de suma.

④ Tomen turnos.
Repitan los pasos del ① al ③.

INTENTA Practica resolver problemas cotidianos que involucran la suma de tres números

Resuelve.

1. Una tienda de mascotas tiene 4 hámsteres, 8 conejos y 6 gatos.
¿Cuántas mascotas hay en total?

4 + ☐ = ☐

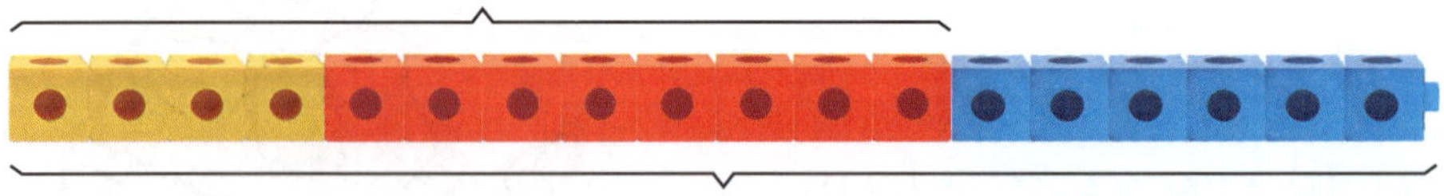

☐ + 6 = ?

4 + ________ = ________

________ + 6 = ________

Hay ________ mascotas en total.

Nombre: ______________________ Fecha: ____________

PRÁCTICA INDEPENDIENTE

Resuelve.

1. Jack recoje 16 frutos.
Leah recoje 4 frutos más que Jack.
¿Cuántos frutos recoje Leah?

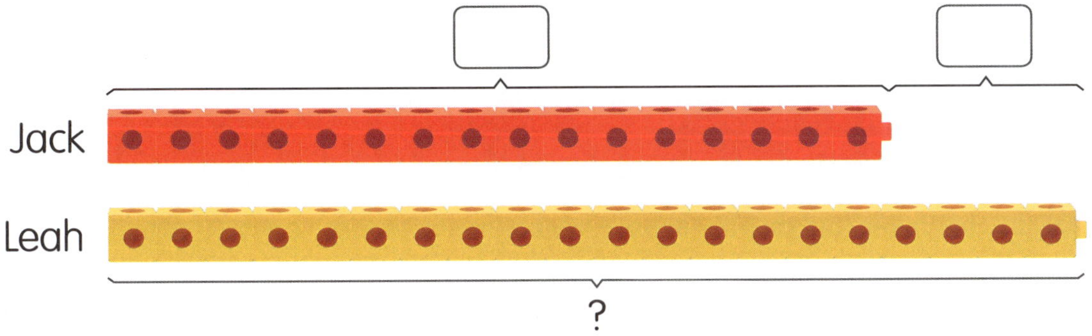

______ ◯ ______ = ______

Leah recoje ______ frutos.

2. Melanie tiene 12 lápices.
Adam tiene 5 lápices menos que Melanie.
¿Cuántos lápices tiene Adam?

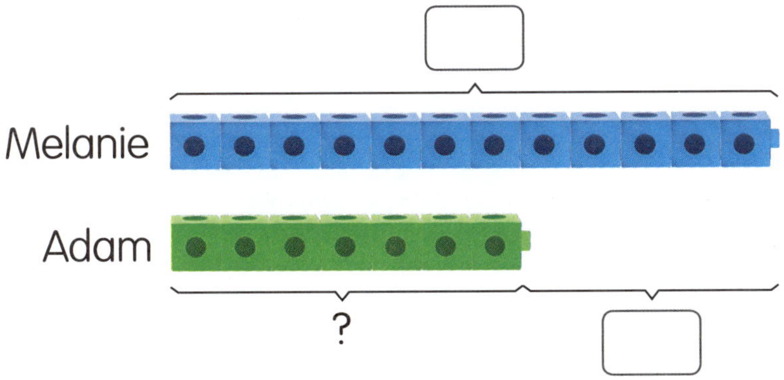

______ ◯ ______ = ______

Adam tiene ______ lápices.

3. Ana pinta 24 flores.
Robert pinta 9 flores menos que Ana.
¿Cuántas flores pinta Robert?

Robert pinta __________ flores.

4. Hay 15 niños en el gimnasio.
Hay 7 niños más en el pasillo que en el gimnasio.
¿Cuántos niños hay en el pasillo?

Hay __________ niños en el pasillo.

5 Ignacio tiene 19 automóviles de juguete.
Grace tiene 6 automóviles de juguete.
¿Cuántos automóviles de juguete tienen en total?

Ellos tienen ________ automóviles de juguete en total.

6 Angelia lee 12 páginas de un libro en la mañana.
Luego, lee 9 páginas más en la tarde.
¿Cuántas páginas lee Angelia en total?

Angelia lee ________ páginas en total.

7 Tyler compra 30 manzanas y naranjas para hacer jugo.
Compra 15 manzanas.
¿Cuántas naranjas compra Tyler?

Tyler compra __________ naranjas.

8 Hay 24 personas en un autobús.
En la estación, se bajan 7 personas.
¿Cuántas personas quedan en el autobús?

Quedan __________ personas en el autobús.

9. Nicole hace 29 barcos de papel.
Cotton hace 16 barcos de papel.
¿Cuántos barcos de papel menos hace Cotton que Nicole?

Cotton hace __________ barcos de papel menos que Nicole.

10. Zane cose 25 botones.
Jess cose 13 botones.
¿Quién cose más botones?
¿Cuántos más?

__________ cose __________ botones más que __________.

11 June compra 6 gomas de borrar en una tienda.
Luego, compra 4 gomas de borrar más.
Mason compra 6 gomas de borrar.
¿Cuántas gomas de borrar compran en total?

Ellos compran __________ gomas de borrar en total.

12 Bruno hace 8 sándwiches.
Lily hace 5 sándwiches.
Maya hace 7 sándwiches.
¿Cuántos sándwiches hay en total?

Hay __________ sándwiches en total.

Nombre: ______________________ Fecha: ______________

6 Prepárate para multiplicar

Objetivos de aprendizaje:

- Usar objetos o ilustraciones para hallar el número total de objetos en grupos del mismo tamaño.
- Relacionar la suma repetida al concepto de multiplicación.

Vocabulario nuevo
mismo
grupos
hileras

PIENSA

Ariana y Cole están haciendo un proyecto de Arte.
Pintan cada uno de sus dedos con un color diferente.
¿Cuántos colores usan en total?

PARTICIPA

a Muestra 2 dedos en cada mano.
¿Cuántos dedos estás mostrando?
2 grupos de 2 dedos son ________ dedos en total.

b Muestra 3 dedos en cada mano.
¿Cuántos dedos estás mostrando?
2 grupos de 3 dedos son ________ dedos en total.

c ¿Qué patrón observaste?
Muestra a tu compañero cómo lo observaste.

APRENDE Suma el mismo número

1

2 juguetes 2 juguetes 2 juguetes

Hay 3 grupos de juguetes.
Cada grupo tiene dos juguetes.

$2 + 2 + 2 = 6$

3 dos = 6

3 grupos de 2 = 6

Hay 6 juguetes en total.

2 + 2 + 2 significa
3 dos o 3 grupos de 2.

2

Hay 3 hileras de  .
Cada hilera tiene 4  .

$4 + 4 + 4 = 12$

3 cuatros = 12

3 hileras de 4 = 12

Hay 12  .

3 La ilustración muestra 3 hileras de .
Hay 4 en cada hilera.

1 hilera más de 4 se agrega.

Hay 4 hileras de .
4 + 4 + 4 + 4 = 16
4 cuatros = 16
4 hileras de 4 = 16

Tengo una manera más corta.
Sé que 3 hileras de 4 son 12.
Para hallar 1 hilera más, sumo 4 a 12.

12 + 4 = 16
Entonces, 4 hileras de 4
es 16.
Hay 16   en total.

Actividad práctica Sumar el mismo número

Trabaja en pareja.

1. Toma algunas fichas.
   Pon las fichas en hileras.
   Cada hilera debe tener el mismo número de fichas.

2. **Hábito para matemáticas 7** **Usar la estructura**
   Pide a tu compañero que escriba un enunciado de suma con base en las hileras de fichas.
   Ejemplo:

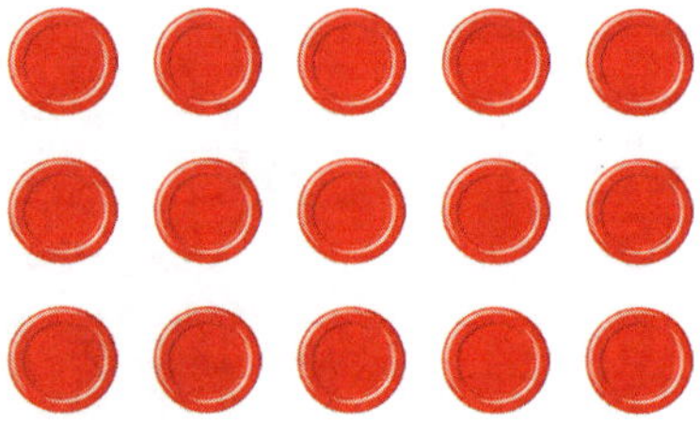

$5 + 5 + 5 = 15$

3. Agrega una hilera más a tus hileras de fichas.
   Debe tener el mismo número de fichas que las otras hileras.

4 Hábito para matemáticas 7 Usar la estructura

Pide a tu compañero que escriba un enunciado de suma acerca de la nueva hilera.

Ejemplo:

$5 + 5 + 5 = 15$

$5 + 5 + 5 + 5 = 20$

INTENTA Practica sumar el mismo número

Completa cada espacio en blanco.

1

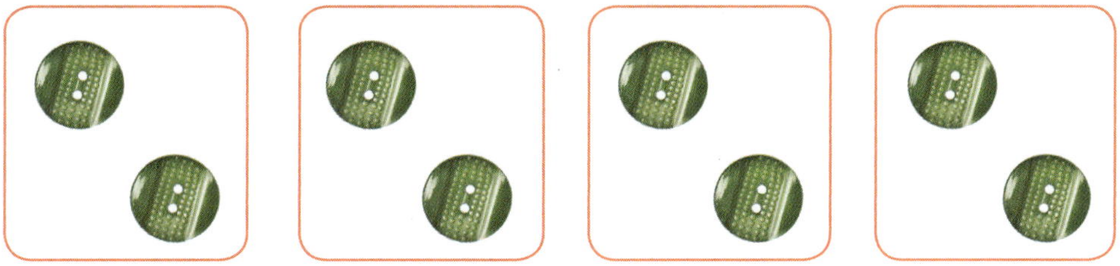

Hay ______ grupos.

Cada grupo tiene ______ .

______ + ______ + ______ + ______ = ______

______ doses = ______

______ grupos de 2 = ______

Hay ______  en total.

2 

Hay ______ trenes de .

Cada tren tiene ______ .

______ + ______ + ______ + ______ = ______

______ cincos = ______

______ trenes de 5 = ______

Hay ______  en total.

Resuelve.

3 **a** Dibuja hileras de círculos para mostrar 6 + 6 + 6.
Usa solo un color para dibujar los círculos.

b ¿Cuántos círculos hay en total?

6 + 6 + 6 = ______

c Dibuja otra hilera de círculos en el recuadro anterior para mostrar 6 + 6 + 6 + 6.

Entonces, 6 + 6 + 6 + 6 = ______.

Nombre: ______________________ Fecha: __________

PRÁCTICA INDEPENDIENTE

Completa cada espacio en blanco.

1

Hay ______ grupos de bellotas.

Cada grupo tiene ______ bellotas.

______ + ______ + ______ + ______ = ______

______ treses = ______

______ grupos de 3 = ______

Hay ______ bellotas en total.

2

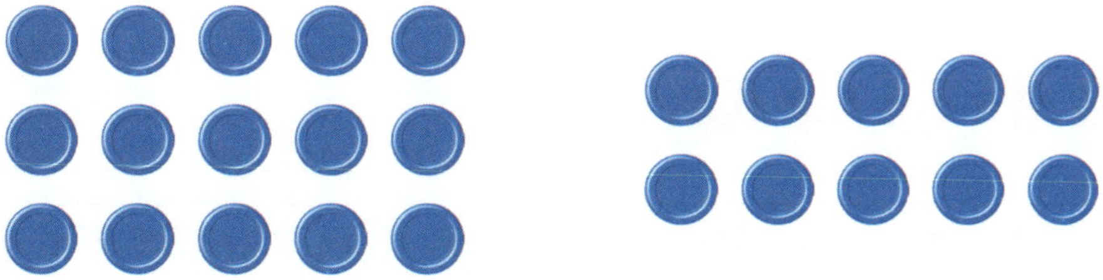

Hay ______ hileras de fichas.

Cada hilera tiene ______ fichas.

______ + ______ + ______ + ______ + ______ = ______

______ cincos = ______

______ hileras de 5 = ______

Hay ______ fichas en total.

3 **a** ¿Cuántos pericos hay?

___ + ___ + ___ = ______

___ ochos = ______

___ grupos de 8 = ______

Hay ______ pericos.

b 8 pericos más se unen.
¿Cuántos pericos hay en total?

___ + ___ + ___ + ___ = ______

___ ochos = ______

___ grupos de 8 = ______

Hay ______ pericos en total.

4

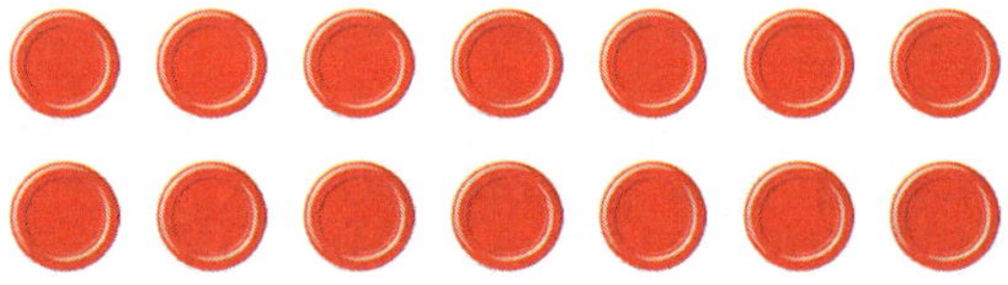

___ + ___ = ___

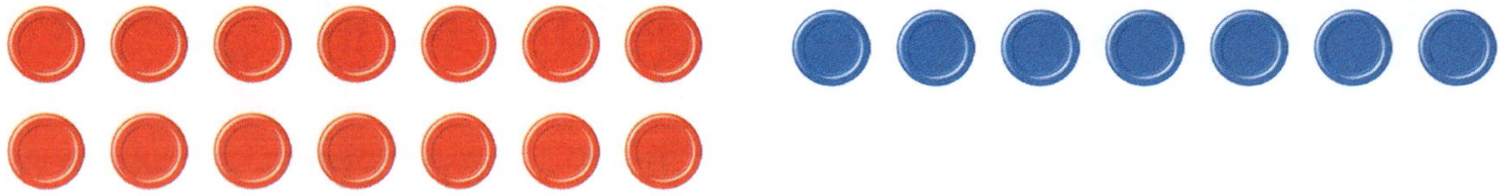

___ + ___ + ___ = ___

___ + ___ + ___ + ___ + ___ = ___

Nombre: ______________________________ Fecha: ______________

Hábito para matemáticas 2 **Usar el razonamiento matemático**

Hay 17 libros en la repisa A.
Hay 15 libros más en la repisa B que en la repisa A.
¿Cuántos libros hay en la repisa B?
Usa las siguientes maneras para resolver este problema.

1. Dibuja 3 ilustraciones.

2. Escribe un enunciado de suma.

3. Resuélvelo.

	Decenas	Unidades
	☐	☐
+	☐	☐
	☐	☐

Hay __________ libros en la repisa B.

Muestra cómo compruebas tu resultado.

Resolución de problemas con la heurística

1 **Hábito para matemáticas 1** **Perseverar en la resolución de problemas**

a Elige 3 números de los que se muestran, para completar cada enunciado de suma.
Usa un número solo una vez por enunciado.

30 21 12 33 9

________ + ________ = ________

________ + ________ = ________

________ + ________ = ________

________ + ________ = ________

b Elige 3 números de los que se muestran, para completar cada enunciado de resta.
Usa un número solo una vez por enunciado.

9 18 28 19 37

________ – ________ = ________

________ – ________ = ________

________ – ________ = ________

________ – ________ = ________

2 **Hábito para matemáticas 4** **Usar modelos matemáticos**

Charles tiene 16 separadores de libro.
Tiene 8 separadores menos que Lydia.
¿Cuántos separadores tienen Charles y Lydia en total?

Usa  para resolver este problema.

Charles y Lydia tienen ________ separadores de libro en total.

CIERRE DEL CAPÍTULO

¿Cómo puedes sumar y restar dos números de 2 dígitos?
¿De qué maneras puedes hacerlo?

Suma

Sin reagrupación

$26 + 3 = ?$

Método 1
Cuenta hacia delante desde el número mayor.

26	27	28	29

3 pasos

Método 2
Usa una tabla de valor posicional.
Paso 1 Suma las unidades.
Paso 2 Suma las decenas.

	Decenas	Unidades
	2	6
+		3
	2	9

$23 + 15 = ?$
Usa una tabla de valor posicional.
Paso 1 Suma las unidades.
Paso 2 Suma las decenas.

	Decenas	Unidades
	2	3
+	1	5
	3	8

Con reagrupación

$17 + 15 = ?$
Usa una tabla de valor posicional.
Paso 1 Suma las unidades.
Reagrupa las unidades.
Paso 2 Suma las decenas.

	Decenas	Unidades
	1	
	1	7
+	1	5
	3	2

Sumar tres números

$6 + 7 + 3 = ?$

(7 y 3 forman 10)

PASO 1 $7 + 3 = 10$
PASO 2 $6 + 10 = 16$
$6 + 7 + 3 = 16$

$6 + 7 + 8 = ?$

(7 = 4 y 3)

PASO 1 $6 + 4 = 10$
PASO 2 $3 + 8 = 11$
PASO 3 $10 + 11 = 21$
$6 + 7 + 8 = 21$

Suma repetida

$5 + 5 + 5$ significa tres cincos.
$5 + 5 + 5 = 15$
3 cincos = 15

Resta

Sin reagrupación

25 – 2 = ?

Método 1
Cuenta hacia atrás desde el número mayor.

23	24	25

2 pasos

Método 2
Usa una tabla de valor posicional.
Paso 1 Resta las unidades.
Paso 2 Resta las decenas.

	Decenas	Unidades
	2	5
–		2
	2	3

37 – 11 = ?
Usa una tabla de valor posicional.
Paso 1 Resta las unidades.
Paso 2 Resta las decenas.

	Decenas	Unidades
	3	7
–	1	1
	2	6

Con reagrupación

35 – 17 = ?
Usa una tabla de valor posicional.
Paso 1 Reagrupa las decenas y las unidades de 35.
Paso 2 Resta las unidades.
Paso 3 Resta las decenas.

	Decenas	Unidades
	2	15
	~~3~~	~~5~~
–	1	7
	1	8

Problemas cotidianos

Suma

Carrie tiene 16 crayolas.
Ang tiene 7 crayolas más que Carrie.
¿Cuántas crayolas tiene Ang?

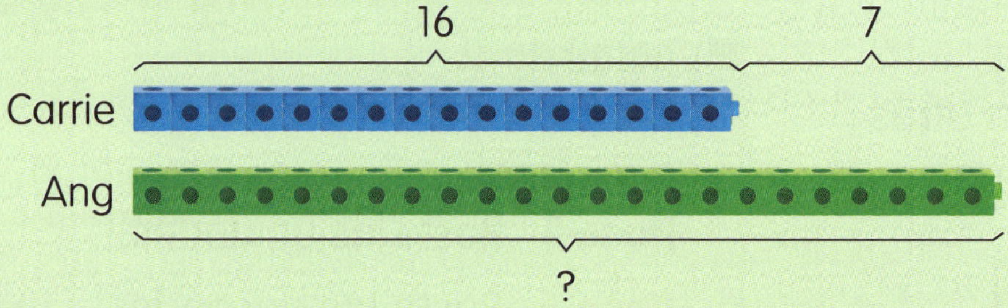

16 + 7 = 23
Ang tiene 23 crayolas.

Andrea compra 5 manzanas, 5 limones y 4 peras.
¿Cuántas piezas de fruta compra?

5 + 5 = 10
10 + 4 = 14

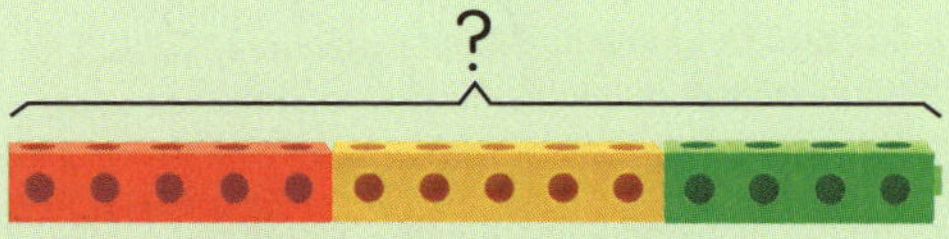

Andrea compra 14 piezas de fruta.

Resta

David dobla 22 grullas de papel.
Hailey dobla 9 grullas de papel menos que David.
¿Cuántas grullas de papel dobla Hailey?

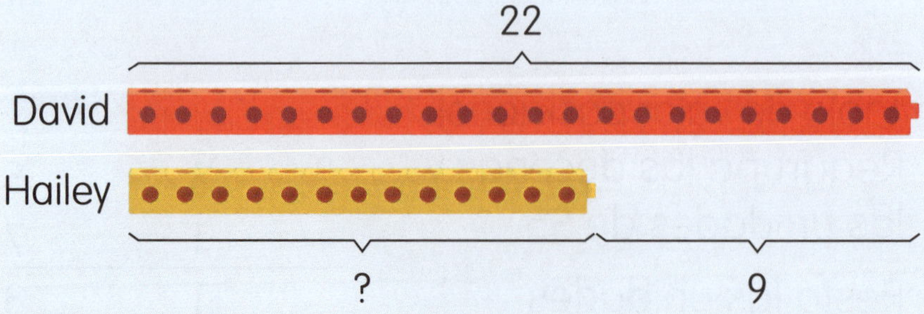

22 – 9 = 13
Hailey dobla 12 grullas de papel.

Nombre: ____________________ Fecha: __________

Suma.
Cuenta hacia delante desde el número mayor.
Traza flechas como ayuda.

1. 25 + 3 = ______

25	26	27	28	29

Suma.

2. 32 + 4 = ______

3. 10 + 14 = ______

4. 8 + 4 + 6 = ______

5. 9 + 7 + 9 = ______

6.

	Decenas	Unidades
	2	1
+		8
	☐	☐

7.

	Decenas	Unidades
	2	1
+	1	3
	☐	☐

8.

	Decenas	Unidades
	2	6
+		9
	☐	☐

9.

	Decenas	Unidades
	2	8
+		8
	☐	☐

10.

	Decenas	Unidades
	1	3
+	2	7
	☐	☐

11.

	Decenas	Unidades
	1	9
+	1	4
	☐	☐

Resta.
Cuenta hacia atrás desde el número mayor.
Traza flechas como ayuda.

12. 27 – 4 = ______

22	23	24	25	26	27

Resta.

13. 39 – 3 = ______

14. 33 – 20 = ______

15.

	Decenas	Unidades
	2	9
–		6
	☐	☐

16.

	Decenas	Unidades
	3	7
–	1	3
	☐	☐

17.

	Decenas	Unidades
	2	6
–		8
	☐	☐

18.

	Decenas	Unidades
	3	1
–		5
	☐	☐

19.

	Decenas	Unidades
	3	5
–	1	8
	☐	☐

20.

	Decenas	Unidades
	3	4
–	1	8
	☐	☐

Resuelve.

21 El Sr. Evans hornea 19 tartas.
La Sra. Young hornea 5 tartas más que el Sr. Evans.
¿Cuántas tartas hornea la Sra. Young?

La Sra. Young hornea ________ tartas.

22 Malia tiene 15 cartas de juego.
Oliver tiene 25 cartas de juego.
¿Cuántas cartas de juego menos tiene Malia que Oliver?

Malia tiene ________ cartas de juego menos que Oliver.

23 Hay 6 gallinas en una granja.
También hay 4 patos y 4 caballos en la misma granja.
¿Cuántos animales hay en total en la granja?

Hay __________ animales en total en la granja.

¿Qué enunciado corresponde a la historia de la ilustración? Colorea la ▭.

24

2 + 2 + 2 + 2 + 2 + 2 = 12

6 + 6 = 12

Completa cada espacio en blanco.

25

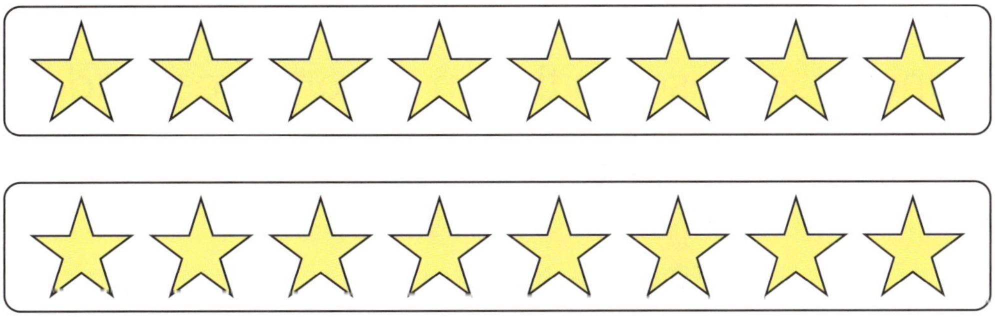

8 + 8 = ____________ 2 ochos = ____________

26 **a** ¿Cuántas patas hay en total?

Un grillo tiene ____________ patas.

Hay ____________ grillos.

______ + ______ + ______ + ______ + ______ = ______

______ grupos de ______ = ______

Hay ____________ patas en total.

b 1 grillo más se une al grupo.
¿Cuántas patas hay ahora en total?

Hay ____________ patas en total ahora.

Preparación para la prueba

Responde cada pregunta.

27 ¿Qué enunciados de suma tienen 21 como resultado?

21

Colorea los recuadros.

18 + 3	32 – 11
35 – 16	38 – 17

28 ¿En cuáles de las siguientes operaciones no necesitas reagrupar para resolverlas?

Ⓐ

	Decenas	Unidades
	1	5
+		8
	☐	☐

Ⓑ

	Decenas	Unidades
	3	0
–	1	9
	☐	☐

Ⓒ

	Decenas	Unidades
	2	7
–	1	7
	☐	☐

Ⓓ

	Decenas	Unidades
	1	7
+	2	3
	☐	☐

Nombre: ______________________________ Fecha: ______________

TAREA DE DESEMPEÑO

Haciendo las compras

1 Hay 35 sandías en el supermercado

Reagrupa 35 en decenas y unidades.
Completa la tabla de valor posicional.
Dibuja ▭ para las decenas y □ para las unidades.

35 = 2 decenas y ______ unidades =

2 El Sr. García necesita 17 envases de jugo de manzana para una fiesta.
También necesita 14 envases de jugo de naranja.
¿Cuántos envases de jugo necesita en total?

17 + 15 = ________

	Decenas	Unidades
	1	7
+	1	5
	☐	☐

Haz diagramas para ayudarte a sumar.

3 Hay 37 paquetes de papas.
La chef Davis compra 18 paquetes de papas para su restaurante.
¿Cuántos paquetes de papas quedan?

	Decenas	Unidades
	☐	☐
−	☐	☐
	☐	☐

_______ ◯ _______ = _______

Quedan _______ paquetes de papas.

¿Qué dato adicional usarás para comprobar tu resultado?

_______ ◯ _______ = _______

4 Quedan 4 paquetes de zanahorias después del día.
Hay 9 zanahorias en cada paquete.
¿Cuántas zanahorias hay en total?

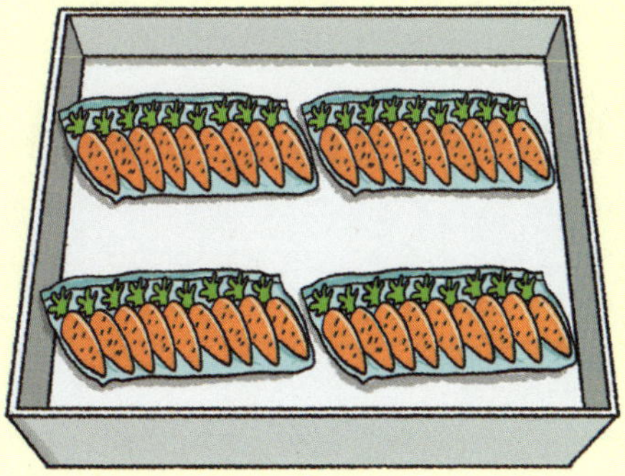

4 paquetes de _______

= _______ + _______ + _______ + _______

= _______

Hay _______ zanahorias en total.

Rúbrica

Puntaje	Nivel	Mi desempeño
7–8	4	• La mayoría de mis respuestas son correctas. • Muestro todo mi trabajo correctamente. • Explico mi pensamiento de forma clara y completa.
5–6.5	3	• Algunas de mis respuestas son correctas. • Muestro algo de mi trabajo correctamente. • Explico mi pensamiento con claridad.
3–4.5	2	• Unas pocas de mis respuestas son correctas. • Muestro solo una parte de mi trabajo correctamente. • Explico parte de mi pensamiento con claridad.
0–2.5	1	• Unas pocas de mis respuestas son correctas. • Muestro poco o nada de mi trabajo correctamente. • No explico mi pensamiento con claridad.

Comentarios del maestro

Capítulo 9

Longitud y peso

Toma tres objetos de tu salón de clases.
¿Cómo puedes saber cuál es el más largo y el más pesado?

Nombre: ______________________ Fecha: __________

Contar

a 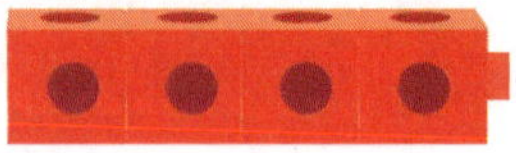

Hay 4  en total.

b 

Hay 4  en total.

c 

Hay 4  en total.

▶ Repaso rápido

Cuenta.
Luego, escribe cada número.

1 

Hay ________  en total.

2 

Hay ________  en total.

3 

Hay ________  en total.

Comparar números

8 20 10

Compara las decenas.
2 decenas es el número mayor.
0 decenas es el número menor.
Entonces, 8 es el número menor.
20 es el número mayor.

Ordena los números de mayor a menor:

20 10 8

mayor — menor

▶ Repaso rápido

**Compara los números.
Luego, completa cada
espacio en blanco.**

Compara las decenas.
Luego, compara las unidades.

18 20 12

4. __________ es el número menor.

5. __________ es el número mayor.

6. Ordena los números de menor a mayor.

__________, __________, __________

menor — mayor

Comparar pesos

piedra

elefante

hoja

esponja

▶ Repaso rápido

Encierra en un círculo los objetos que son pesados.

7

pluma

automóvil

mesa

sandía

cinta

fresa

Nombre: ______________________ Fecha: ____________

1 Comparar longitudes

Objetivo de aprendizaje:

- Comparar dos longitudes usando los términos "alto", "más alto", "bajo", "más bajo", "largo", "más largo", "corto" y "más corto".

PIENSA

1. Jacob dice que un árbol es más alto que una casa. ¿Estás de acuerdo con él?
2. Natalie dice que un automóvil es más corto que un autobús. ¿Estás de acuerdo con ella?

Comenta tu razonamiento con tus compañeros de clase.

PARTICIPA

¿Quién es más alta?
¿Cómo puedes saberlo?
Comenta con tu compañero sobre ello.

APRENDE Compara dos alturas y longitudes

1

Charla de matemáticas

¿Cómo puedes saber cuál animal es más alto?
Comenta con tu compañero sobre ello.

2 Este lápiz es largo.

Este palito es más largo que el lápiz.

Esta crayola es corta.

Este clip es más corto que el crayón.

Actividad práctica

Actividad 1 Formar torres para comparar alturas

① Usa  para formar una torre como esta .

② Usa  para formar una torre más alta.

¿Cuántos  usaste? __________

③ Usa  para formar una torre más baja.

¿Cuántos  usaste? __________

Actividad 2 Formar trenes para comparar longitudes

① Usa  para formar un tren como este .

② Usa  para formar un tren más largo.

¿Cuántos  usaste? __________

③ Usa 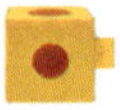 para formar un tren más corto.

¿Cuántos  usaste? __________

Actividad 3 Hallar objetos más largos y más cortos

① Halla tres objetos más largos que tu .

② Halla tres objetos más cortos que tu .

INTENTA Practica comparar dos alturas y longitudes

Observa tu escritorio y el escritorio de tu maestro. Luego, responde cada pregunta.

1. ¿Cuál es más alto? __________

2. ¿Cuál es más bajo? __________

Observa la ilustración. Luego, responde cada pregunta.

Andrew Chris

3. ¿Quién es más alto? __________

4. ¿Quién es más bajo? __________

cinta adhesiva

cuerda

5. ¿Cuál es más larga? __________

6. ¿Cuál es más corta? __________

Nombre: ______________________ Fecha: ____________

PRÁCTICA INDEPENDIENTE

Observa las ilustraciones.
Luego, responde cada pregunta.

botella de aceite

botella de agua

1. ¿Cuál es más alta? ____________

2. ¿Cuál es más baja? ____________

bufanda

vara

3. ¿Cuál es más larga? ____________

4. ¿Cuál es más corta? ____________

lámpara

armario

5 ¿Cuál es más alto? ___________

6 ¿Cuál es más bajo? ___________

7 El armario es más ___________ que la lámpara.

8 La lámpara es más ___________ que el armario.

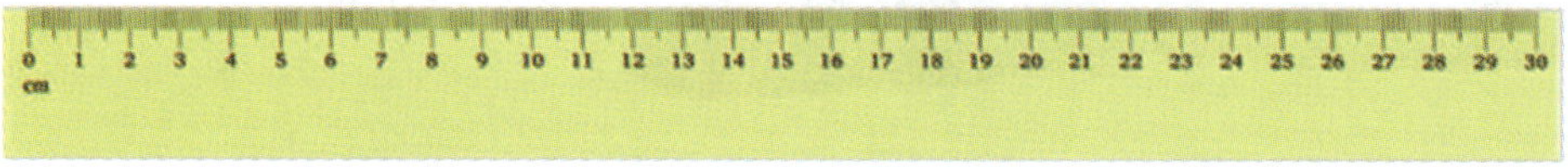

regla

lápiz

9 ¿Cuál es más largo? ___________

10 ¿Cuál es más corto? ___________

11 El lápiz es más ___________ que la regla.

12 La regla es más ___________ que el lápiz.

Nombre: ______________________ Fecha: ____________

2 Comparar más longitudes

Objetivos de aprendizaje:

- Comparar indirectamente dos longitudes usando una tercera.
- Comparar más de dos longitudes usando los términos "más alto", "más bajo", "más largo" y "más corto".

Vocabulario nuevo

más alto
más bajo
más largo
más corto

PIENSA

Un palito es más largo que un bolígrafo.
El bolígrafo es más corto que el lápiz.
¿Cómo puedes saber cuál es el más largo?
¿Cómo puedes saber cuál es el más corto?

PARTICIPA

Forma un grupo de tres.

1. Comparen sus estaturas.
   ¿Quién es el más alto?
   ¿Quién es el más bajo?
   ¿Cómo lo decidieron?
2. Comparen las longitudes de sus .
   ¿Quién tiene el 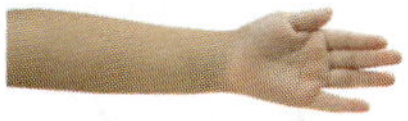 más largo?
   ¿Quién tiene el  más corto?
   ¿Cómo lo decidieron?

APRENDE Compara más de dos alturas y longitudes

1

Amari es más alto que Liam.
Liam es más alto que Zoey.
Entonces, Amari es más alto que Zoey.

Amari es el **más alto**.
Zoey es la **más baja**.

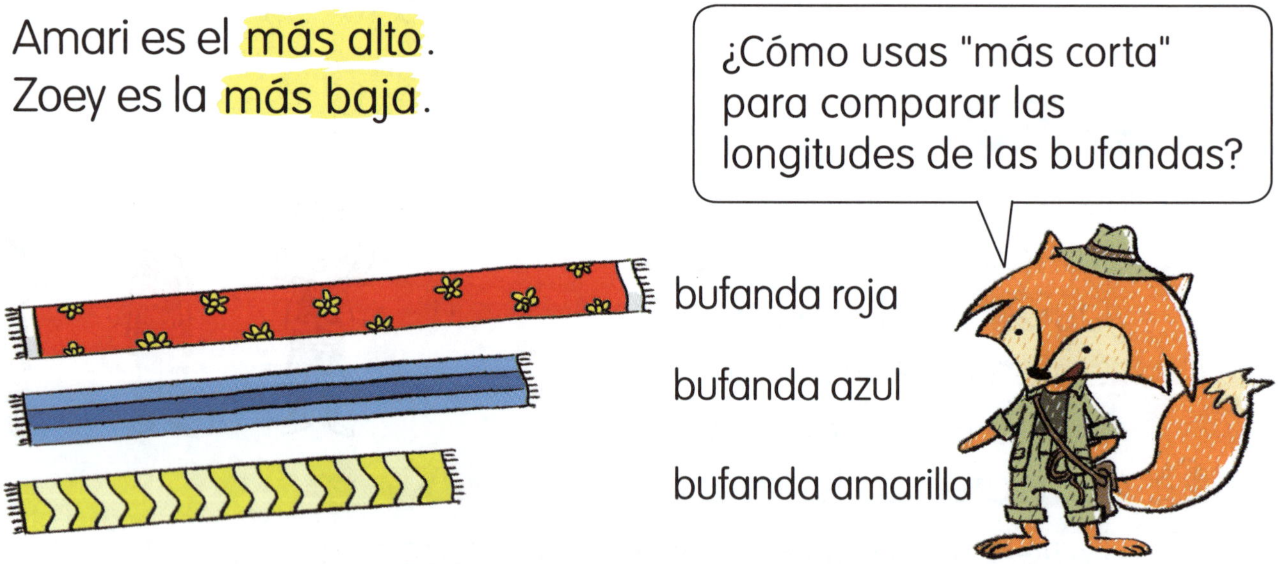

La bufanda roja es más larga que la bufanda azul.
La bufanda azul es más larga que la bufanda amarilla.
Entonces, la bufanda roja es más larga que la bufanda amarilla.

La bufanda roja es la **más larga**.
La bufanda amarilla es la **más corta**.

Actividad práctica

Actividad 1 Forma torres para comparar alturas

(1) Usa  para formar estas torres.

(2) Ordena las torres de la más baja a la más alta.

(3) Forma una torre más alta que la torre más alta.

¿Cuántos  usaste? __________

(4) Forma una torre más baja que la torre más baja.

¿Cuántos  usaste? __________

Actividad 2 Encontrar objetos para comparar longitudes

Observa tu salón de clases.

(1) Halla tres objetos más cortos que tu .

(2) Ordénalos uno junto al otro.

¿Cuál es el más corto? __________

(3) Halla tres objetos más largos que tu 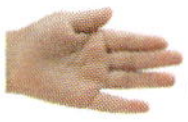.

(4) Ordénalos uno junto al otro.

¿Cuál es el más largo? __________

INTENTA Practica comparar más de dos alturas y longitudes

Observa la ilustración.
Luego, responde cada pregunta.

1. ¿Quién es más alto, Sofia o Ryan? ___________
2. ¿Quién es más alto, Hana o Ryan? ___________
3. ¿Hana es más alta que Sofia? ___________
4. ¿Quién es el más alto? ___________
5. ¿Quién es el más bajo? ___________
6. ¿Quién tiene el pelo más corto, Hana o Ryan? ___________
7. ¿Quién tiene el pelo más corto, Sofia o Hana? ___________
8. ¿Quién tiene el pelo más largo? ___________
9. ¿Quién tiene el pelo más corto? ___________

Nombre: ______________________ Fecha: ____________

PRÁCTICA INDEPENDIENTE

Observa la ilustración.
Luego, completa cada espacio en blanco.
Usa las palabras del recuadro.

más bajo	más larga	más alto
más corta	más larga	más alto

1. Caleb es __________ que Lilian.
2. Lucas es __________ que Lilian.
3. Caleb es el __________.
4. El loro de Lucas tiene una cola __________ el loro de Caleb.
5. El loro de Lilian tiene una cola __________ que el loro de Lucas.
6. El loro de Caleb tiene la cola __________.

Observa la ilustración.
Luego, responde cada pregunta.

Aiden y Karina ven algunos animales.

7. ¿Cuál es el animal más alto? ____________

8. ¿Cuál es el animal más bajo? ____________

9. ¿Qué animal tiene el cuello más largo que la avestruz?

____

10. ¿Qué animal tiene el cuello más corto que la avestruz?

____

11. ¿Qué animal tiene el cuello más corto? ____________

Nombre: ______________________ Fecha: ____________

3 Usar líneas de comparación

Objetivo de aprendizaje:

- Usar un punto de partida común al comparar longitudes.

Vocabulario nuevo
línea de comparación

PIENSA

Pajilla A

Pajilla B

Pajilla C

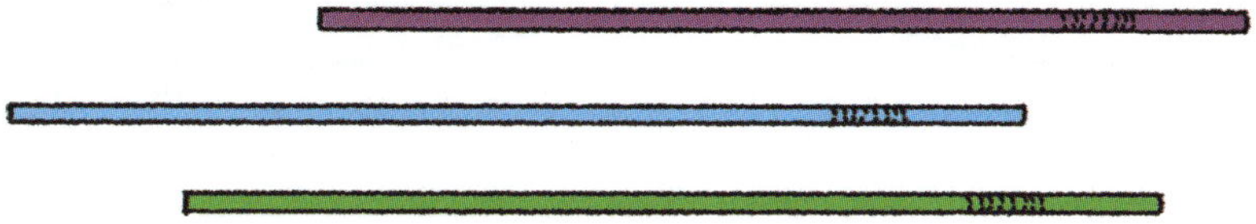

Gavin ordena las pajillas como se muestra.
Dice que la pajilla A es la más larga.
También dice que la pajilla B es la más corta.
¿Está en lo correcto?
Comenta con tu compañero tu razonamiento.

PARTICIPA

a Tu maestro te dará cinco tiras de papel de diferentes longitudes.
Pon el extremo de cada una de las tiras en el borde de tu escritorio.
Compara sus longitudes.
¿Qué tira es más larga?
¿Qué tira es más corta?

b ¿Por qué necesitas ordenar las tiras de papel de esta manera?
Comenta con tu compañero tu razonamiento.

APRENDE Usa una línea de comparación para comparar longitudes

1 Hay cinco cintas.

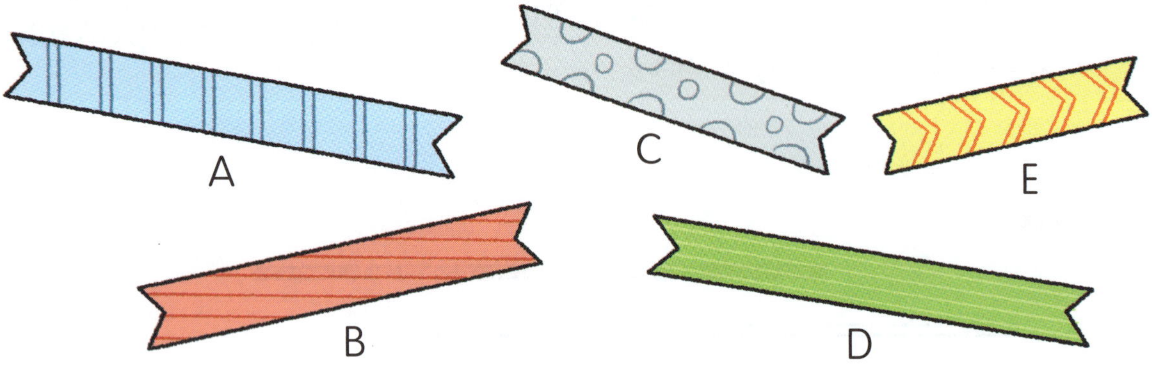

¿Qué cinta es la más corta?

La cinta E es la más corta.

Sí, estoy de acuerdo.

¿Qué cinta es la más larga?

La cinta A es la más larga.

No, la cinta D es la más larga.

¿Quién está en lo correcto?
¿Cómo puedes saberlo?

Puedes colocar objetos en una línea de comparación para comparar su longitud.
Ahora, ¿puedes decir qué cinta es la más larga?

Puedes también dibujar la línea de comparación así.

Actividad práctica Usar una línea de comparación para comparar longitudes

Tu maestro te dará un conjunto de 

.

1 a Estima cuál es la más larga. ___________

b Estima cuál es la más corta. ___________

2 Colocalas a lo largo de una la línea de comparación.

a ¿Cuál es la más larga? ___________

b ¿Cuál es la más corta? ___________

INTENTA Practica usar una línea de comparación para comparar longitudes

Observa la ilustración.
Luego, responde cada pregunta.

1 ¿Qué tira es la más larga? ___________

2 ¿Qué tira es la más corta? ___________

3 ¿Qué tira es más larga que la tira A pero más corta que la tira C? ___________

Nombre: ______________________ Fecha: ____________

PRÁCTICA INDEPENDIENTE

Completa el espacio en blanco.
Usa las palabras desordenadas como ayuda.

1. Barra A

   Barra B

   Barra C

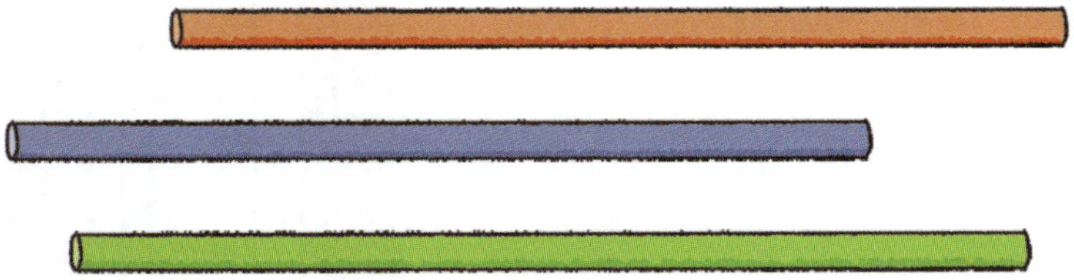

Bella quiere saber qué barra es la más larga.

Las coloca en una ______________
(lneaí ed slaiad) para hallarlo.

Completa cada espacio en blanco.

____

Cinta A

____

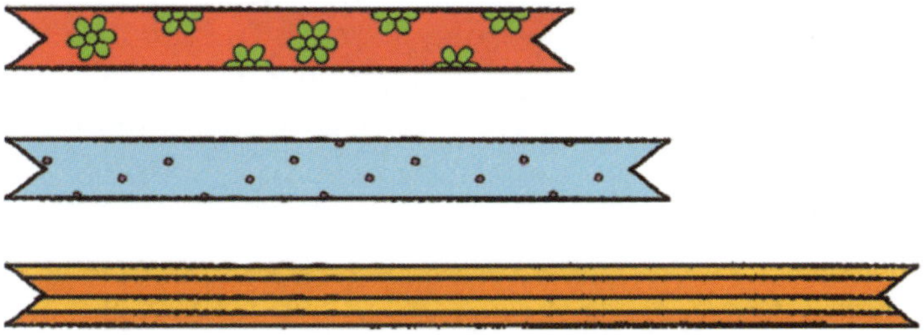

2. ¿Qué cinta es más larga que la cinta A?
   Nómbrala **Cinta B**.
   Escribe tu respuesta arriba, en el espacio en blanco correcto.

3. ¿Qué cinta es más corta que la cinta A?
   Nómbrala **Cinta C**.
   Escribe tu respuesta arriba, en el espacio en blanco correcto.

4. ¿Qué cinta es la más larga? ____________

5. ¿Qué cinta es la más corta? ____________

Observa la ilustración.
Luego, responde cada pregunta.

6. ¿Cuál es el edificio más alto?

   ____

7. ¿Cuál es el edificio más bajo?

   ____

Completa.

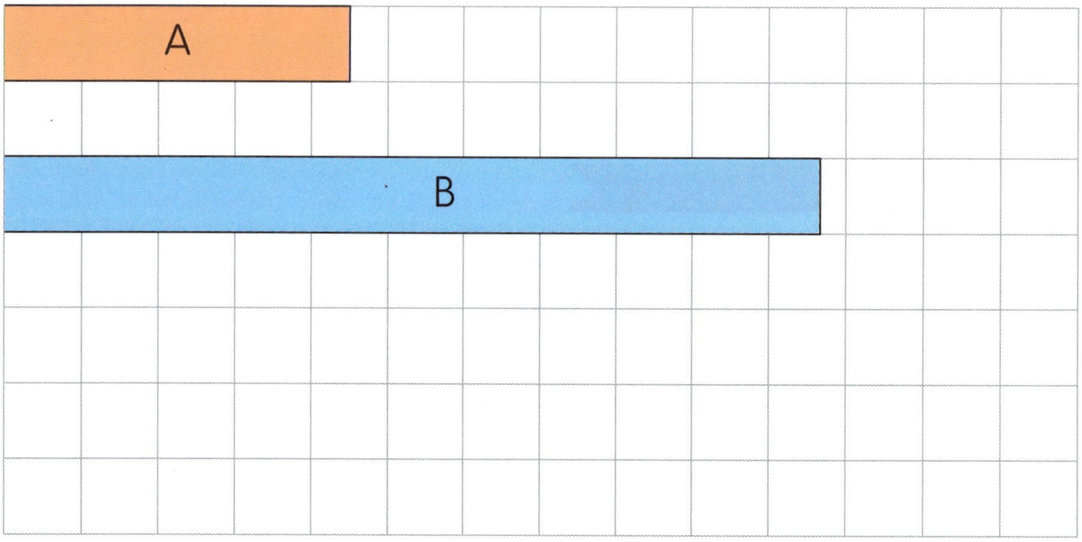

8. Traza una línea de comparación.

9. Traza una tira que sea más larga que A pero más corta que B.
   Nómbrala **C**.

10. Traza una tira de tal longitud que sea la más corta.
    Nómbrala **D**.

Nombre: ______________________ Fecha: ____________

4 Medir longitud

Objetivos de aprendizaje:

- Medir longitudes usando unidades no estándares.
- Comprender que al usar diferentes unidades no estándares pueden dar diferentes medidas para el mismo objeto.

Vocabulario nuevo
aproximadamente

PIENSA

Emma usa 8  para medir la longitud del bate A.
Connor usa 10  para medir la longitud del bate B.
Connor dice que debido a que él usó más crayolas, el bate B es más largo que el bate A.
¿Estás de acuerdo?
Comenta con tu compañero tu razonamiento.

PARTICIPA

Toma tu libro.

a Usa  para medir su longitud.
¿Cuántos  necesitas?

b Ahora, usa tu 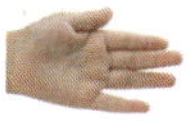 para medir su longitud.
¿Cuántas  necesitas?
Habla con tu compañero los dos métodos en los pasos **a** y **b**.

APRENDE Mide longitud usando diferentes objetos

1 

lápiz

El lápiz mide aproximadamente 6  de largo.
Su longitud es de aproximadamente 6 .

2 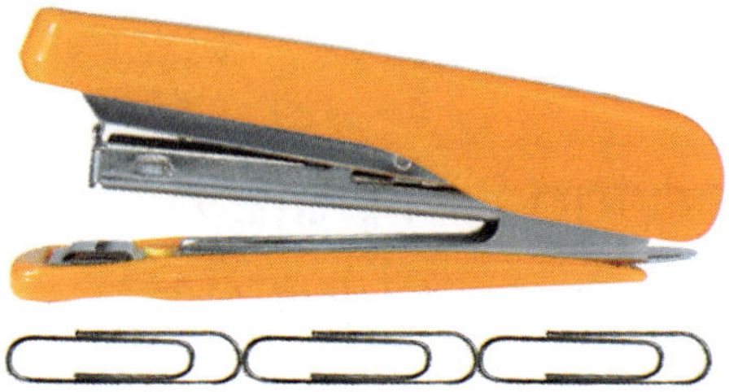

grapadora

La grapadora mide aproximadamente 3  de largo.
Su longitud es de aproximadamente 3 .

3 

marco para fotos

El marco para fotos mide aproximadamente 2  de largo.
Su longitud es de aproximadamente 2 .

Actividad práctica Usar 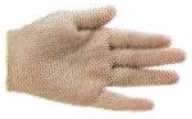 para medir longitud

① Usa tu 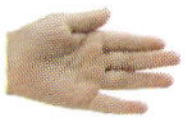 para medir la longitud del escritorio de tu maestro.

② Anota el resultado.

Objeto	Número de 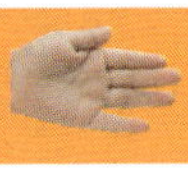
Escritorio del maestro	

③ Repite los pasos ① y ② para estos objetos.

Objeto	Número de 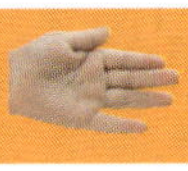
Tu escritorio	
Tu libro	

④ Responde cada pregunta.

a ¿Qué objeto es el más largo? ____________

b ¿Qué objeto es el más corto? ____________

c ¿Tu escritorio es más largo que el de tu maestro?

____

INTENTA Practica usar unidades no estándares para registrar longitud

Observa las ilustraciones.
Luego, completa cada espacio en blanco.

1

carpeta

La carpeta mide aproximadamente ______  de largo.

2

bate de béisbol

El bate de béisbol mide aproximadamente ______  de largo.

PARTICIPA

Usa  y  para medir la longitud de estos objetos

a bolígrafo

b tu escritorio

¿Cuál es más fácil usar para cada objeto?
Comenta con tu compañero tu razonamiento.

APRENDE Mide la misma longitud usando diferentes objetos

1 

bolígrafo

El bolígrafo mide aproximadamente 4  de largo.
Mide aproximadamente 1  de largo.

2 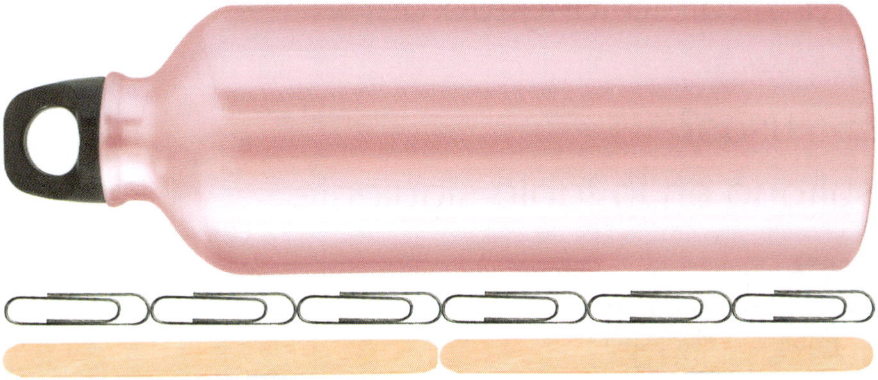

botella

La botella mide aproximadamente 6  de largo.
Mide aproximadamente 2  de largo.

Charla de matemáticas

¿Qué puedes usar para medir la longitud de un  ?

¿Qué tal para un  ?

Actividad práctica Usar diferentes objetos para medir la misma longitud

Trabaja en pareja.

Tu maestro te dará algunos y .

1. Estima la longitud del de tu compañero.
   ¿Cuántos mide su ?
   Estima el número.
   Luego, escribe tu estimación en la siguiente tabla.

2. Usa para medir la longitud del de tu compañero.
   ¿Cuántos usas?
   Escribe tu resultado en la tabla siguiente.

3. Usa .
   Repite los pasos 1 y 2.

Objeto	Tu estimación	Número

4 Traza el de tu compañero en una hoja de papel.

5 Estima la longitud del de tu compañero.
¿Cuántos mide su ?
Estima el número.
Luego, escribe tu estimación en la siguiente tabla.

6 Usa para medir la longitud del de tu compañero.
¿Cuántos usaste?
Escribe tu resultado en la tabla siguiente.

7 Usa .
Repite los pasos 5 y 6.

Objeto	Tu estimación	Número

8 ¿Usaste más o para medir cada longitud?
¿Por qué?
Comenta con tu compañero tu razonamiento.

INTENTA Practica usar diferentes unidades no estándares para registrar la misma longitud

Observa las ilustraciones.
Luego, completa cada espacio en blanco.

estuche para lápices

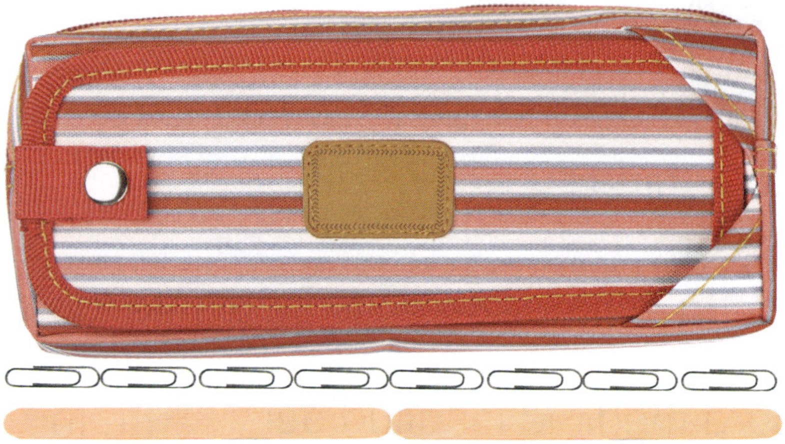

1. El estuche para lápices mide aproximadamente ________  de largo.

2. Mide aproximadamente ________  de largo.

taza

3. La taza mide aproximadamente ________  de alto.

4. Mide aproximadamente ________  de alto.

Nombre: ________________________ Fecha: ____________

PRÁCTICA INDEPENDIENTE

Observa las ilustraciones.
Luego, completa cada espacio en blanco.

vara

1. La vara mide aproximadamente __________  de largo.

frasco

2. El frasco mide aproximadamente __________  de alto.

tenedor

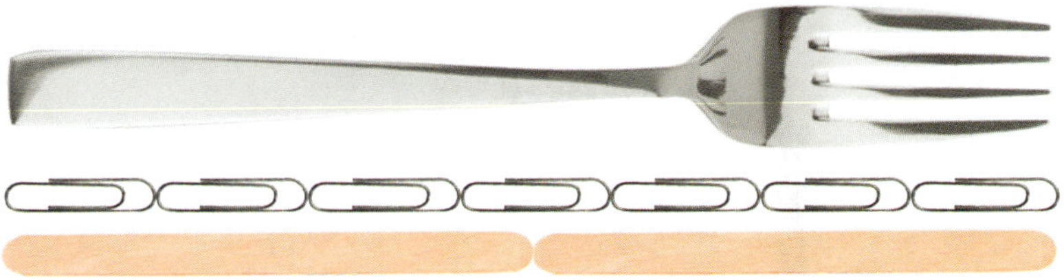

3. El tenedor mide aproximadamente __________  de largo.

4. El tenedor mide aproximadamente __________  de largo.

botella

5 La botella mide aproximadamente __________  de alto.

6 La botella mide aproximadamente __________  de alto.

7 ¿Usaste más  o ?
Encierra en un círculo.

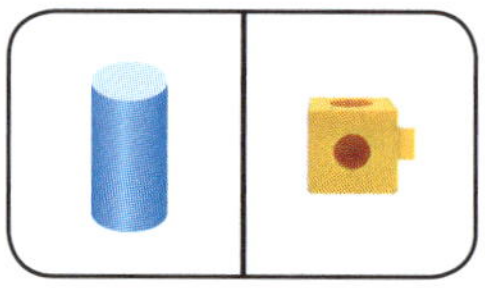

Observa la ilustración.
Luego, responde la pregunta.

ventana

8 ¿Usarías un  o un  para medir la longitud de esta ventana?

____

____

Nombre: ______________________________ Fecha: __________

5 Medir longitud en unidades

Objetivo de aprendizaje:
- Usar el término "unidad" para describir longitud.

Vocabulario nuevo
unidad

PIENSA

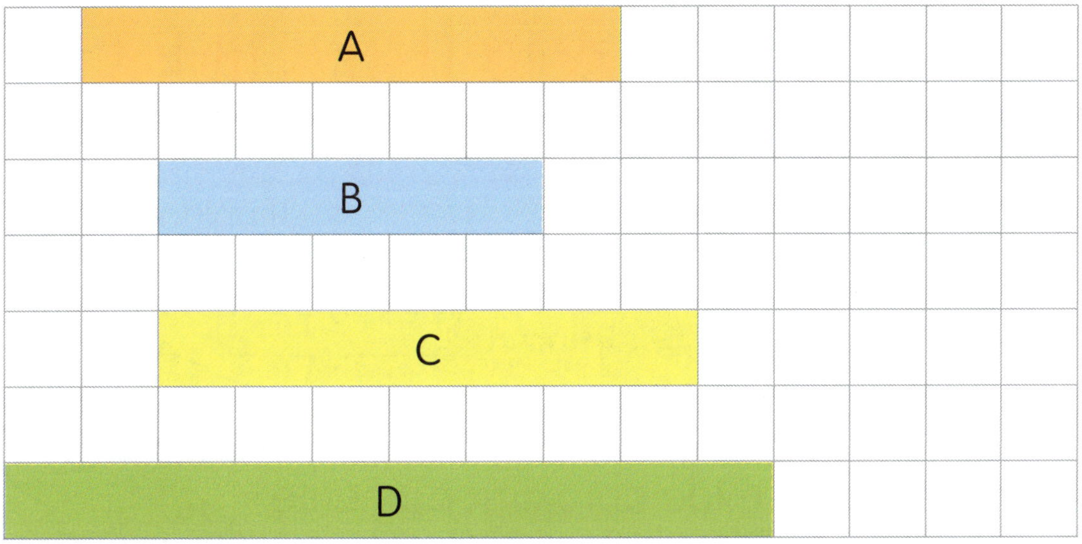

Cada  representa 1 unidad.
¿Cuáles dos tiras son tan largas una como la otra?

PARTICIPA

Usa  para medir la longitud de cada objeto.

a tu libro de matemáticas
b tu escritorio
c tu grapadora

¿Cuántas  usaste para cada objeto?

APRENDE Mide longitud en unidades

Cada ▭ representa 1 unidad.

1

pan

La barra de pan mide aproximadamente 7 unidades de largo.

2

cuerda para saltar

10 unidades 4 unidades

La cuerda para saltar mide aproximadamente 14 unidades de largo.

Charla de matemáticas

Joseph usa 6 llaves para medir la longitud de un paraguas.

Él dice que cada llave es 1 unidad. Entonces, el paraguas mide 6 unidades de largo.

Mariah usa 8 clips para medir la longitud del mismo paraguas.

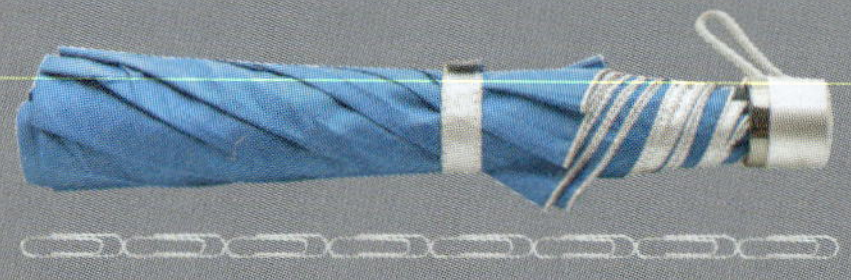

Ella dice que cada clip es 1 unidad. Entonces, el paraguas mide 8 unidades de largo.

Comenta con tu compañero por qué los resultados son diferentes.

Actividad práctica Medir longitud en unidades

① Usa  y  para medir las longitudes de estos objetos.

Objeto	Cada  representa 1 unidad	Cada 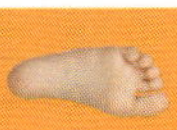 representa 1 unidad
Escritorio		
Pizarrón		
Armario		

② **Hábito para matemáticas 6** **Usar lenguaje matemático preciso**

Comenta con tu compañero cómo usas  y  para medir longitud.

③ **Hábito para matemáticas 3** **Elaborar argumentos viables**

Observa las dos medidas del escritorio.
¿Usaste más  o  para medir su longitud?
¿Esto se aplica a los otros objetos que mediste?
Comenta con tu compañero tu razonamiento.

④ **Hábito para matemáticas 3** **Elaborar argumentos viables**

¿Usarías  o  para medir la longitud de tu cama?
Comenta con tu compañero tu razonamiento.

INTENTA Practica registrar longitud en unidades

Observa la ilustración.
Luego, responde cada pregunta.
Cada □ representa 1 unidad.

1. El toallero mide aproximadamente _____ unidades de largo.

2. La puerta mide aproximadamente _____ unidades de alto.

3. El niño mide aproximadamente _____ unidades de alto.

4. ¿Es más largo el cepillo que el espejo? _____

5. ¿Es más corto el toallero que el espejo? _____

6. ¿Cuál es más corto, el cepillo o el toallero? __________
   ¿Que tanto? _____ unidades

Nombre: ______________________ Fecha: ____________

PRÁCTICA INDEPENDIENTE

Observa cada ilustración.
Luego, responde cada pregunta.

1. Cada (botón) representa 1 unidad.

maíz

El maíz mide aproximadamente ____ unidades de largo.

2. Cada (ficha verde) representa 1 unidad.

cuchara

La cuchara mide aproximadamente ____ unidades de largo.

3. Cada (cuadrado) representa 1 unidad.

cactus

El cactus mide aproximadamente ____ unidades de alto.

Usa  para medir.
Cada  representa 1 unidad.
Luego, completa cada espacio en blanco.
La ilustración muestra la casa de Henry, su escuela y el parque infantil.

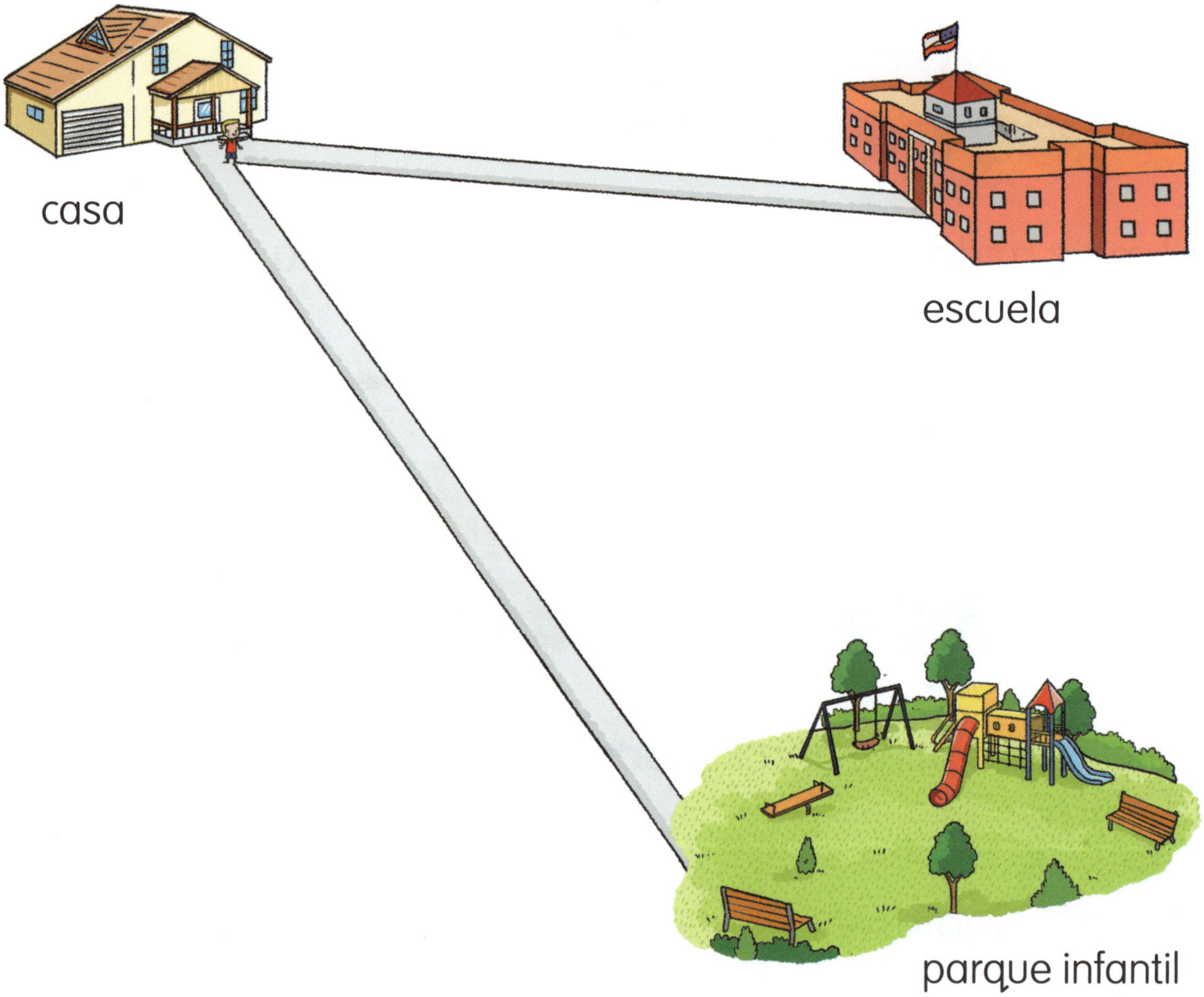

4. La acera de la casa de Henry a la escuela mide aproximadamente __________ unidades de largo.

5. La acera de la casa de Henry al parque infantil mide aproximadamente __________ unidades de largo.

Completa cada espacio en blanco.

Los caracoles A, B y C se arrastran por las líneas.

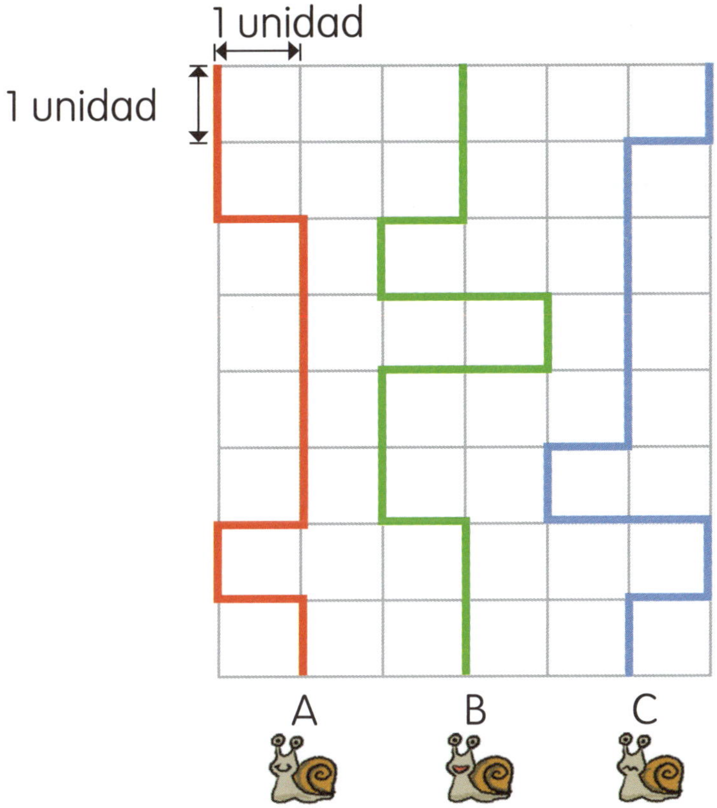

6. El caracol ________ toma el camino más largo.

   Se arrastra ________ unidades.

   ________ es 10 y ________ .

7. El caracol ________ toma el camino más corto.

   Se arrastra ________ unidades.

   ________ es 10 y ________ .

8. El caracol ________ se arrastra 13 unidades.

Responde cada pregunta.

Cada ☐ representa 1 unidad.

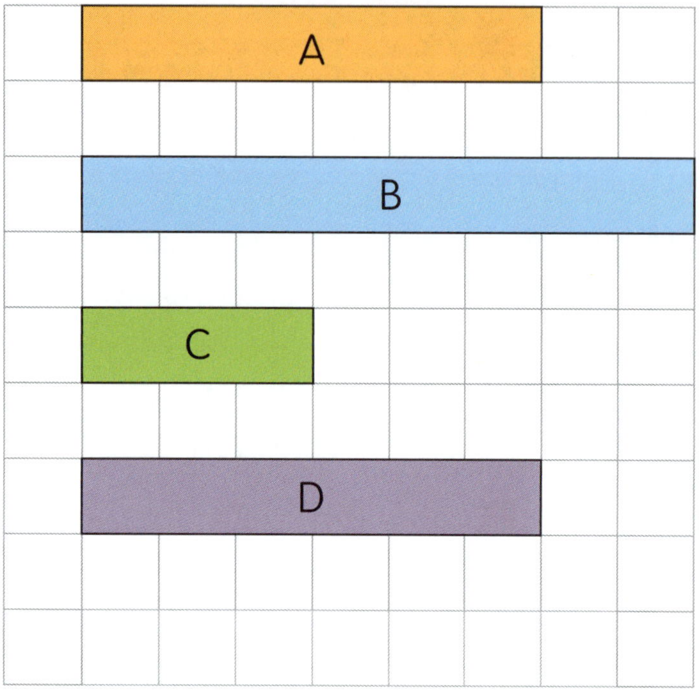

9 ¿Cuál es la tira más larga? ___________

10 ¿Cuál es la tira más corta? ___________

11 **a** ¿Cuáles dos tiras tienen la misma longitud?

___________ y ___________

b ¿Cuánto mide cada una de estas tiras?
___________ unidades

12 ¿Cuál es la longitud total de A, B y C? ___________ unidades

13 Abajo de la tira D, dibuja una tira que tenga 7 unidades de largo.
Nómbrala **E**.

Nombre: ______________________ Fecha: ____________

6 Comparar pesos

Objetivos de aprendizaje:

- Comparar dos pesos usando los términos "pesado", "más pesado que", "liviano", "más liviano que", y "tan pesado como".
- Comparar indirectamente dos pesos usando un tercero.
- Comparar más de dos pesos usando los términos "más ligero" y "más pesado".

Vocabulario nuevo
más pesado
más liviano

PIENSA

Brayden es más pesado que Madeline.
Brayden también es más pesado que Elena.
¿Qué puedes decir sobre los pesos de Madeline y de Elena?
Comenta con tu compañero cinco cosas que puedes decir.

PARTICIPA

¿Qué objeto es más pesado?

a un libro o un lápiz
b una grapadora o un estuche para lápices
c una naranja o una manzana

¿Cómo puedes estar seguro?
Comenta con tu compañero tu razonamiento.

APRENDE Compara dos pesos

1

2

3

Charla de matemáticas

¿Un objeto más grande siempre es más pesado? Comunica tu razonamiento a tu compañero.

Actividad práctica Comparar dos pesos

① Estima qué objeto es más pesado.

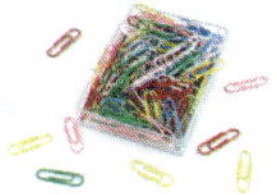

Caja de clips

grapadora

Escribe tu estimación en la tabla siguiente.

Tu estimación	Es

② Usa la 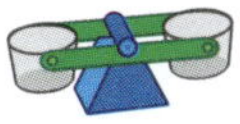 para comprobar tu resultado.
Escribe tu respuesta en la tabla anterior.

③ Repite los pasos ① y ② para estos objetos.

a 

goma de borrar

lápiz

Tu estimación	Es

b 

sacapuntas

crayola

Tu estimación	Es

INTENTA Practica comparar dos pesos

Observa la ilustración.
Luego, responde cada pregunta.

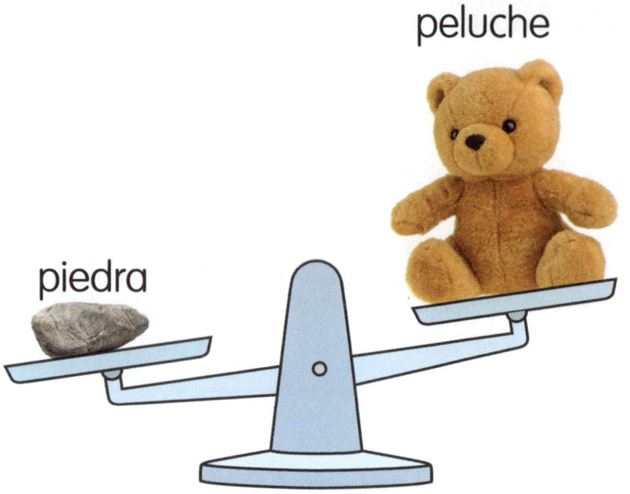

1. La __________ es más pesada.

2. El __________ es más liviano.

3. ¿Un objeto grande siempre es más pesado que un objeto pequeño? __________

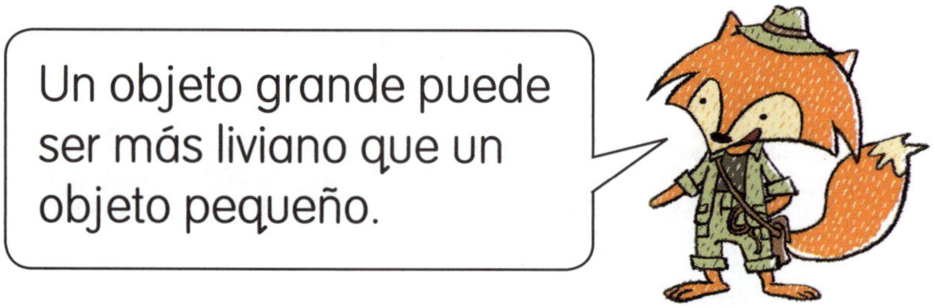

PARTICIPA

Toma una grapadora, un pegamento en barra y una goma de borrar.

a Coloca la grapadora y el pegamento en barra en una 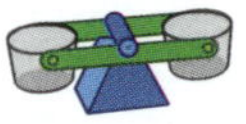.
¿Cuál es más pesado?

b Ahora, coloca el pegamento en barra y la goma de borrar en la .
¿Cuál es más pesado?

c ¿Puedes decir cuál es el objeto más pesado?

APRENDE Compara más de dos pesos

1

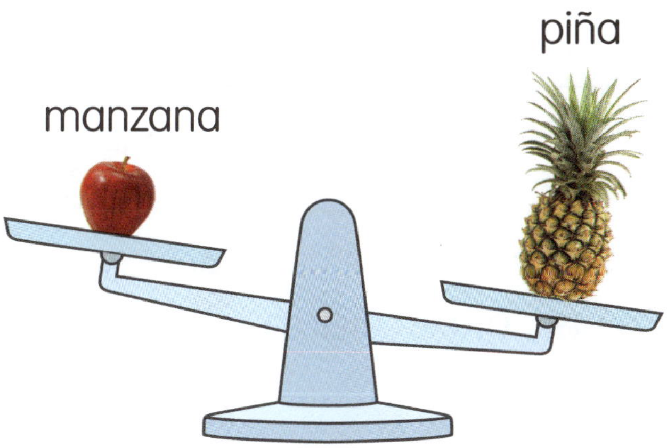

La manzana es más liviana que la piña.

La piña es más liviana que la sandía.

Entonces, la manzana es más liviana que la sandía.

La manzana es la más liviana.
La sandía es la más pesada.

Actividad práctica Comparar más de dos pesos

Tu maestro te dará un pegamento en barra, una grapadora y algo de plastilina.

① Usa la plastilina para hacer una pelota.

② Pon la pelota en un lado de la 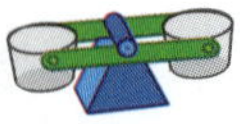.
Pon el pegamento en barra en el otro lado.

¿Qué objeto es más pesado? ____________

③ Ahora, reemplaza el objeto más pesado en la  con la grapadora.
¿Qué objeto es más pesado? ____________

④ Ordena los objetos de más liviano a más pesado.

⑤ ¿Cómo obtuviste tus respuestas en el paso ④?
Comenta con tu compañero cómo lo hiciste.

INTENTA Practica comparar más de dos pesos

Observa la ilustración.
Luego, completa cada espacio en blanco.
Elige más liviano o más pesado.

Mai quiere saber qué animal es el más pesado.

1. Mai observa la balanza A.
   Puede decir que el conejo es __________ que el gato.

2. Mai observa la balanza B.
   Puede decir que el conejo es __________ que la rana.

Completa cada espacio en blanco.
Usa tus respuestas en los pasos 1 y 2 como ayuda.

3.

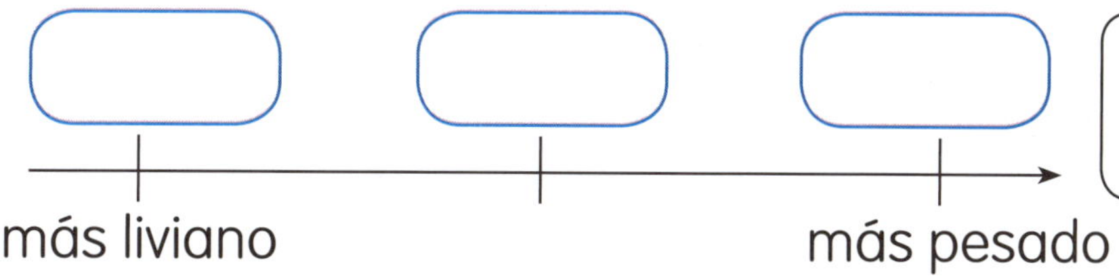

4. Entonces, el animal más pesado es el __________.

Observa la ilustración.
Luego, completa cada espacio en blanco.
Elige más liviano o más pesado.

5 El peine es __________ que el reloj de pulsera.

6 El reloj es __________ que el reloj de pulsera.

7 Entonces, el reloj es __________ que el peine.

8 El __________ es el más ligero.

9 El __________ es el más pesado.

Observa la ilustración.
Luego, completa cada espacio en blanco.

mesa

libro

globo

10 La __________ es el más pesado.

11 El __________ es el más liviano.

Nombre: ____________________ Fecha: ____________

PRÁCTICA INDEPENDIENTE

Observa la ilustración.
Luego, completa cada espacio en blanco.
Elige más liviana, más pesado, o tan pesado como.

1. El libro es __________ el balón.
2. La muñeca es __________ que el libro.
3. El balón es __________ que la muñeca.

Observa la ilustración.
Luego, completa cada espacio en blanco.

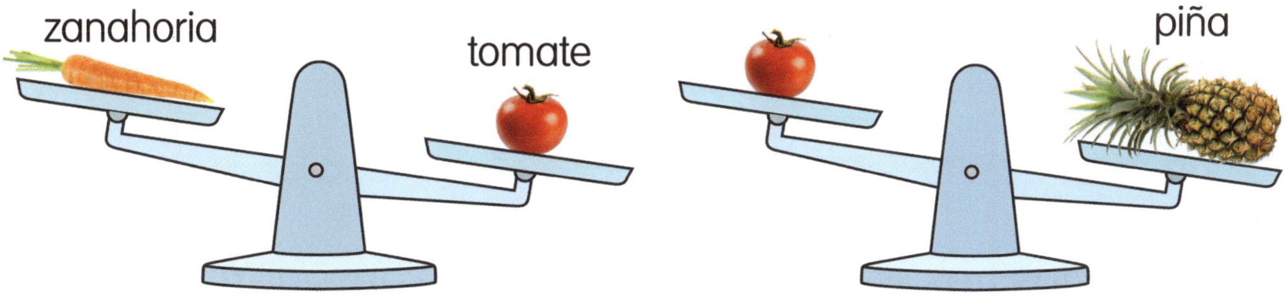

4. La __________ es más liviana que el tomate.
5. La __________ es más pesada que el tomate.
6. Entonces, la zanahoria es __________ que la piña.

Observa la ilustración.
Luego, completa cada espacio en blanco.

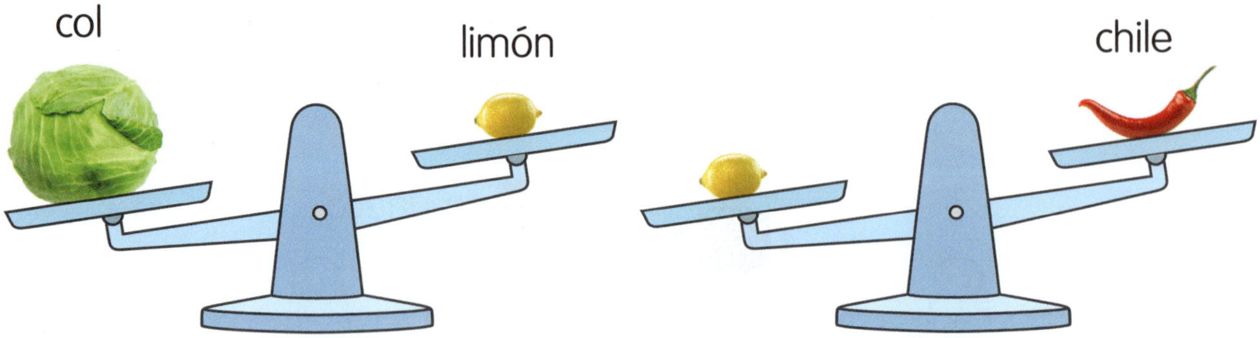

7. El limón es más liviano que ____________.

8. El limón es más pesado que ____________.

9. Entonces, la col es ____________ que el chile.

10. La ____________ es la más pesada.

11. El ____________ es el más liviano.

Responde cada pregunta.

12. Halla tres objetos más pesados que tu libro de matemáticas.

a ____________ **b** ____________ **c** ____________

13. De estos tres objetos, ¿cuál es el más pesado?

____

14. De estos tres objetos, ¿cuál es el más liviano?

____

Nombre: ______________________________ Fecha: ______________

7 Medir peso

Objetivos de aprendizaje:

- Medir peso usando unidades no estándares.
- Comparar pesos usando un objeto no estándar como unidad de medida.

PIENSA

Andre es más pesado que Anna.
Anna es más liviana que Jaden.
Kennedy es más pesado que Jaden.
Indica:

a ¿Quién es más liviano?

b ¿Quién es más pesado?

Comenta con tu compañero tu razonamiento.

PARTICIPA

a Pon tu libro de matemáticas de un lado de la 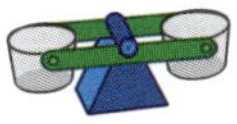.
Pon  uno por uno del otro lado de la .
Detente cuando la  esté equilibrada.
¿Cuántos  usaste?

b Junta dos  para formar un prisma rectangular.
Reemplaza los  en la 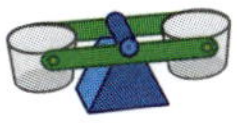 con prismas rectangulares.
¿Cuántos prismas rectangulares necesitas para equilibrar el libro?
¿Tu resultado es igual o diferente que el paso **a**?
¿Por qué piensas que es así?

APRENDE Mide peso usando diferentes objetos

1

vaso

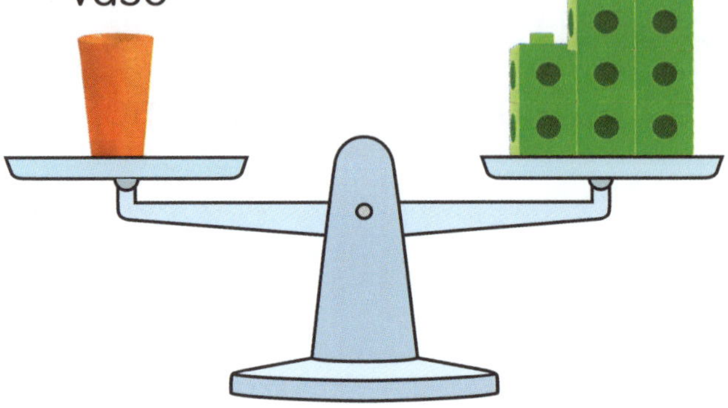

El vaso pesa 8 ▪.

El peso del vaso es de aproximadamente 8 ▪.

El tazón pesa 15 ▪.

tazón

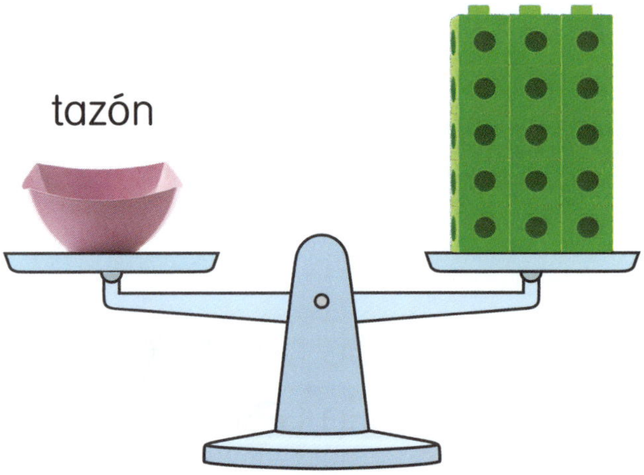

El peso del tazón es de aproximadamente 15 ▪.

15 es mayor que 8.
El tazón es más pesado que el vaso.

8 es menor que 15.
El vaso es más liviano que el tazón.

Actividad práctica

Actividad 1 Usar diferentes objetos para medir peso

① Usa  o  y 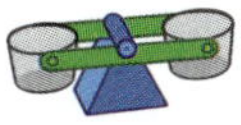 para hallar el peso de cada objeto.

estuche para lápices

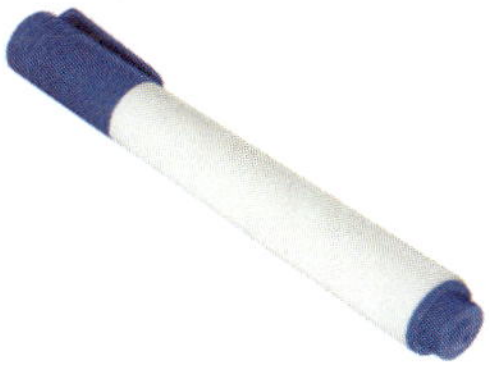

marcador

grapadora

Actividad 2 Adivina el objeto

Tu maestro te dará una caja de objetos y una tarjeta.

① Elige un objeto de la caja.
Usa  o  y 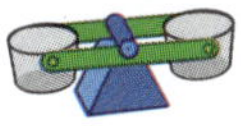 para hallar su peso.
Escribe su peso en la tarjeta.

② Muestra a tus amigos tu caja de objetos y la tarjeta.
Pídeles que adivinen cuál es tu objeto.
Pueden usar  o  y 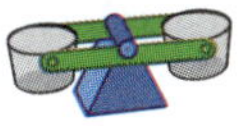 para comprobar sus respuestas.

INTENTA Practica usar unidades no estándares para registrar y comparar pesos

Observa la ilustración.
Luego, completa cada espacio en blanco.

1. El peso de la bolsa A es de aproximadamente ________ ●.
2. La bolsa B es tan pesada como ________ ●.
3. El peso de la bolsa C es de aproximadamente ________ ●.
4. La bolsa ________ es más pesada que la bolsa ________.
5. La bolsa ________ es más liviana que la bolsa ________.
6. La bolsa ________ es la más liviana.
7. La bolsa ________ es la más pesada.

Nombre: ______________________________ Fecha: __________

PRÁCTICA INDEPENDIENTE

Observa la ilustración.
Luego, completa cada espacio en blanco.

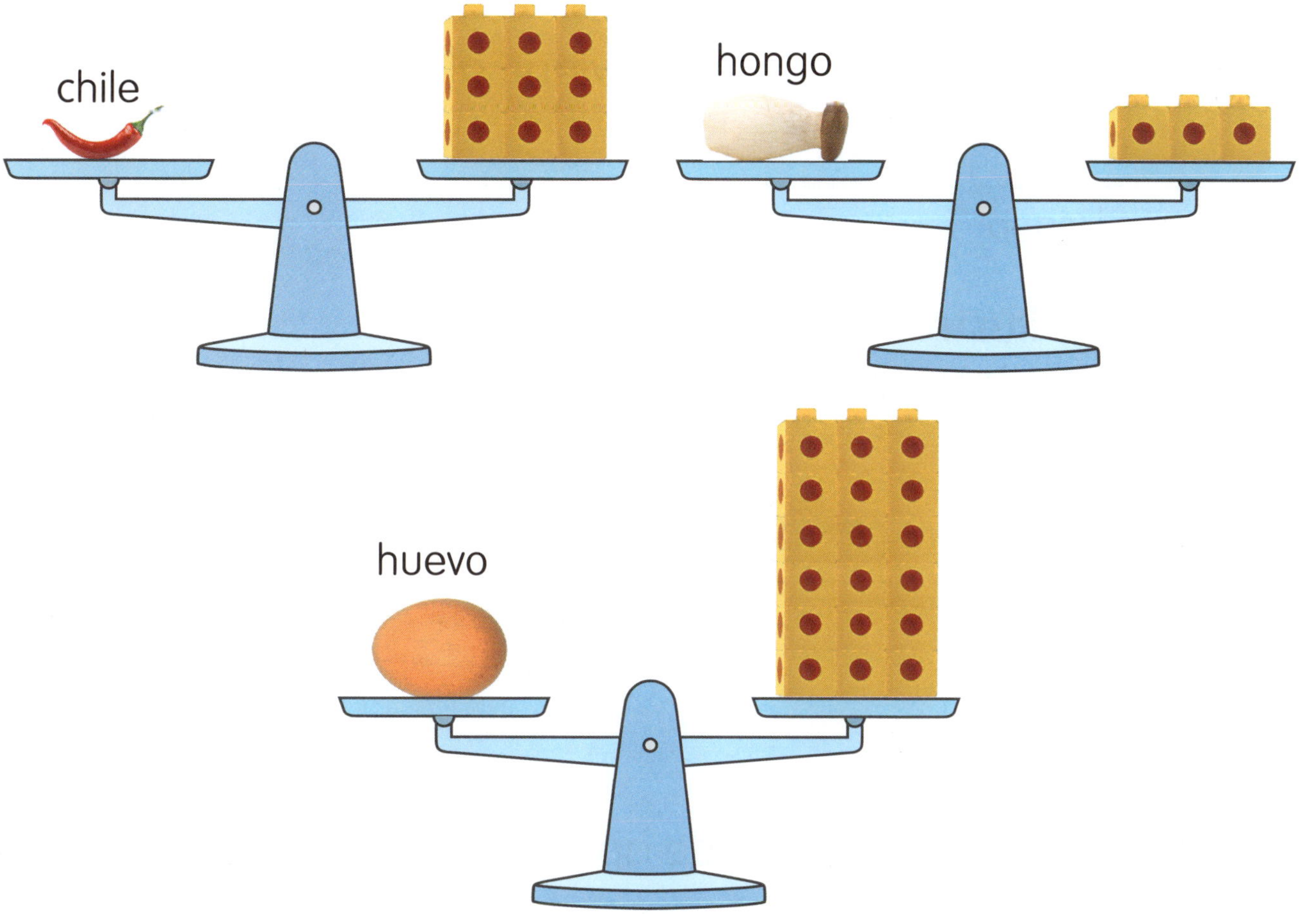

1. El peso del chile es de aproximadamente __________ 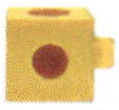.
2. El peso del hongo es de aproximadamente __________ .
3. El peso del huevo es de aproximadamente __________ .
4. El chile es más pesado que el __________.
5. El chile es más liviano que el __________.

6 El hongo es __________ que el huevo.

7 El __________ es el más pesado.

8 El __________ es el más liviano.

9 Ordena los objetos del más liviano al más pesado.

__________, __________, __________
más liviano más pesado

Observa la ilustración.
Luego, completa cada espacio en blanco.

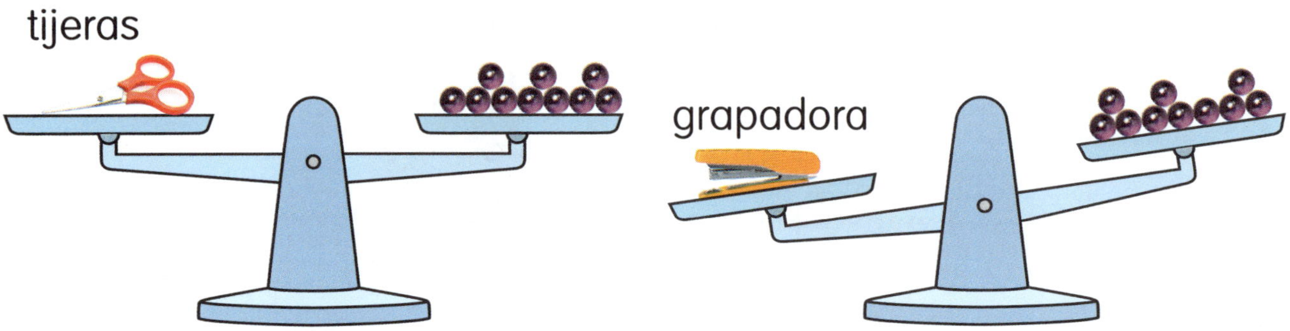

10 El peso de las tijeras es de aproximadamente __________ ●.

11 __________ ● son más pesadas que las tijeras.

12 __________ ● son más livianas que la grapadora.

13 ¿Qué es más pesada, las tijeras o la grapadora?

____

Nombre: ______________________ Fecha: __________

8 Medir peso en unidades

Objetivos de aprendizaje:

- Usar el término "unidad" para describir peso.
- Comprender por qué hay una diferencia en medida cuando diferentes objetos representan 1 unidad.

PIENSA

1  representa 1 unidad.
Diego puede cargar 10 unidades.
Carter puede cargar más unidades que Diego.
Riley puede cargar menos unidades que Carter.

a ¿Quién es el más fuerte?

b ¿Quién es el más débil?

Comenta con tu compañero cómo hallaste las respuestas.

PARTICIPA

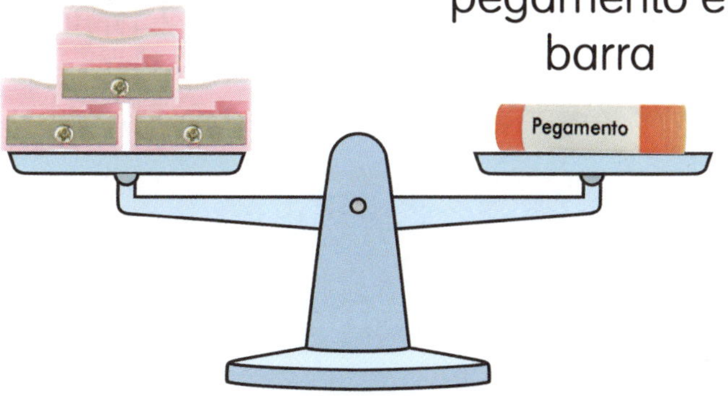

a Un pegamento en barra pesa lo mismo que ________ sacapuntas.

b ¿Cuántos sacapuntas pesarían dos pegamentos en barra? Comenta con tu compañero tu razonamiento.

APRENDE Mide peso en unidades

1. Cada [eraser] representa 1 unidad.

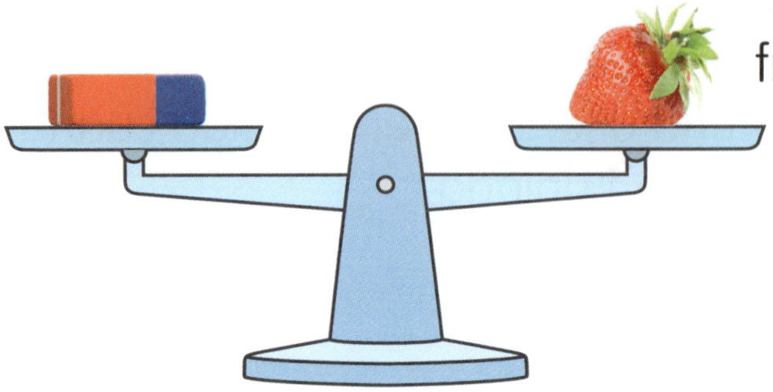

El peso de la fresa es de aproximadamente 1 unidad.

2. Cada [cube] representa 1 unidad.

El peso de la misma fresa es de aproximadamente 7 unidades.

Charla de matemáticas

Bailey mide el peso de su lonchera.
Ella usa 1 [cube] como 1 unidad.
El peso de su lonchera es de aproximadamente 18 unidades.
Después, ella usa 1 [marble] como 1 unidad.
El peso de su lonchera es de 6 unidades.
¿Qué es más pesado, 1 [cube] o 1 [marble]?
Comenta con tu compañero por qué lo piensas.

Actividad práctica Medir peso en unidades

1. Usa clip como 1 unidad.
   Estima el peso de cada objeto del grupo 1
   Escribe tus estimaciones en la tabla siguiente.

Grupo 1

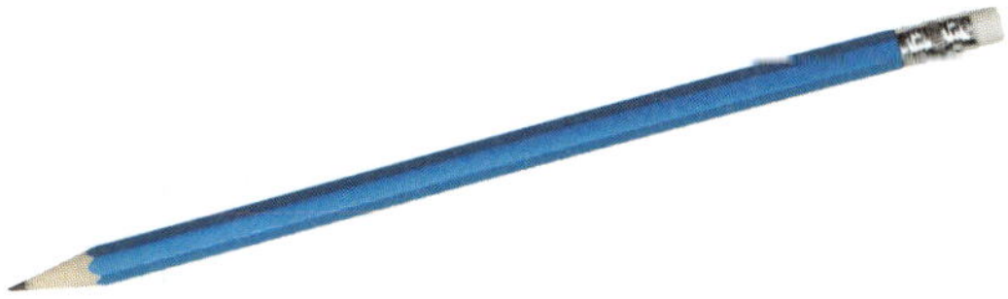

lápiz

goma de borrar

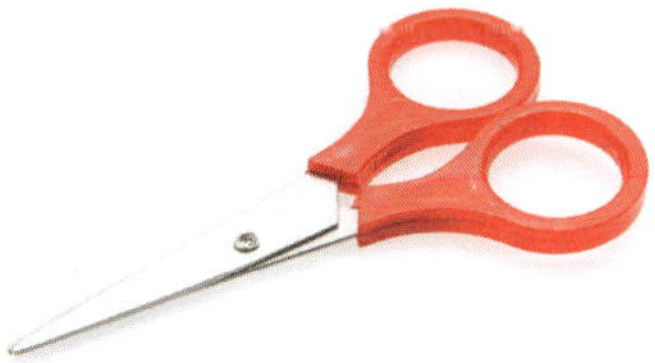

tijeras

Objeto	Estimación	Cada clip representa 1 unidad	Cada moneda representa 1 unidad
Goma de borrar	unidades		
Lápiz	unidades		
Tijeras	unidades		

2. Usa balanza y clip para comprobar tus estimaciones.
   Luego, escribe tus resultados en la tabla anterior.

3. Ahora, usa moneda como 1 unidad.
   Halla el peso de los objetos en el grupo 1.
   Luego, escribe tus resultados en la tabla anterior.

4. **Hábito para matemáticas 3** **Elaborar argumentos viables**
   Comenta con tu compañero lo que hallaste.

5 Usa  como 1 unidad.
Estima el peso de cada objeto del grupo 2.
Escribe tus estimaciones en la tabla siguiente.

Grupo 2

estuche para lápices

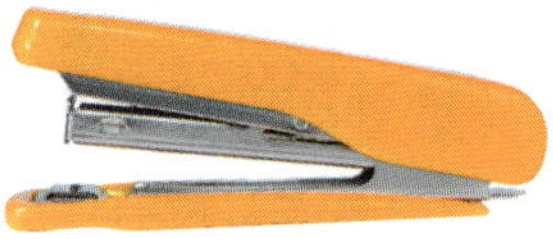
grapadora

dos crayolas

Objeto	Estimación	Cada  representa 1 unidad	Cada  representa 1 unidad
Estuche para lápices	unidades		
Grapadora	unidades		
Dos crayolas	unidades		

6 Usa 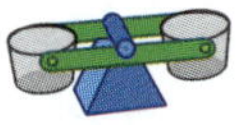 y  para comprobar tus estimaciones.
Luego, escribe tus resultados en la tabla anterior.

7 Ahora, usa  como 1 unidad.
Halla el peso de los objetos en el grupo 2.
Luego, escribe tus resultados en la tabla anterior.

8 **Hábito para matemáticas 3** **Elaborar argumentos viables**

Comenta con tu compañero lo que hallaste.

INTENTA Practica registrar peso en unidades

Observa la ilustración y completa cada espacio en blanco.
Cada  representa 1 unidad.

1. El peso de la caja A es de aproximadamente ________ unidades.

2. El peso de la caja B es de aproximadamente ________ unidades.

3. El peso de la caja C es de aproximadamente ________ unidades.

4. La caja ________ es la más pesada.

5. La caja ________ es la más liviana.

6. Ordena las cajas de la más pesada a la más liviana.

________, ________, ________
más pesada más liviana

EXPLOREMOS

1 La familia Cooper está cosiendo.

Comenta con tu compañero lo que ves en la ilustración. Usa estas palabras como ayuda.

alto	más alto	el más alto
bajo	más bajo	el más bajo
largo	más largo	el más largo
corto	más corto	el más corto
pesado	más pesado	el más pesado
liviano	más liviano	el más liviano

2 Halla tres objetos pequeños en tu salón de clases. Ordena los objetos del más pesado al más liviano. Usa una 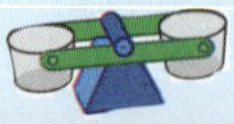 como ayuda.

Nombre: ______________________ Fecha: ____________

PRÁCTICA INDEPENDIENTE

Observa la ilustración.
Luego, completa cada espacio en blanco.
Cada  representa 1 unidad.

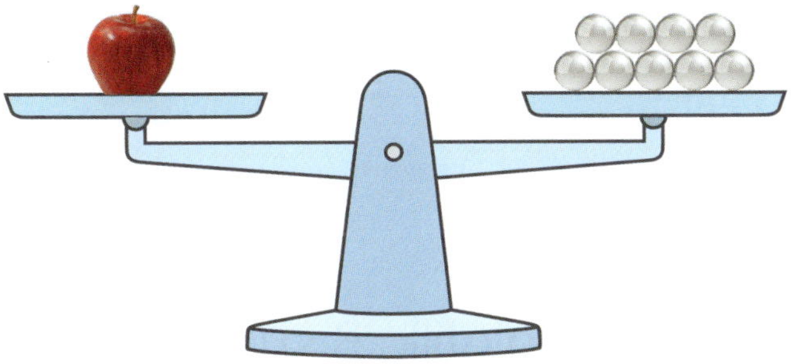

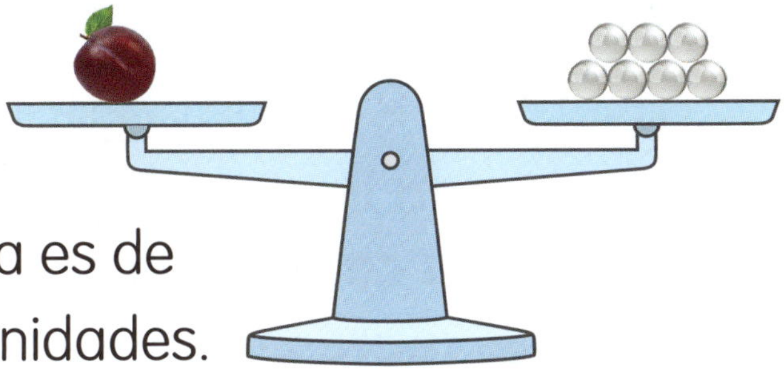

1. El peso de la rebanada de sandía es de aproximadamente __________ unidades.

2. El peso de la manzana es de aproximadamente __________ unidades.

3. El peso de la ciruela es de aproximadamente __________ unidades.

4. La manzana es más pesada que la __________.

5. La manzana es más liviana que la __________.

6. La __________ es la más liviana.

7. La __________ es la más pesada.

Observa la ilustración.
Completa.
Cada [cubo] representa 1 unidad.

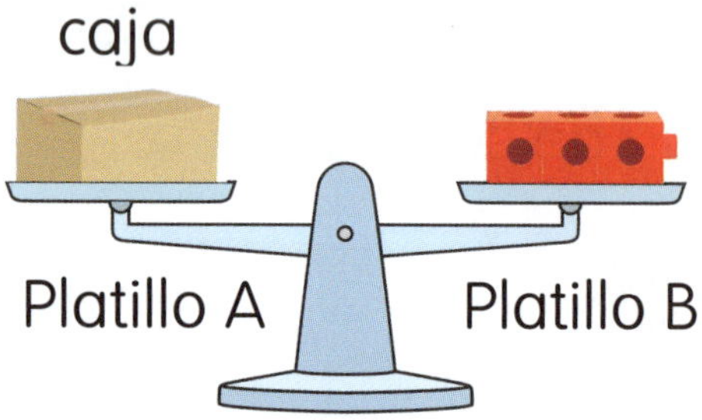

☐

8 El peso de la caja es de aproximadamente ________ unidades.

9 Agrega un [cubo] al platillo A.

Traza ↑ o ↓ en la ☐ para indicar si el platillo B sube o baja.

Observa la ilustración.
Completa cada espacio en blanco.
Cada ■ representa 1 unidad.

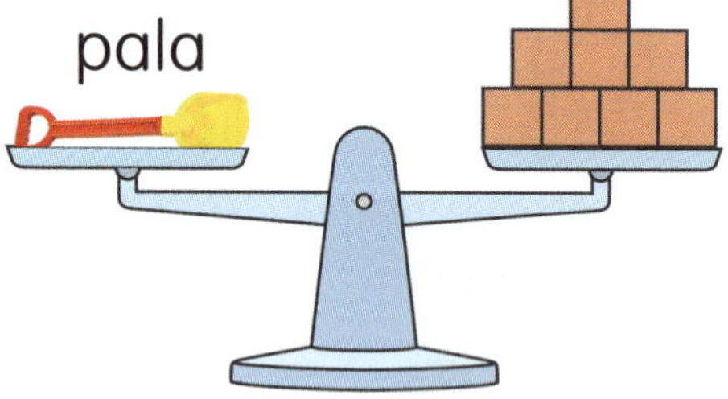

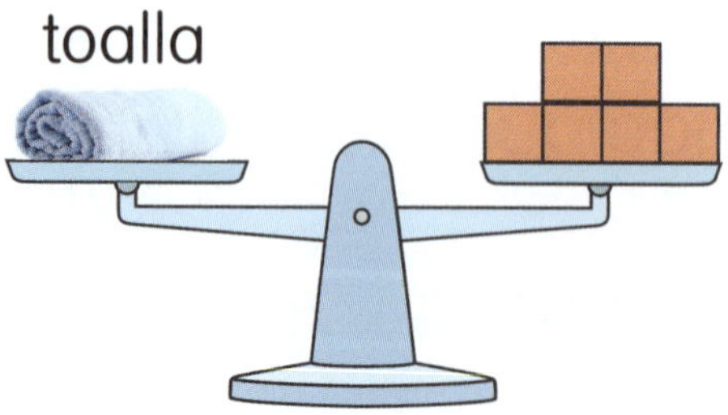

10 Ordena los objetos del más pesado al más liviano.

________, ________, ________
más pesado — más liviano

Nombre: ______________________ Fecha: ______________

Hábito para matemáticas 2 **Usar el razonamiento matemático**

autobús

automóvil

motocicleta

¿Cuál es el más largo?
¿Cuál es el más pesado?
¿Cómo puedes saberlo?

Resolución de problemas con la heurística

1 **Hábito para matemáticas 3** **Elaborar argumentos viables**

Observa la barra de pan y el cuaderno.

Se usan más clips que gomas de borrar.
¿Puedes decir que el cuaderno es más largo que la barra de pan?
¿Por qué?

2 **Hábito para matemáticas 3** **Elaborar argumentos viables**

Conjunto 1

Conjunto 2

Quieres hallar cuanto mide cada hoja.
¿Qué conjunto de líneas vas a usar?
¿Por qué?

¡DESAFÍA TU MENTE!

Observa las ilustraciones.
Luego, responde cada pregunta.

3 **Hábito para matemáticas 1** Perseverar en la resolución de problemas

¿Qué bolsa es más pesada, A o B? __________

4 **Hábito para matemáticas 1** Perseverar en la resolución de problemas

¿Qué bolsa es más pesada, D o E? __________

5 **Hábito para matemáticas 1** Perseverar en la resolución de problemas

Ordena las bolsas de la más liviana a la más pesada.

__________, __________, __________
más liviana más pesada

CIERRE DEL CAPÍTULO

Toma tres objetos de tu salón de clases. ¿Cómo puedes saber cuál es el más largo y el más pesado?

Longitud

Comparar longitudes

Harper Nathan Carla

Nathan es más alto que Harper.
Nathan es más bajo que Carla.
Entonces, Carla es más alta que Harper.
Carla es la más alta.
Harper es la más baja.

La bufanda verde es más larga que la bufanda amarilla.
La bufanda verde es más corta que la bufanda rosa.
Entonces, la bufanda rosa es más larga que la bufanda amarilla.
La bufanda rosa es la más larga.
La bufanda amarilla es la más corta.

Usar una línea de comparación

Línea de comparación

Usar objetos y unidades para medir longitud

El conejo mide aproximadamente 3 zanahorias de largo.
Mide aproximadamente 1 bufanda.

Cada  representa 1 unidad.
El conejo mide aproximadamente 3 unidades.

Peso

Comparar pesos

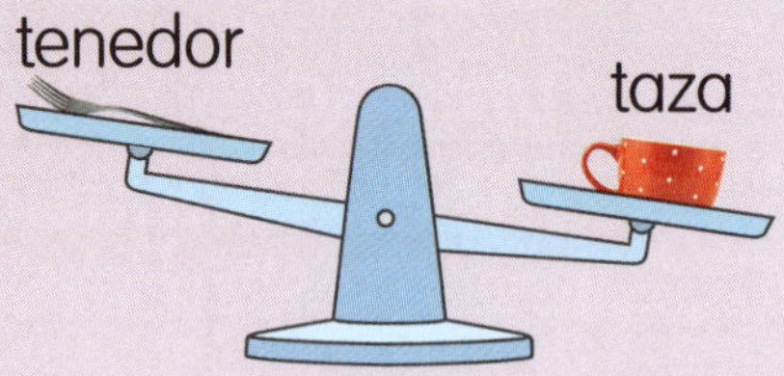

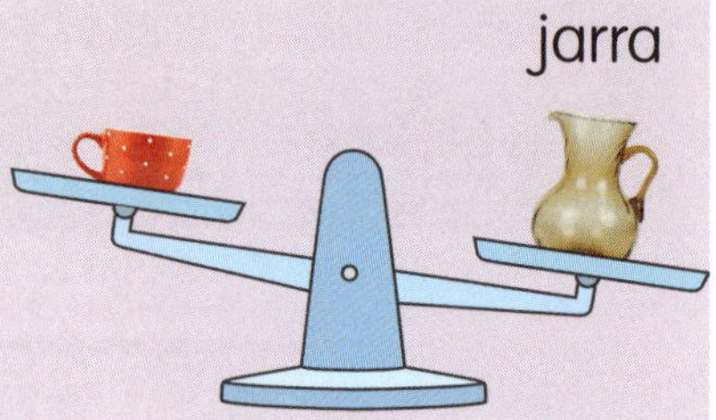

El tenedor es más liviano que la taza.
La taza es más liviana que la jarra.
Entonces, el tenedor es más liviano que la jarra.
La jarra es más pesada que el tenedor.

El tenedor es el más liviano.
La jarra es la más pesada.

Usar objetos y unidades para medir peso

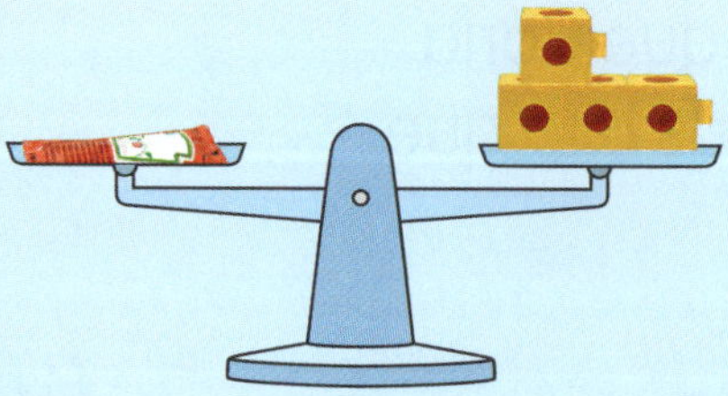

El peso del envase de kétchup es de aproximadamente 1 .
El peso del mismo envase de kétchup es de aproximadamente 4 .

Cada  representa 1 unidad.
El peso del envase de kétchup es de aproximadamente 1 unidad cuando usas .
Cada  representa 1 unidad.
El peso del mismo envase de kétchup es de aproximadamente 4 unidades cuando usas .

Nombre: ____________________ Fecha: __________

Observa la ilustración.
Luego, completa cada espacio en blanco.

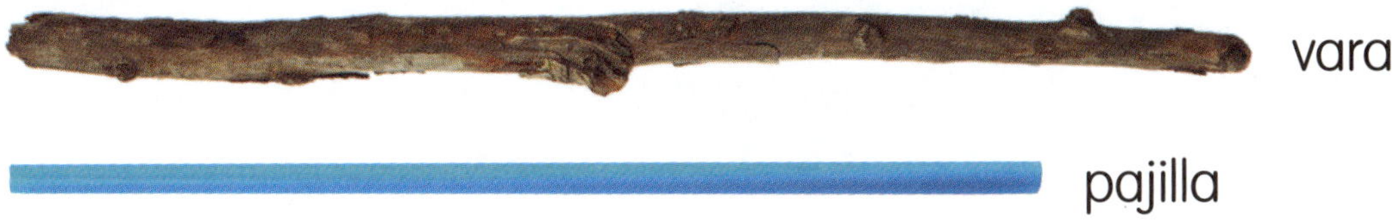

1. La __________ es más larga que la __________.

2. La __________ es más corta que la __________.

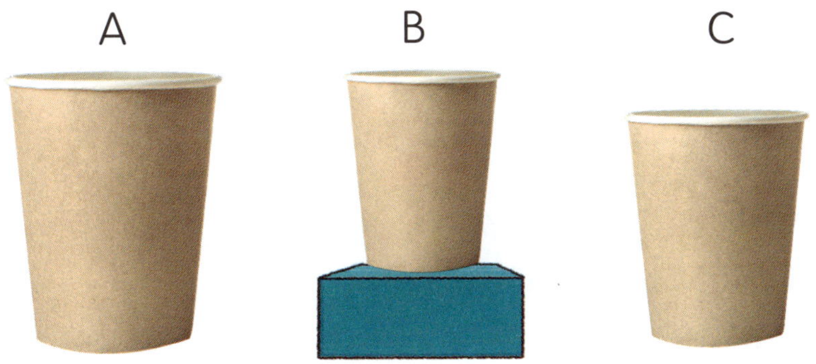

3. El vaso __________ es el más alto.

4. El vaso C es __________ que el vaso B.

5. Ordena los vasos del más alto al más bajo.

__________, __________, __________
más alto más bajo

REPASO DEL CAPÍTULO

Observa la ilustración.
Luego, responde cada pregunta.

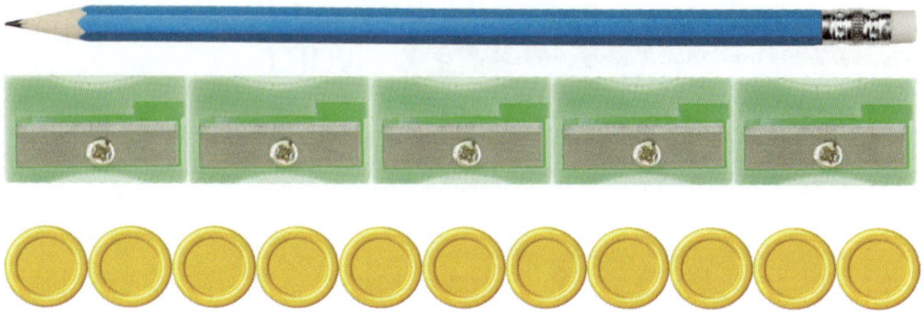

6 ¿Usaste más  o  ?
Encierra en un círculo.

7 ¿Cuántos más? __________

Observa las ilustraciones.
Luego, completa cada espacio en blanco.
Cada  representa 1 unidad.

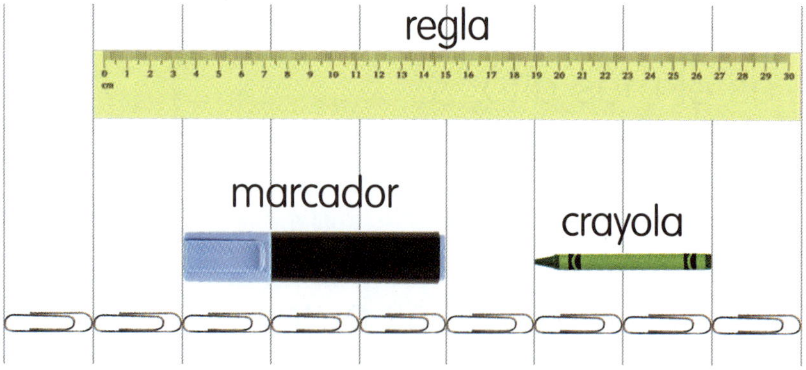

8 El marcador mide aproximadamente __________ unidades de largo.

9 La __________ es la más larga.

10 La regla es __________ unidades más larga que la crayola.

Observa las ilustraciones.
Luego, completa cada espacio en blanco.

florero

flor

11 El __________ es más pesado que la __________.

12 La __________ es más liviana que el __________.

Observa la ilustración.
Luego, completa cada espacio en blanco.

13 El cucharón es __________ que la taza.

14 El tazón es más __________ que la taza.

15 Entonces, el tazón es __________ que el cucharón.

16 El __________ es el más pesado.

Observa las ilustraciones.
Luego, completa cada espacio en blanco.
Cada ▭ representa 1 unidad.

pera

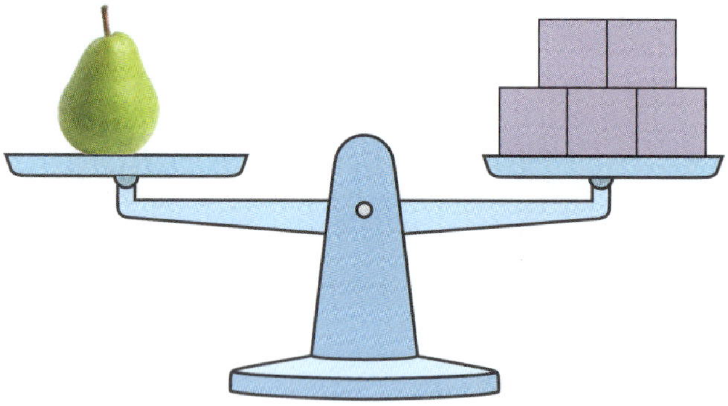

manzana

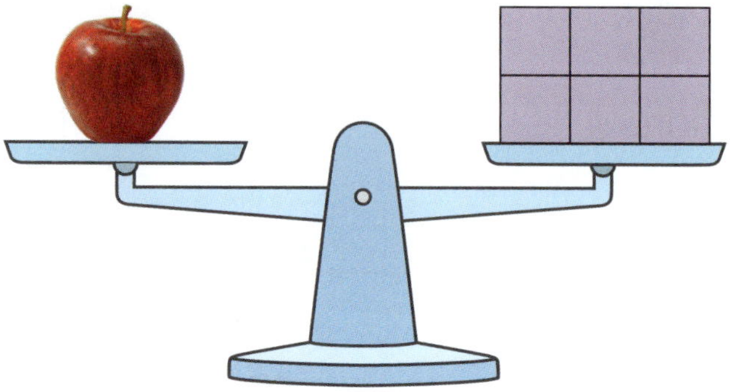

toronja

17 El peso de la toronja es de aproximadamente ________ unidades.

18 El peso de la pera es de aproximadamente ________ unidades.

19 La manzana es ________ que la pera.

20 La toronja es la ________.

21 La pera es la ________.

Observa las ilustraciones.
Luego, resuelve.

22 **a** Max usa  para medir el peso de un pegamento en barra.
Cada  representa 1 unidad.

pegamento en barra

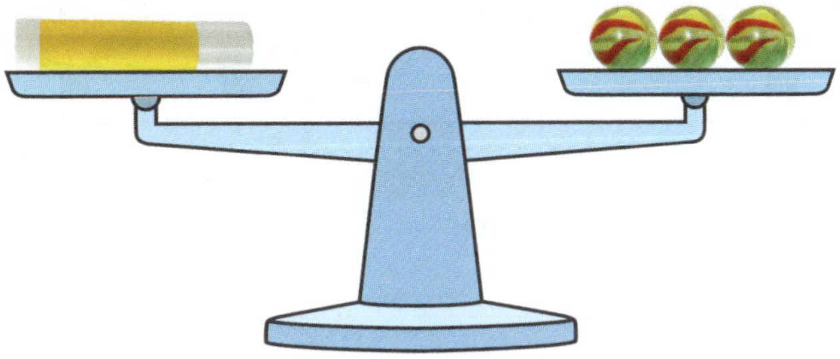

El peso del pegamento en barra es de ____________ unidades.

b Clara usa  para medir el peso del mismo pegamento en barra.
Cada  representa 1 unidad.

pegamento en barra

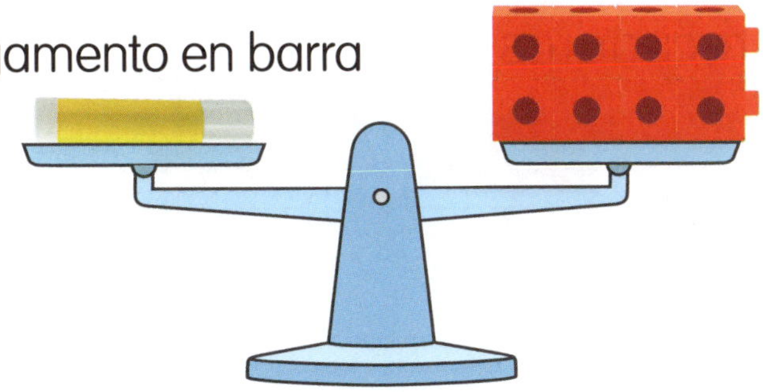

El peso del pegamento en barra es de ____________ unidades.

c ¿Por qué las respuestas en los pasos **a** y **b** son diferentes?
Escribe lo que piensas.

____

____

Preparación para la prueba

Responde cada pregunta.

23 ¿Qué enunciados describen la ilustración? Colorea los recuadros.

Árbol A Árbol B Árbol C Árbol D

El árbol A es más alto que el árbol C.	El árbol C es el más bajo.
El árbol A es tan alto como el árbol D.	El árbol B es más alto que el árbol C pero más bajo que el árbol A.

24 ¿Qué enunciados describen la ilustración? Colorea los recuadros.

El peso del limón es de 5 .
El limón pesa más que el durazno.
El durazno pesa 4 más que el limón.
6 pesan más que 1 limón.

Nombre: ______________________ Fecha: ____________

Jardinería

1 Victor compara las alturas de los árboles en su jardín.

Árbol A Árbol B Árbol C

a El árbol ________ es más alto que el árbol ________.

b El árbol ________ es más bajo que el árbol ________.

c El árbol ________ es el más alto.

2 Victoria corta el pasto en su jardín.
Quiere hallar cuánto mide una hoja de pasto.

a Mide la hoja de pasto con .

La hoja de pasto mide aproximadamente

__________ .

b Mide la hoja de pasto con .

La hoja de pasto mide aproximadamente

__________ .

c ¿Necesitas más  o 

para medir la longitud de la hoja de pasto?

____

3

Parker quiere saber qué maceta de plantas es más pesada.
Para determinarlo, coloca las macetas en un balancín.

a La maceta A es __________ (más pesada/más liviana) que la maceta B.

b Explica cómo lo sabes.

4 Cada  representa 1 unidad.

Maceta A

Maceta B

a El peso de la maceta A es de ________ unidades.

b El peso de la maceta B es de ________ unidades.

c La maceta ________ es más pesada que la maceta ________.

5 Cada ■ representa 1 unidad.

regadera A

regadera B

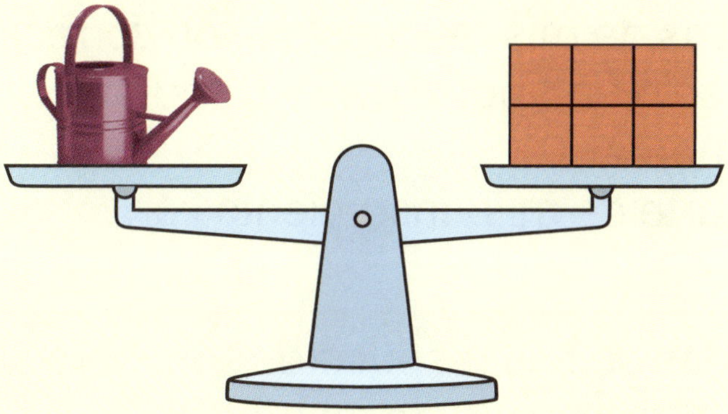

regadera C

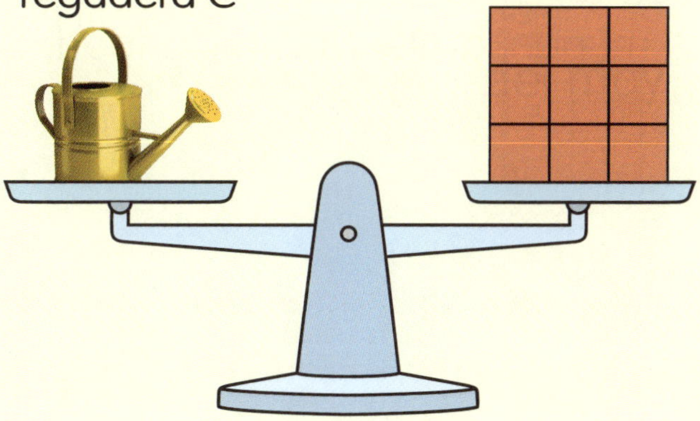

a Ordena las regaderas de la más liviana a la más pesada.

__________, __________, __________
más liviana más pesada

b ¿Cuánto pesan las regaderas A y B en total?

__________ unidades

Rúbrica

Puntaje	Nivel	Mi desempeño
7–8	4	• La mayoría de mis respuestas son correctas. • Muestro todo mi trabajo correctamente. • Explico mi pensamiento de forma clara y completa.
5–6.5	3	• Algunas de mis respuestas son correctas. • Muestro algo de mi trabajo correctamente. • Explico mi pensamiento con claridad.
3–4.5	2	• Unas pocas de mis respuestas son correctas. • Muestro solo una parte de mi trabajo correctamente. • Explico parte de mi pensamiento con claridad.
0–2.5	1	• Unas pocas de mis respuestas son correctas. • Muestro poco o nada de mi trabajo correctamente. • No explico mi pensamiento con claridad.

Comentarios del maestro

Capítulo 10

Números hasta el 120

¿Cómo puedes comparar y ordenar números mayores que el 40?

Nombre: ______________________ Fecha: ____________

Contar hasta el 40

20	21	22	23	24	25	26	27	28	29	30
veinte										treinta

30	31	32	33	34	35	36	37	38	39	40
treinta										cuarenta

▶ Repaso rápido

Cuenta hacia delante.
Luego, completa cada espacio en blanco.

1. 21, 22, 23, ________, ________, ________

2. 35, 36, 37, ________, ________, ________

Usar valor posicional

36 = 3 decenas y 6 unidades
36 = 30 + 6

Decenas	Unidades
3	6

▶ Repaso rápido

Escribe cada número que falta.

3. 34 =

Decenas	Unidades

4. 2 decenas y 4 unidades = __________

5. __________ decenas 2 y unidades = 32

6. 20 + __________ = 25

7. __________ + 8 = 38

Comparar y ordenar números

Compara 29, 39 y 32.

Paso 1 Compara las decenas.
3 decenas son mayor que
2 decenas.
Entonces, 29 es el número menor.
En 32 y 39, las decenas son las mismas.

Decenas	Unidades
2	9
3	9
3	2

Paso 2 Ahora, compara las unidades.
9 unidades son más que 2 unidades.
Entonces, 39 es mayor que 32.
39 es el número mayor.

Ordena los números del mayor al menor.

39 32 29

mayor menor

RECORDAR CONOCIMIENTOS PREVIOS

Repaso rápido

Compara y ordena los números.
Luego, completa cada espacio en blanco.

40 31 37

8 El número mayor es ________.

9 El número menor es ________.

10 Ordena los números del menor al mayor.

________, ________, ________
menor mayor

Patrones numéricos

23, 25, 27, 29, 31, 33, ...
Los números están ordenados en un patrón.
Cada número es 2 unidades más que el número anterior.
El siguiente número es 2 unidades más que 33.
Es 35.

Repaso rápido

Halla los números que faltan en cada patrón numérico.

11 24, 26, 28, 30, ________, ________, 36

12 40, ________, ________, 37, 36, 35, 34

Nombre: ______________________ Fecha: __________

1 Contar hasta el 120

Objetivos de aprendizaje:
- Contar hacia delante desde el 40 hasta el 120.
- Leer y escribir desde el 41 hasta el 120 en números y palabras.

Vocabulario nuevo

cincuenta	sesenta
setenta	ochenta
noventa	cien
ciento diez	ciento veinte

PIENSA

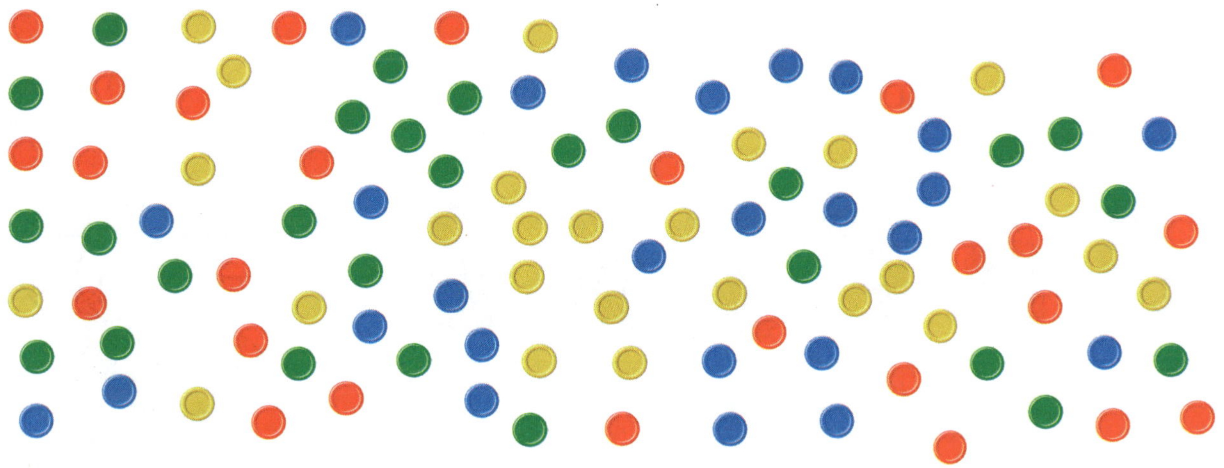

¿Cuántas hay?
¿Puedes saberlo sin contar una por una?
Comenta con tu compañero las maneras diferentes que puedes usar para saberlo.

PARTICIPA

a Usa para llenar cuatro .
¿Cuántas tienes?

b Elige algunas más.
¿Cuántas tienes ahora?

c Comparte con tu compañero otra manera de contar.

APRENDE Cuenta hacia delante desde el 40

1 Cuenta los palitos.

10 = 1 decena

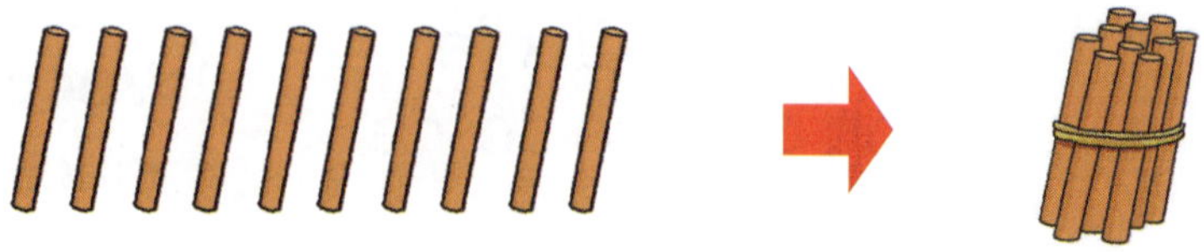

diez

20 = 2 decenas

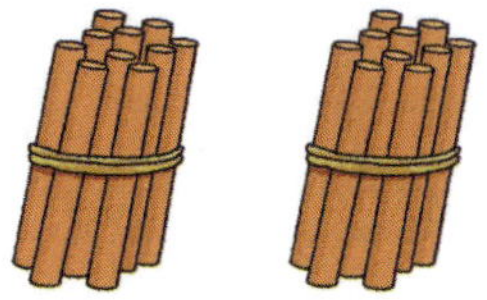

veinte

Puedes contar hacia delante de diez en diez.

5 decenas = 50
cincuenta

6 decenas = 60
sesenta

7 decenas = 70
setenta

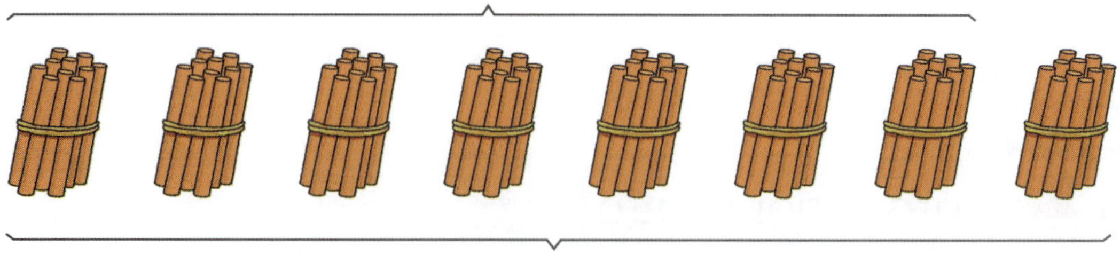

8 decenas = 80
ochenta

9 decenas = 90
noventa

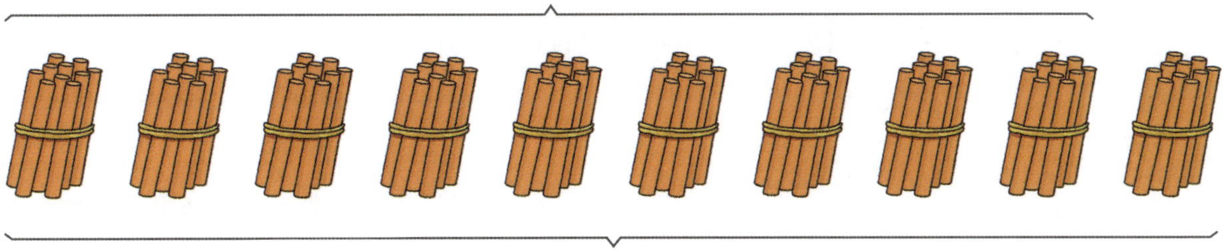

10 decenas = 100
cien

② Puedes contar hacia delante de 10 en 10 y de 1 en 1.

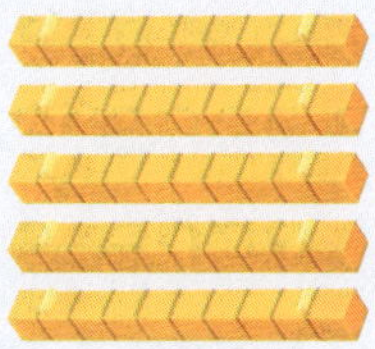

40, ..., 50
cuarenta, ...,
cincuenta

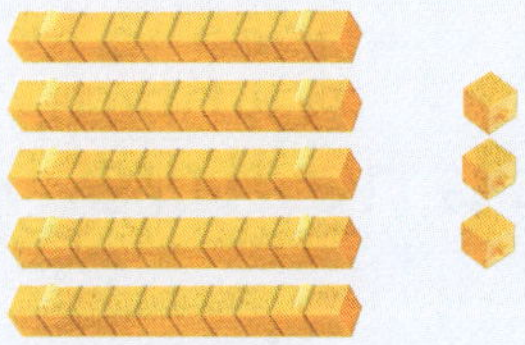

40, ..., 50, 51, 52, 53
cuarenta, ..., cincuenta, cincuenta y uno, cincuenta y dos, cincuenta y tres

Actividad práctica Contar hacia delante de 10 en 10 y de 1 en 1

Tu maestro te dará algunas fichas.

① Cuenta el número de fichas que tienes.
Escribe en número y en palabras.

Número ____________ Palabras ____________

② **Hábito para matemáticas 2** **Usar el razonamiento matemático**
Comenta con tu compañero acerca de cómo contaste las fichas.

INTENTA Practica contar desde el 40

Cuenta hacia delante de 10 en 10 y de 1 en 1.
Luego, escribe cada número que falta.

1

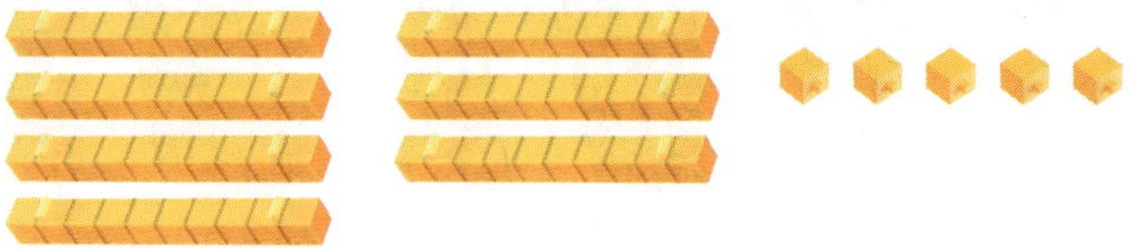

10, ..., 20, ..., 30, ..., 40, ..., ______, ...,

______, ..., ______, 71, ______,

______, ______, ______

Hay ______ .

Escribe cada número.

2 cuarenta y ocho ______

3 cien ______

Escribe cada número en palabras.
Usa las palabras desordenadas como ayuda.

4 50 cniuectan ______

5 91 ntovena y nuo ______

PARTICIPA

Coloca un puñado de sobre la mesa.

a Pide a tu compañero que estime el número.

b Trabajen juntos para hallar el número sin contar una por una.
¿Cómo lo hicieron?

APRENDE Estima el número de objetos

1 ¿Cuántos piensas que hay?

PASO 1 Encierra en un círculo un grupo de 10 .

PASO 2 Observa el resto de los .
Aproximadamente, ¿cuántos grupos de 10 hay?
¿Puedes saberlo sin contar?

Hay aproximadamente 3 grupos de 10 en total.
$10 + 10 + 10 = 30$
Hay aproximadamente 30 .

Hay aproximadamente 30 .
Cuenta los .

1, 2, 3, 4, ..., 10, ..., 20, ...,
30, 31, 32
Hay 32 en total.

Hay 32 .

Actividad práctica Estimar y contar

Trabaja en pareja.

Tu maestro te dará una cuerda.

1. Toma algunas fichas y extiéndelas sobre tu escritorio.

2. Pide a tu compañero que encierre 10 fichas con la cuerda.

3. **Hábito para matemáticas 7 Usar la estructura**
   Pide a tu compañero que estime cuántas fichas hay.

4. Cuenta el número de fichas.
   Comprueba si tu compañero estimó correctamente.

5. Tomen turnos.
   Repitan los pasos del 1 al 4.

INTENTA Practica estimar el número de objetos

Estima el número de **.**

Luego, encierra en un círculo grupos de 10 y cuenta hacia delante.

1 

Estimación ____________ Cuenta ____________

2 

Estimación ____________ Cuenta ____________

PARTICIPA

Cuenta 10 .

¿Qué número tienes?

Ahora, cuenta hacia delante 3 más.

¿Qué número tienes ahora?

Comenta con tu compañero cómo cuentas.

APRENDE Contar hacia delante desde el 100

1. Puedes contar hacia delante desde el 100 de 1 en 1.

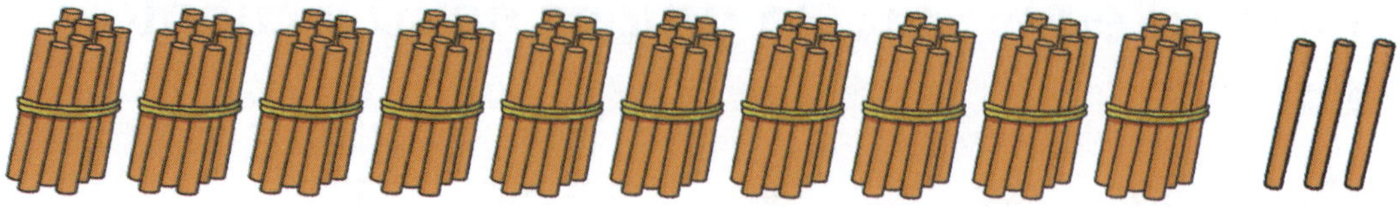

103
ciento tres

2. Puedes contar hacia delante desde el 100 de 10 en 10.

11 decenas = 110
ciento diez

12 decenas = 120
ciento veinte

3 Puedes contar hacia delante desde el 100 de 10 en 10 y de 1 en 1.

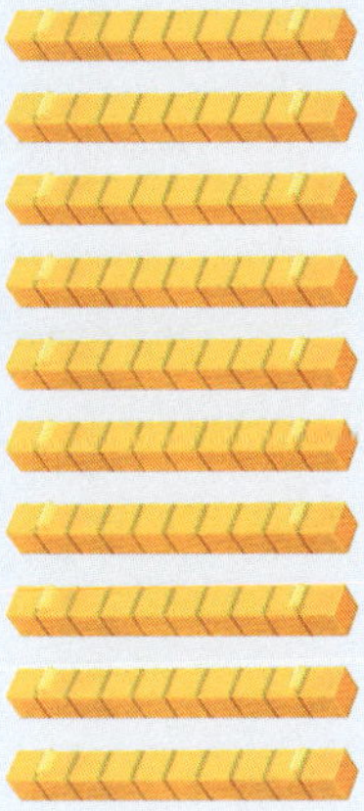

100
cien

100, ..., 110
cien, ...,
ciento diez

100, ..., 110,
111, 112, 113, 114
cien, ... ciento diez,
ciento once,
ciento doce,
ciento trece,
ciento catorce

INTENTA Practica contar hacia delante desde el 100

Cuenta hacia delante de 10 en 10 y de 1 en 1.
Luego, escribe cada número que falta.

1

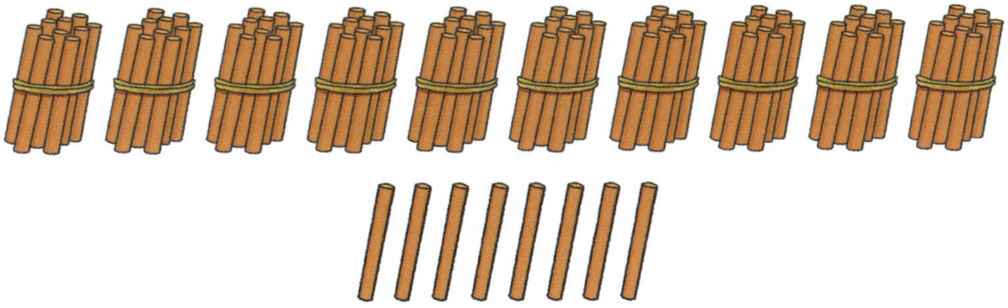

Hay __________ palitos.

2 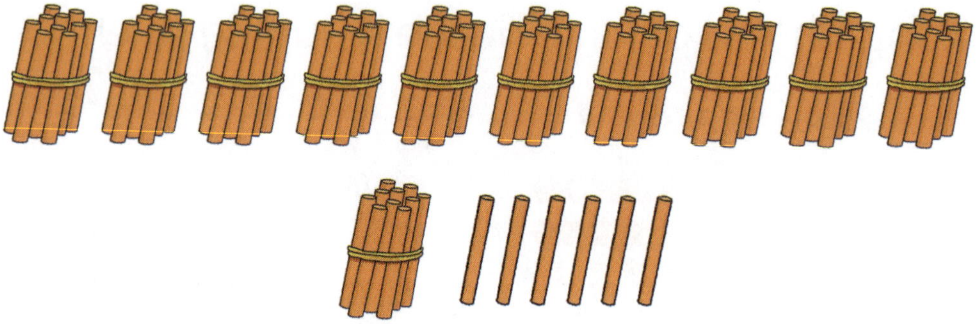

Hay ____________ palitos.

3 

Hay ____________ .

Escribe cada número.

4 ciento tres ____________

5 ciento catorce ____________

Escribe cada número en palabras.

6 106 ____

7 117 ____

8 112 ____

Nombre: ____________________ Fecha: ____________

PRÁCTICA INDEPENDIENTE

Cuenta hacia adelante de 10 en 10 y de 1 en 1. Luego, completa cada espacio en blanco.

1

10, . . ., 20, . . ., 30, . . ., ________, . . ., ________, . . ., ________,

61, ________, ________, ________, ________, ________

Hay ________ .

2

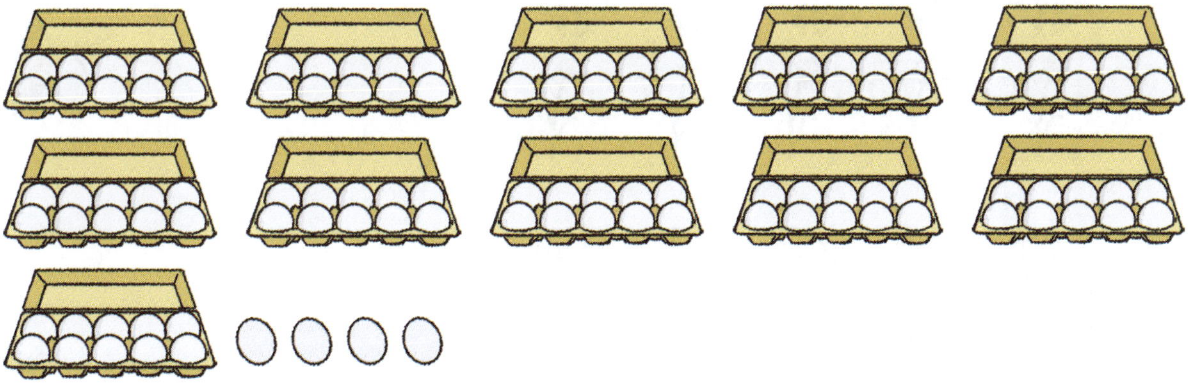

10, . . ., 20, . . ., 30, . . ., ________, . . ., ________, . . ., ________, . . .,

________, . . ., ________, . . ., ________, . . ., ________, . . ., ________,

111, ________, ________, ________

Hay ________ .

Cuenta las flores de 10 en 10 y de 1 en 1.
Luego, traza líneas para emparejar con los números.

3

Estima el número de cada tipo de insecto.
Luego, encierra en un círculo grupos de 10 y cuenta hacia delante.

4

Estimación __________ Cuenta __________

5

Estimación __________ Cuenta __________

6

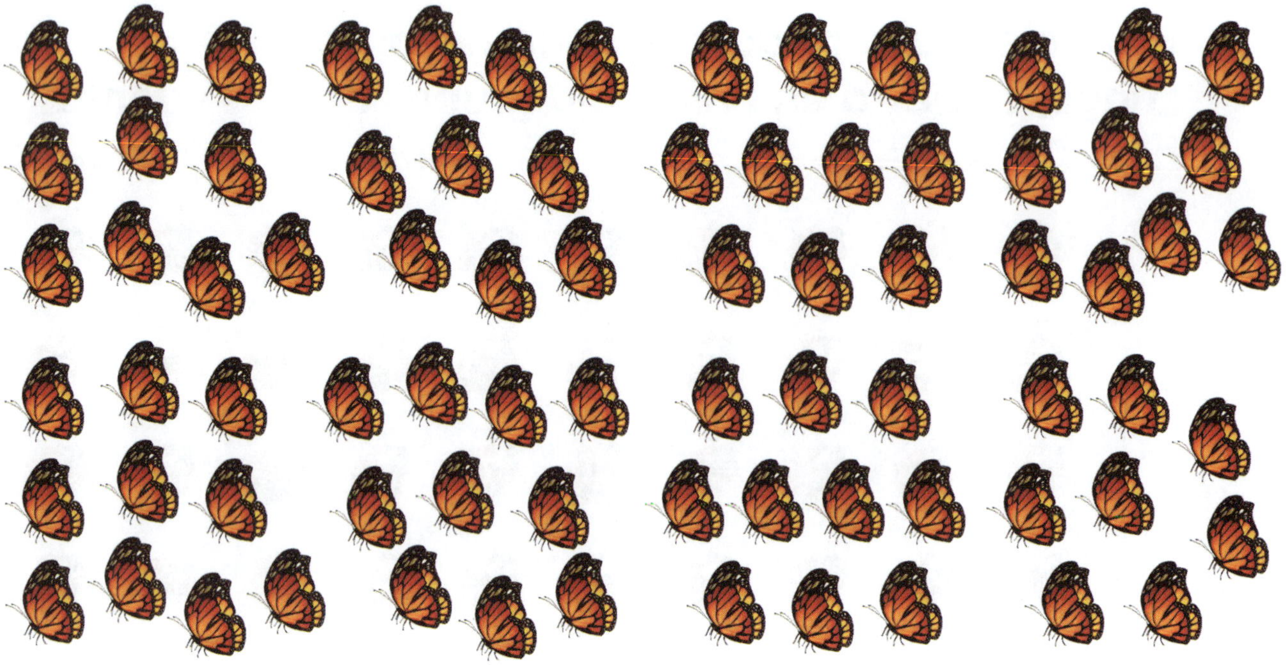

Estimación ____________ Cuenta ____________

Escribe cada número.

7 cincuenta y nueve ____________

8 sesenta y ocho ____________

9 ciento veinte ____________

Escribe cada número en palabras.

10 75 ______________________________

11 62 ______________________________

12 120 ______________________________

Nombre: ______________________ Fecha: ____________

2 Valor posicional

Objetivos de aprendizaje:

- Usar una tabla de valor posicional para mostrar números hasta el 100.
- Usar decenas y unidades para mostrar números hasta el 100.
- Descomponer números de 2 dígitos de maneras diferentes.

PIENSA

1. Completa el espacio en blanco.

76 =

Decenas	Unidades
5	

2. Muestra dos maneras diferentes para completar lo siguiente. El número de decenas debe ser menor que 5.

89 =

Decenas	Unidades

=

Decenas	Unidades

PARTICIPA

Usa  para mostrar 45 y 54 en dos tablas de valor posicional. Comenta con tus compañeros las diferencias que observas.

APRENDE Usa el valor posicional para mostrar números hasta el 100

1. 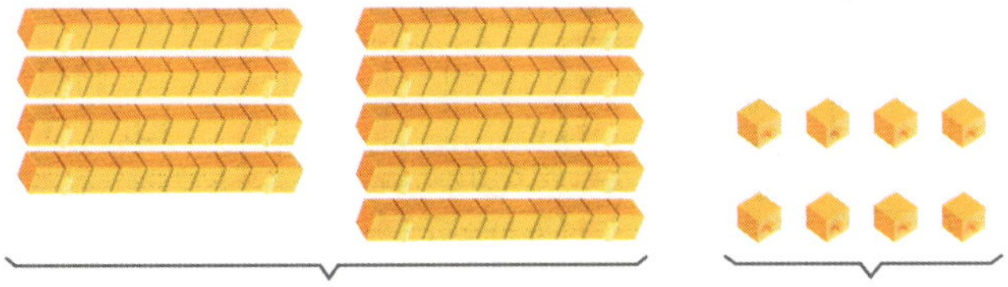

90 8

98 = 9 decenas y 8 unidades

98 = 90 + 8

Decenas	Unidades
9	8

2 Puedes usar decenas y unidades para mostrar un número de maneras diferentes.

86 =

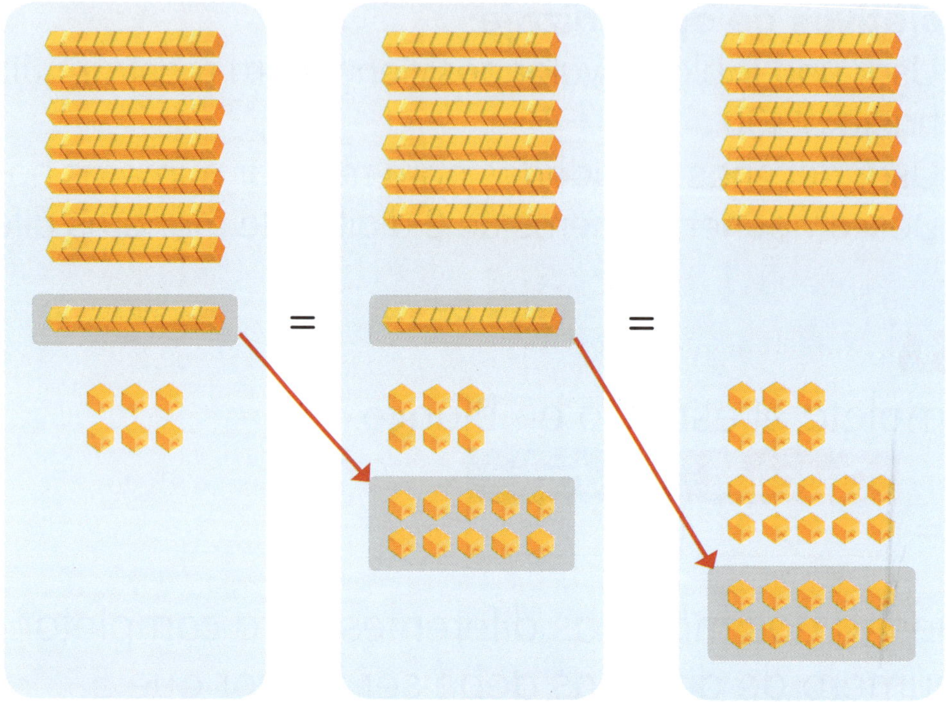

86 =

Decenas	Unidades
8	6

=

Decenas	Unidades
7	16

=

Decenas	Unidades
6	26

Actividad práctica — Usar valor posicional para mostrar números hasta el 100

Toma 100 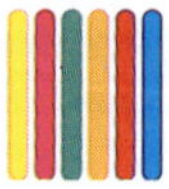 .

1 Muestra estos números en decenas y unidades.

38 45 56 72 97

Usa tres maneras diferentes para hacerlo.
Puedes unir cada grupo de 10 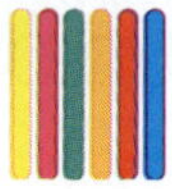 .

INTENTA Practica usar valor posicional para mostrar números hasta el 100

Completa cada espacio en blanco.

1 

80 y 7 forman ____.

Entonces, 80 + 7 = ____.

87 = ____ decenas y ____ unidades

Decenas	Unidades

¿Qué 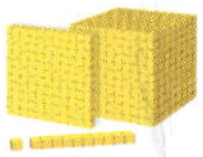 **muestra 62?**
Marca una ✔ si lo hacen.

2 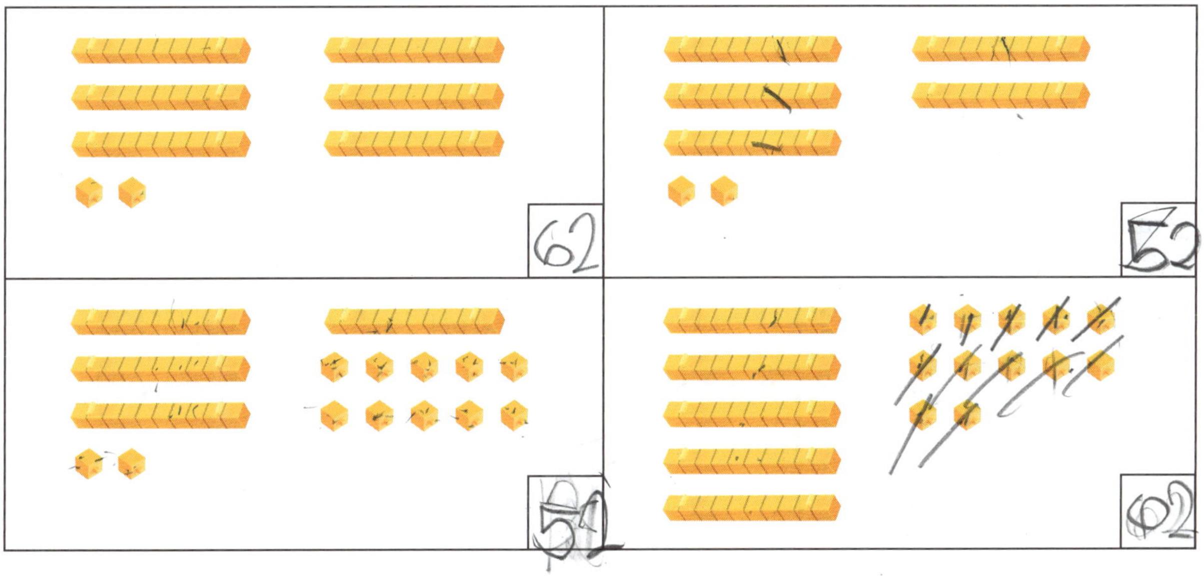

Escribe cada número que falta.

3

75 =

Decenas	Unidades
7	

=

Decenas	Unidades
6	

=

Decenas	Unidades
	35

JUEGA

¡MUESTRA EL NÚMERO!

Qué necesitas:

Jugadores: 4

Qué necesitas: , tarjetas de palabras

Qué hacer:

1. El jugador 1 dice un número y usa las tarjetas de palabras correctas para mostrar el número.
2. El otro jugador usa  para mostrar el número.
   El primer jugador en mostrar la respuesta correcta obtiene 1 punto.
3. Tomen turnos.
   Repitan los pasos 1 y 2.

¿Quién es el ganador?

El jugador con más puntos después de nueve rondas gana.

Nombre: Juniper Fecha: ____

PRÁCTICA INDEPENDIENTE

Escribe cada número que falta.

1

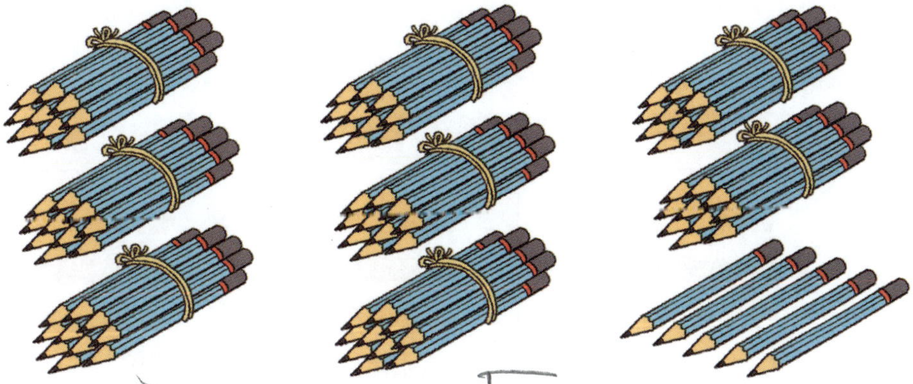

85 = 8 decenas y 5 unidades

80 + 5 = 85

Decenas	Unidades
8	5

¿Qué  muestra 80?
Marca una ✔ si lo hacen.
Marca un ✗ si no lo hacen.

2

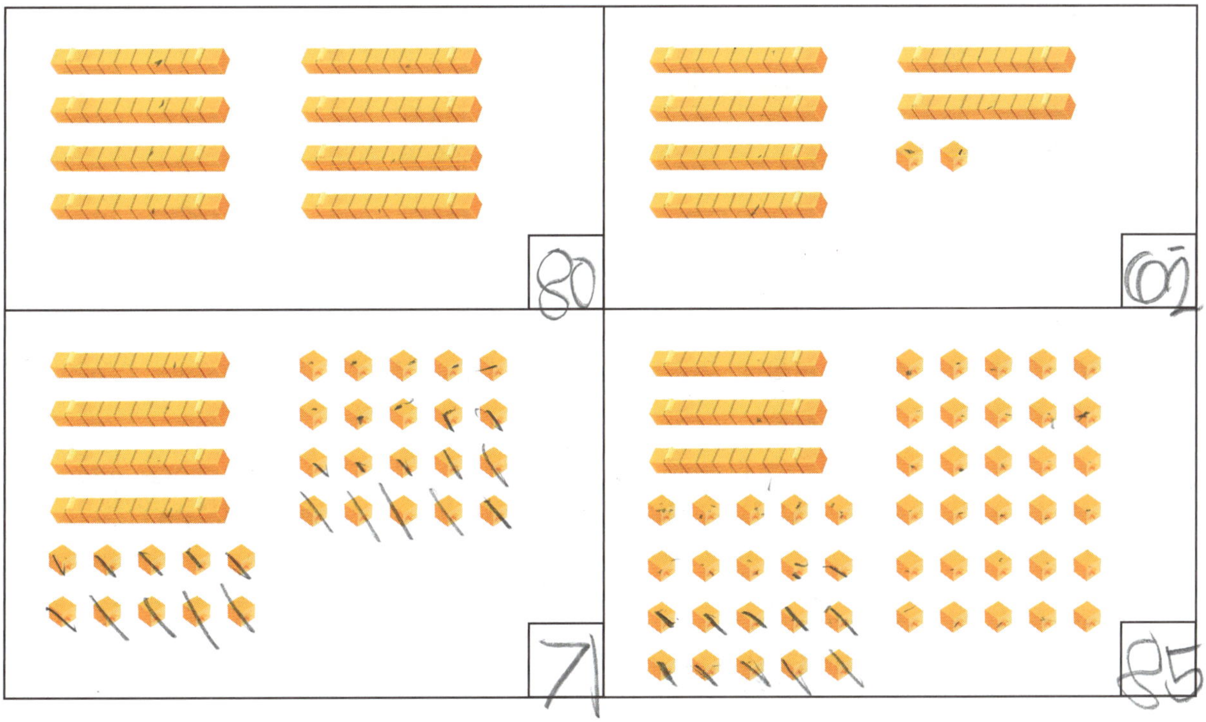

¿Qué 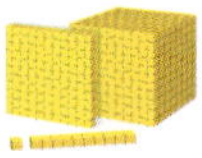 muestra 99?

Marca una ✔ si lo hacen.

Marca un ✗ si no lo hacen.

Luego, dibuja ▭ para las decenas y □ para las unidades a fin de mostrar la respuesta correcta.

3

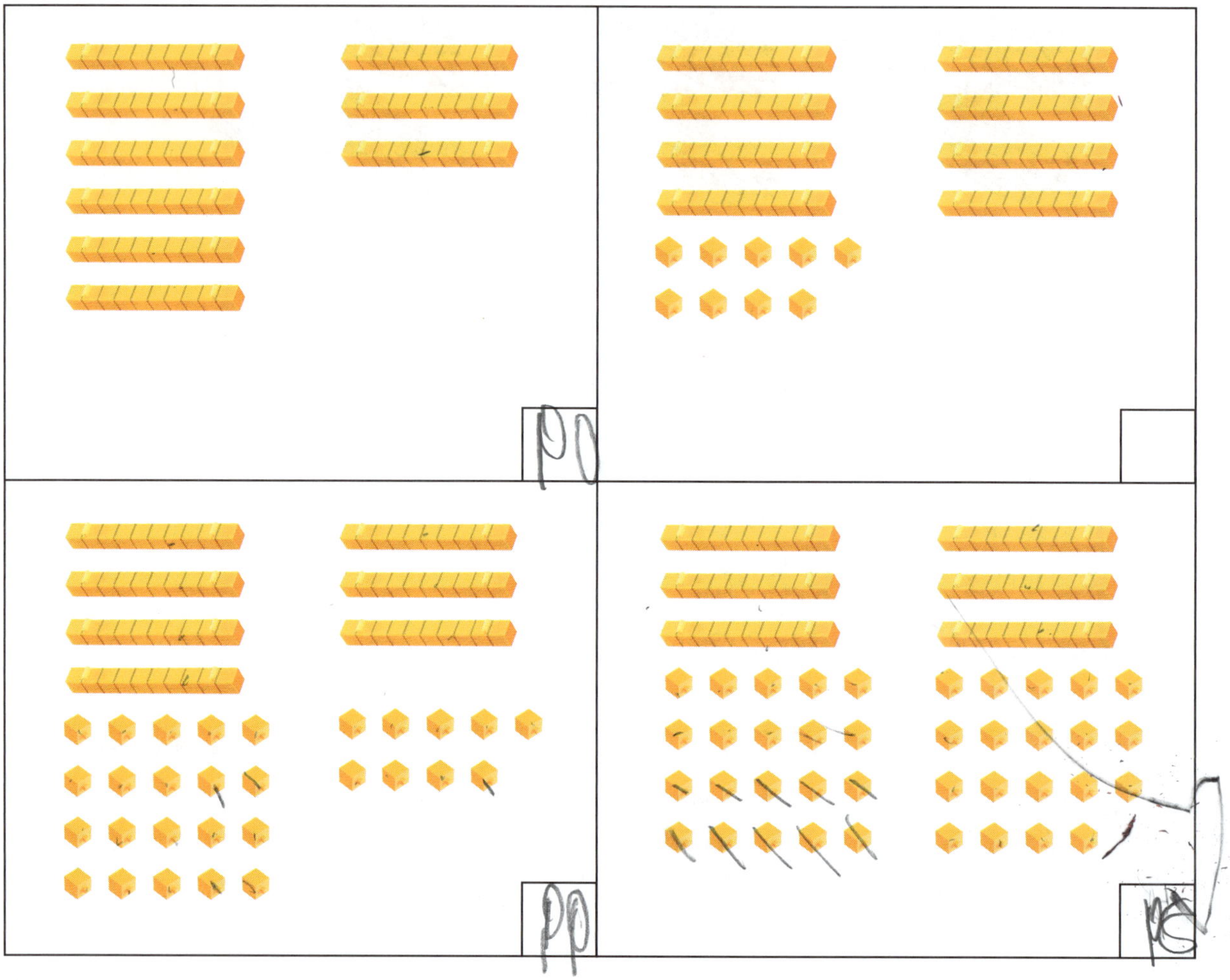

Usa decenas y unidades para escribir 74 de tres maneras diferentes.

4

74 =

Decenas	Unidades
7	4

=

Decenas	Unidades
9	8

80 =

Decenas	Unidades
8	0

Nombre: ______________________ Fecha: ____________

3 Comparar, ordenar y patrones numéricos

Objetivos de aprendizaje:
- Usar una estrategia para comparar números hasta el 100.
- Ordenar números hasta el 100.
- Hallar los números que faltan en un patrón numérico.

PIENSA

Hay cinco tarjetas.
Cada tarjeta tiene un número.
Los cinco números forman un patrón numérico.
Dos números están tapados.
¿Qué números piensas que problablemente sean?
Muestra tres opciones diferentes de números.

PARTICIPA

50	51	52	53	54	55	56	57	58	59	60

1. Señala un número.
   - **a** Cuenta hacia delante para hallar 2 más que el número.
   - **b** Cuenta hacia atrás para hallar 2 menos que el número.

2. Cuenta hacia delante desde el 60 para hallar 2 más que el número.

3. Señala el 50.
   Cuenta hacia atrás para hallar 2 menos que el número.

APRENDE Compara números usando una cinta para contar

1

2 más — 2 menos

50	51	52	53	54	55	56	57	58	59	60	61	62	63	64

Cuenta hacia delante desde el 53.

Cuenta hacia atrás desde el 64.

55 es 2 más que 53.
55 es mayor que 53.

62 es 2 menos que 64.
62 es menor que 64.

Actividad práctica Comparar números

Trabajen en grupos.

Tomen dos  **y algunos** 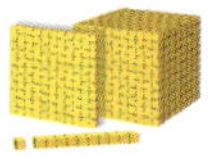**.**

1. Giren la  para obtener dos números.

2. Usen  para mostrar los números.

3. Pidanle a sus compañeros que usen los números para decir estos enunciados.

   a 2 más que ________ es ________.

   b 2 menos que ________ es ________.

   Pidanle a sus compañeros que usen una cinta para contar como ayuda.

4. Tomen turnos.
   Repitan los pasos del 1 al 3.

INTENTA Practica usar una cinta para contar para comparar números

Completa cada espacio en blanco.
Usa la cinta para contar como ayuda.

55	56	57	58	59	60	61	62	63	64	65

1. 3 más que 60 es ________.

2. 3 menos que 60 es ________.

PARTICIPA

a Usa 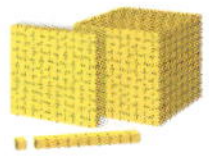 para mostrar 65 en una tabla de valor posicional.

b Sustituye las decenas para obtener un número menor.
Muestra dos maneras diferentes.
Escribe los dos números.

c Sustituye las decenas para obtener un número mayor.
Muestra dos maneras diferentes.
Escribe los dos números.

APRENDE Compara números con diferentes decenas

1 Compara 60 y 59.

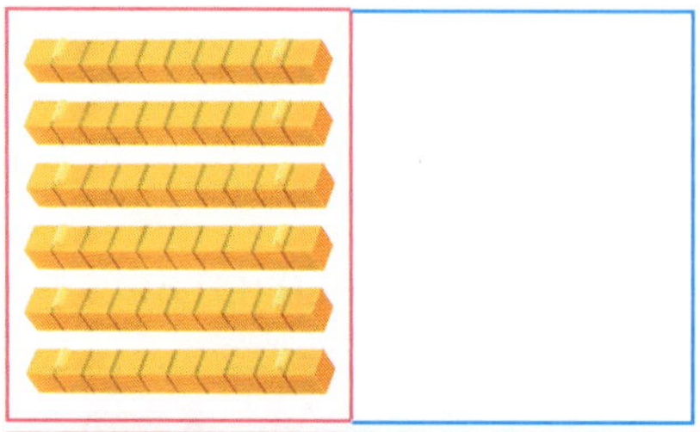

Decenas	Unidades
6	0

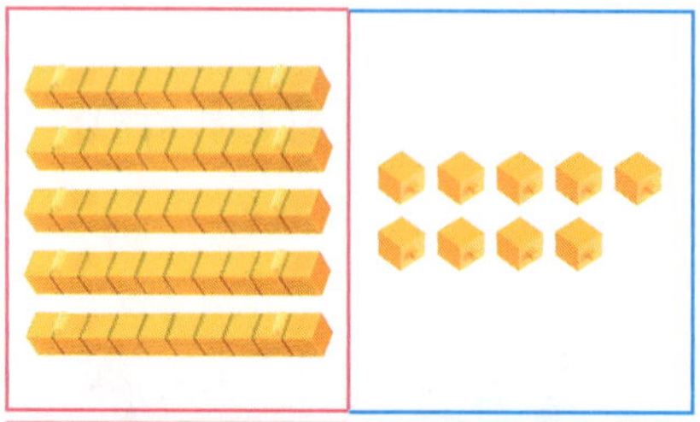

Decenas	Unidades
5	9

Compara las decenas.
Son diferentes.
6 decenas son mayor que 5 decenas.
Entonces, 60 es mayor que 59.
Puedes escribir 60 > 59.

">" significa mayor que.

INTENTA Practica comparar números con diferentes decenas

Compara los números.
Luego, completa cada espacio en blanco.

72 **56**

¿Las decenas son iguales?

1 7 decenas son mayor que ________ decenas.

Entonces, ________ es mayor que ________.

2 ________ > ________

PARTICIPA

a Usa 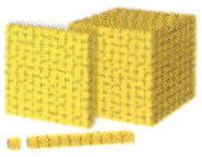 para mostrar 57 en una tabla de valor posicional.

b Sustituye las unidades para obtener un número menor.
Muestra dos maneras diferentes.
Escribe los dos números.

c Sustituye las unidades para obtener un número mayor.
Muestra tres maneras diferentes.
Escribe los tres números.

APRENDE Compara números con decenas iguales

1 Compara 67 y 69.

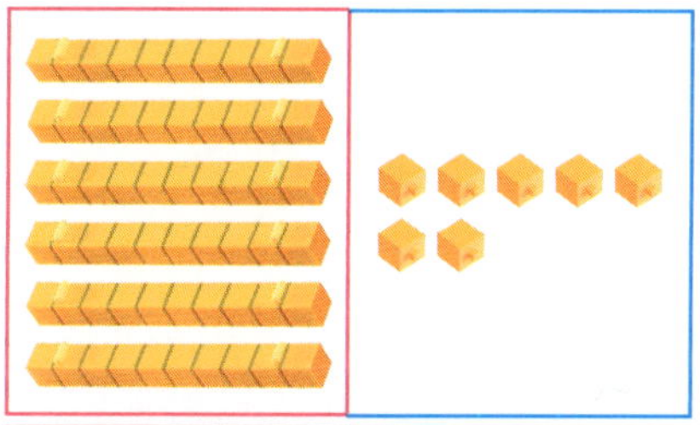

Decenas	Unidades
6	7

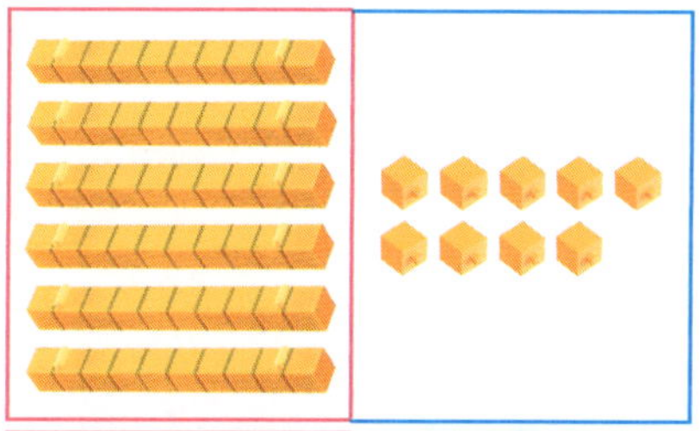

Decenas	Unidades
6	9

Compara las decenas.
Las decenas son iguales.

Entonces, compara las unidades.
7 unidades son menor que 9 unidades.
Entonces, 67 es menor que 69.
Puedes escribir 67 < 69.

INTENTA Practica comparar números con decenas iguales

Compara los números.
Completa cada espacio en blanco.

¿Las decenas son iguales?
¿Las unidades son iguales?

1. 4 unidades son menor que __________ unidades.

   Entonces, __________ es menor que __________.

2. __________ es mayor que __________.

3. __________ < __________

PARTICIPA

a Escribe un número entre el 50 y 60.

b Pide a tus compañeros que escriban dos números más cambiando las decenas.

c Ordena estos números del menor al mayor.

Usa  como ayuda.

APRENDE Compara y ordena tres números

1 Compara 68, 83 y 95.

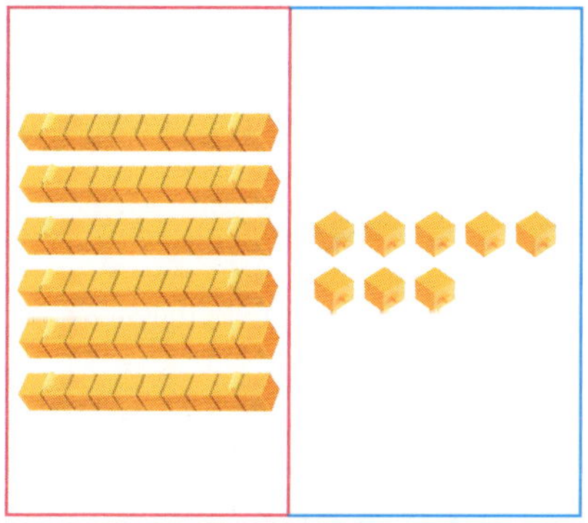

Decenas	Unidades
6	8

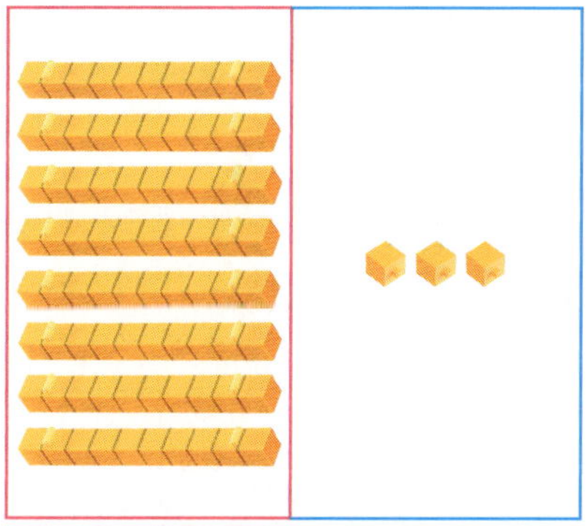

Decenas	Unidades
8	3

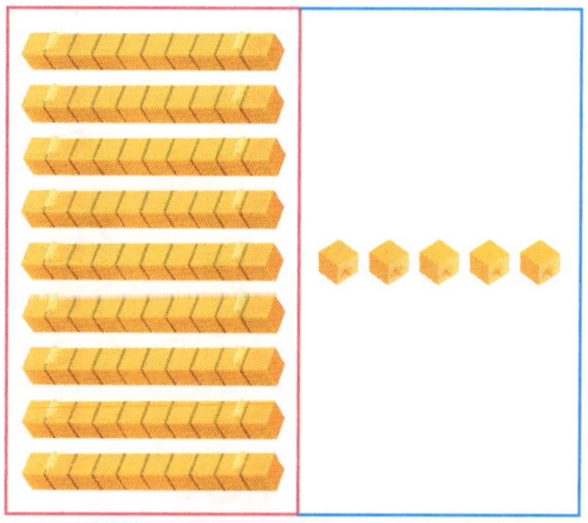

Decenas	Unidades
9	5

Compara las decenas.
8 decenas son mayor que 6 decenas.
9 decenas son mayor que 8 decenas.
Entonces, 9 decenas es el mayor.
95 es el mayor.
68 es el menor.

Ordena los números del mayor al menor.

95 83 68

mayor menor

Ordena los números del menor al mayor.

68 83 95

menor mayor

INTENTA Practica comparar y ordenar tres números

Compara y ordena los números.
Luego, completa cada espacio en blanco.

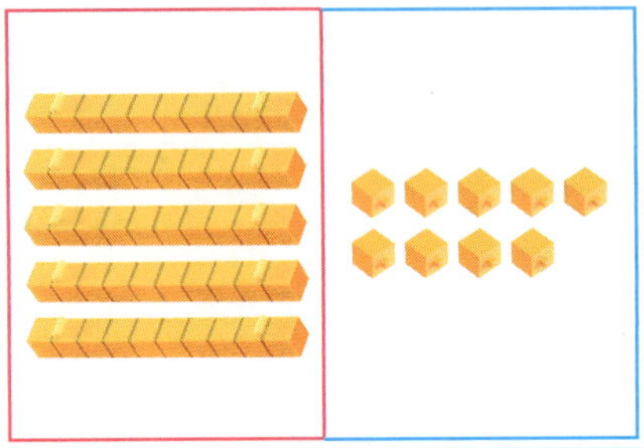

Decenas	Unidades
5	9

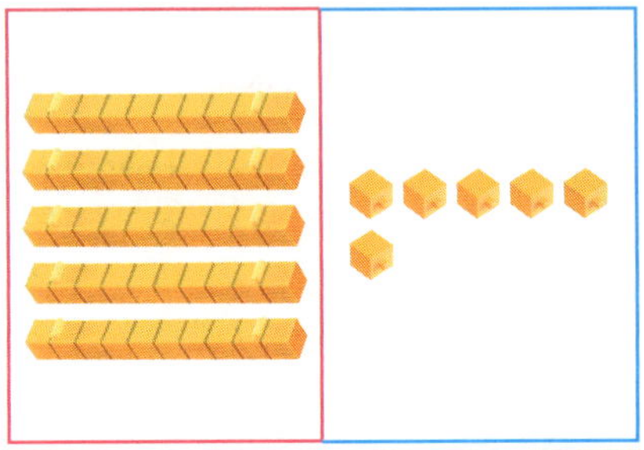

Decenas	Unidades
5	6

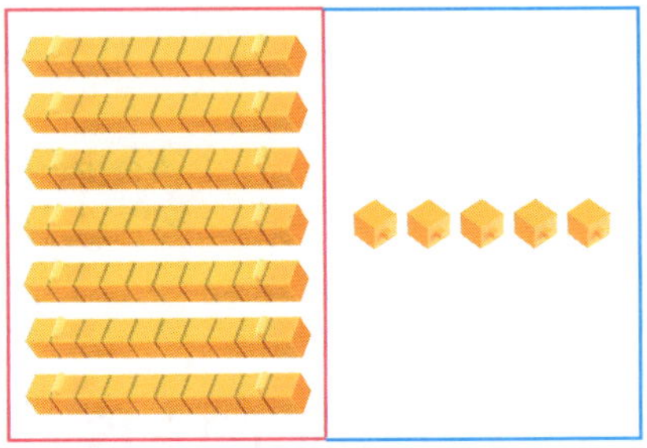

Decenas	Unidades
7	5

1. ________ es el número mayor.

2. ________ es el número menor.

Compara las decenas.
Luego, compara
las unidades.

3. Ordena los números del mayor al menor.

________, ________, ________
mayor menor

4. Ordena los números del menor al mayor.

________, ________, ________
menor mayor

Ordena los números del menor a mayor.

5

__________, __________, __________

menor　　　　　　　　　　mayor

COMPARTAMOS

Hábito para matemáticas 3 Elaborar argumentos viables

Rafael ordena sus números de esta manera para compararlos.

7 6

5 9

8 0

Comenta con tu compañero cómo funciona esta manera.
Luego, usa la manera de Rafael para comparar 48, 90 y 72.

PARTICIPA

1. Observa los números.

   50, 52, __________, __________, 58, 60

   ¿Observas un patrón?

   Escribe cada número que falta.

2. Forma otro patrón numérico para que tu compañero lo resuelva.

APRENDE Halla números que faltan en un patrón numérico

1. Los números en la cinta para contar forman un patrón. Faltan algunos números.

10 más que 40 es 50.

10 más que 70 es 80.

10 más   10 más   10 más

10	20	30	40	?	60	70	?	90	100

10 menos   10 menos

10 menos que 60 es 50.

10 menos que 90 es 80.

Puedes hallar 10 más que un número al sumarle 10.

+ 10   + 10   + 10   + 10

40, 50, 60, 70, 80

Puedes hallar 10 menos que un número al restarle 10.

− 10   − 10   − 10   − 10

90, 80, 70, 60, 50

INTENTA Practica hallar números que faltan en un patrón numérico

Los números están ordenados en un patrón. Completa cada recuadro en blanco.

1

2 más

50	52	54	56		60	62		66	68	

¿Qué sumas o restas para hallar los números que faltan?

2

20	30	40	50		70	80		100

¿Cómo puedes hallar los números que faltan?

¿CUÁL ES MI NÚMERO?

Qué necesitas:

Jugadores: 4
Qué necesitas: lápiz, papel

Qué hacer:

1. El jugador 1 piensa en un número entre 50 y 100.
2. El jugador 1 escribe el número.
   Luego, lo tapa.
3. Cada jugador se turna para hacer una pregunta a fin de hallar el número.
   El jugador 1 solo puede contestar **Sí** o **No**.
   El primer jugador en adivinar el número correctamente obtiene un punto.
4. Tomen turnos.
   Repitan los pasos del 1 al 3.

¿Quién es el ganador?

El jugador con el mayor número de puntos después de cuatro rondas gana.

Nombre: ______________________ Fecha: ____________

PRÁCTICA INDEPENDIENTE

Compara 49 y 53.
Luego, completa cada espacio en blanco.
Usa la cinta para contar como ayuda.

48	49	50	51	52	53	54

1. ________ es menor que ________.

2. ________ es 4 menos que ________.

3. ________ es mayor que ________.

4. ________ es 4 más que ________.

Completa cada espacio en blanco.
Usa la cinta para contar como ayuda.

87	88	89	90	91	92	93	94	95	96

5. 2 más que 93 es ________.

6. 3 menos que 93 es ________.

7. ________ es 2 más que 87.

8. ________ es 2 menos que 91.

Completa cada espacio en blanco con >, < o =.

9. 88 ◯ 99

10. 76 ◯ 6 decenas y 7 unidades

11. 55 ◯ 4 decenas y 15 unidades

12. 38 ◯ 2 decenas y 19 unidades

Compara los números.
Luego, completa cada espacio en blanco.

13. ________ es menor que ________.

14. ________ es mayor que ________.

Compara y ordena los números.
Luego, completa cada espacio en blanco.

15. El número mayor es ________.

16. El número menor es ________.

17. Ordena los números del mayor al menor.

________, ________, ________
mayor — menor

Ordena los números del menor al mayor.

18

__________, __________, __________

menor mayor

Los números están ordenados en un patrón.
Escribe cuál es la regla.
Luego, escribe los números que faltan en cada patrón numérico.

19

Yo hallo __________ más que un número sumando

__________ a ese número.

Yo hallo __________ menos que un número restando

__________ a ese número.

20

Yo hallo __________ menos que un número restando

__________ a ese número.

Yo hallo __________ más que un número sumando

__________ a ese número.

Observa cada patrón numérico.
Escribe los números que faltan en cada patrón numérico.

21

22

23

Nombre: ______________________ Fecha: ______________

Hábito para matemáticas 2 **Usar el razonamiento matemático**

¿Qué conjunto de números no está en orden del menor al mayor?
Escribe por qué lo piensas.

a

b

c

¡DESAFÍA TU MENTE!

Resolución de problemas con la heurística

1 **Hábito para matemáticas 8** **Hallar patrones**

Forma dos patrones numéricos diferentes.
Explica la regla para cada patrón numérico.

55				

Regla ______________________________

____

55				

Regla ______________________________

____

2 **Hábito para matemáticas 1** **Perseverar en la resolución de problemas**

Estoy pensando en un número entre el 40 y el 90.
Cuando resto un dígito del otro, obtengo 3.
¿Cuáles son todos los números posibles?

Haz una lista.

Puedes restar el dígito en el lugar de las decenas del dígito en el lugar de las unidades.

También puedes restar el dígito en el lugar de las unidades del dígito en el lugar de las decenas.

CIERRE DEL CAPÍTULO

¿Cómo puedes comparar y ordenar números mayores que el 40?

Números hasta el 120

Contar hasta el 120

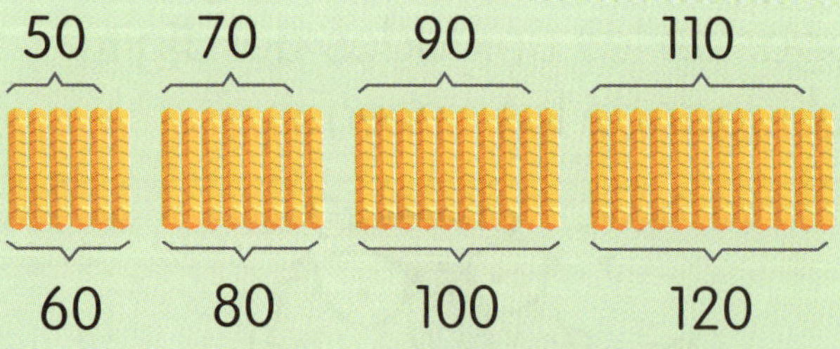

50 cincuenta
60 sesenta
70 setenta
80 ochenta
90 noventa
100 cien
110 ciento diez
120 ciento veinte

Valor posicional

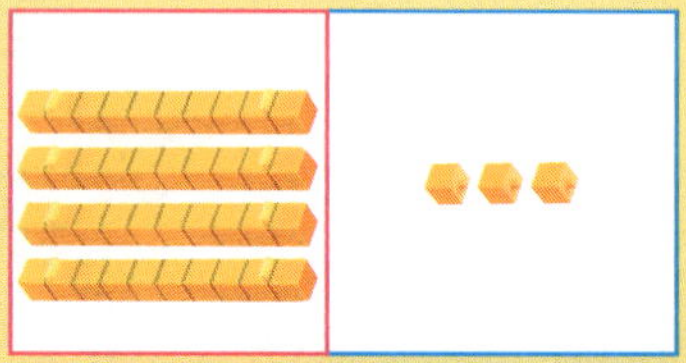

Decenas	Unidades
4	3

43 = 4 decenas y 3 unidades

43 = 40 + 3

Comparar y ordenar números

65 78 62

65 es mayor que 62. $65 > 62$

62 es menor que 65. $62 < 65$

65 es 3 más que 62.

62 es 3 menos que 65.

El número mayor es 78.

El número menor es 62.

Ordena los números del menor al mayor:

62, 65, 78

Patrones numéricos

67, 69, 71, 73, 75

Sumar dos para hallar el siguiente número.

100, 90, 80, 70, 60

Restar 10 para hallar el siguiente número.

Nombre: ____________________ Fecha: __________

REPASO DEL CAPÍTULO

Cuenta.
Luego, completa cada espacio en blanco.

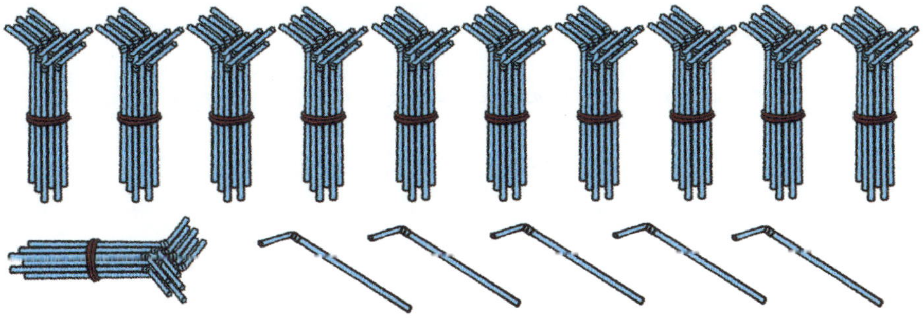

1. 10, ..., 20, ..., 30, ..., 40, ..., ________, ..., ________, ...,

________, ..., ________, ..., ________, ...,

________, ..., ________, 111, ________, ________,

________, ________

Hay ________ pajillas.

2. Escribe el número de pajillas en palabras.

____

Cuenta.
Escribe cada número que falta.

3. ________ = ________ decenas ________ unidades

________ = ________ + ________

Decenas	Unidades

¿Qué  muestra el 75?
Marca una ✓ si lo hacen.
Marca un ✗ si no lo hacen.
Luego, dibuja ▭ para las decenas y □ para las unidades a fin de mostrar la respuesta correcta.

4

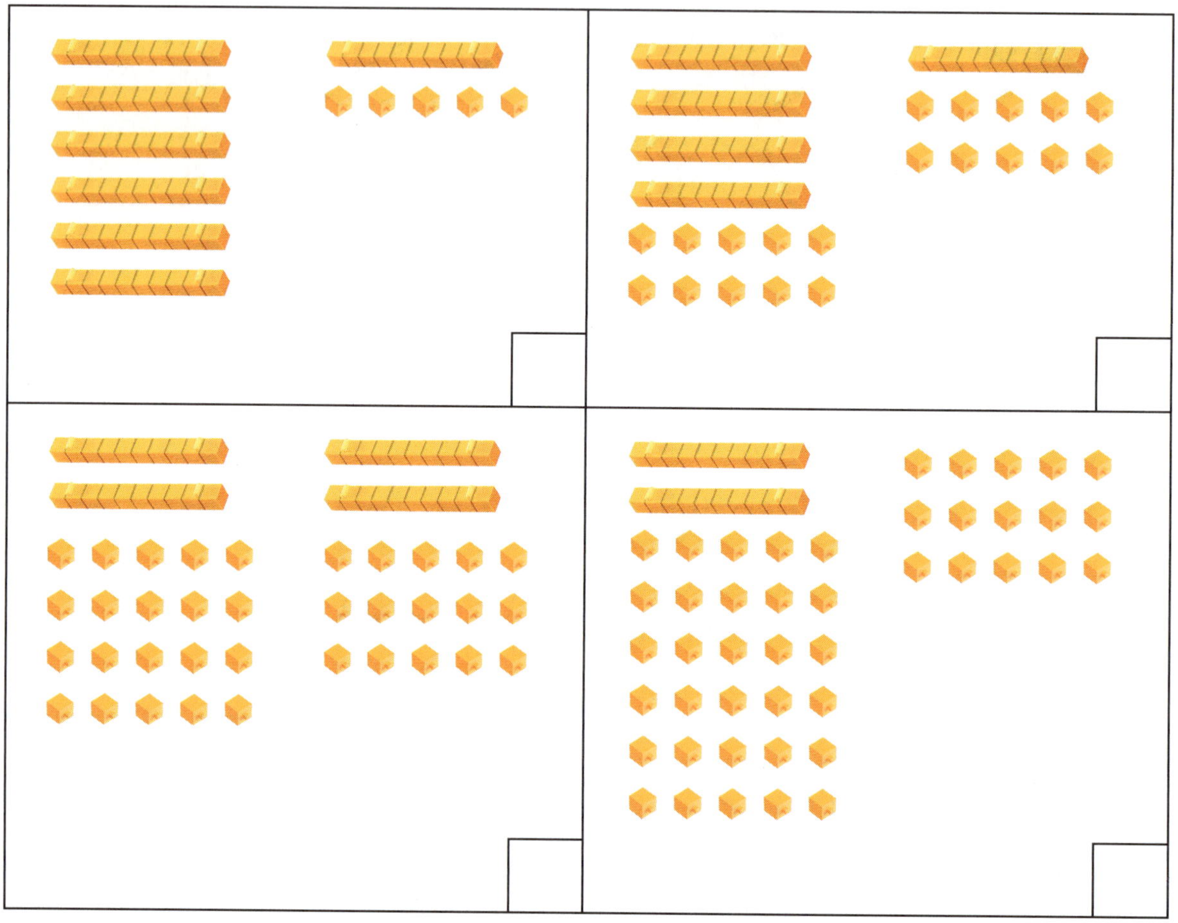

Escribe cada número que falta.

5

58 =

Decenas	Unidades
5	

=

Decenas	Unidades
3	

=

Decenas	Unidades
	18

Usa decenas y unidades para escribir el 90 en tres maneras diferentes.

6

90 =

Decenas	Unidades

=

Decenas	Unidades

=

Decenas	Unidades

Dibuja ▭ para las decenas y □ para las unidades a fin de mostrar el 93.
Muestra cuatro maneras diferentes.

7

a	b
c	d

Completa cada espacio en blanco.
Usa la cinta para contar como ayuda.

57	58	59	60	61	62	63	64	65	66	67	68	69	70

8. ________ es 4 menos que 66.

9. ________ es 4 más que 60.

10. 57 es 3 menos que ________.

11. 3 más que 59 es ________.

12. 58 es ________ menos que 62.

13. 65 es ________ más que 61.

Compara los números.
Luego, completa cada espacio en blanco.

14. 

________ es mayor que ________.

________ > ________

15

52 56

_______ es menor que _______.

_______ < _______

Compara y ordena los números.
Luego, completa cada espacio en blanco.

100 77 88

16 El número mayor es _______.

17 El número menor es _______.

18 Ordena los números del menor al mayor.

_______, _______, _______
menor mayor

Escribe los números que faltan en cada patrón numérico.

19 66 68 70 72 ☐ ☐

20 84 △ △ 54 44 34 24

Preparación para la prueba

Responde cada pregunta.

21 ¿Qué enunciados describen los números?
Colorea las ▭.

89 99 98

99 es mayor que 89 pero menor que 98.

98 es mayor que 89 pero menor que 99.

Ordena los números del menor al mayor: 89, 98, 99

Ordena los números del mayor al menor: 89, 99, 98

22 ¿Qué enunciado describe el patrón numérico?

43 53 63 73 83

(A) 10 más que 53 es 43.

(B) 83 es 10 menos que 73.

(C) Yo sumo 10 para obtener el número anterior al 43.

(D) Yo resto 10 para obtener el número anteriror al 43.

Nombre: ______________________ Fecha: ____________

Un día en la naturaleza

1 ¿Cuántas flores hay?
Cuenta hacia delante de diez en diez y de uno en uno.
Escribe cada número que falta.

a Hay ________ decenas ________ unidades.

b Hay ________ flores en total.

TAREA DE DESEMPEÑO

2 Observa los números.
Completa cada espacio en blanco.

a __________ es mayor que __________ .

b __________ es 10 menor que 97.

c Ordena los números del menor al mayor.
Escribe los números en los girasoles.

menor　　　　　　　　　　　　mayor

3

a Muestra 86 y 69 en tablas de valor posicional. Dibuja ▭ para las decenas y □ para las unidades.

Decenas	**Unidades**

Decenas	**Unidades**

b __________ es menor que __________.

c Completa el espacio en blanco con **>** **<**, o **=**.

86 ◯ 69

4 Los números en las flores de la siguiente ilustración forman un patrón.

a ¿Cuál es la regla?

Suma __________ para obtener el siguiente número.

b Usa esta regla para hallar cada número que falta. Luego, completa cada espacio en blanco.

c ¿Qué flor tiene este número? Lee las pistas para hallarlo.

Pistas
El número es mayor que 67.
Tiene un 7 en el lugar de las unidades.

Colorea la flor con este número.

Rúbrica

Puntaje	Nivel	Mi rendimiento
7–8	4	• La mayoría de mis respuestas son correctas. • Muestro todo mi trabajo correctamente. • Explico mi pensamiento de forma clara y completa.
5–6.5	3	• Algunas de mis respuestas son correctas. • Muestro algo de mi trabajo correctamente. • Explico mi pensamiento con claridad.
3–4.5	2	• Unas pocas de mis respuestas son correctas. • Muestro solo una parte de mi trabajo correctamente. • Explico parte de mi pensamiento con claridad.
0–2.5	1	• Unas pocas de mis respuestas son correctas. • Muestro poco o nada de mi trabajo correctamente. • No explico mi pensamiento con claridad.

Comentarios del maestro

STEAM

Parque de patos

¿Hay algún estanque cerca de donde vives?
Probablemente hay patos que nadan allí.
Ellos construyen sus nidos cerca.
Cada nido contiene alrededor de diez huevos.

Tarea

Haz un parque de patos.
Tu maestro colocará una hoja grande de papel para dibujar.
Dibuja un parque grande con un estanque.
Llámalo Parque de patos.

Trabaja en pareja.

1. Dibuja un nido en una hoja de papel para dibujar. Recórtalo.
2. Recorta diez huevos de papel gris o café claro.
3. Pega los huevos en tu nido, con pegamento.
4. Pega tu nido en el parque, con cinta adhesiva.
5. Cuenta todos los huevos en el parque.
6. Escribe un cuento de números sobre los huevos. Comparte tu cuento con la clase.
7. Escucha a tu maestro leer la historia *Make Way for Duckings.*
8. Compara tu parque con el que habitan los patitos en la historia.

Capítulo 11

Sumas y restas hasta el 100

¿Cómo puedes usar lo que sabes sobre reagrupar para sumar y restar?

Nombre: JuhiPer Fecha: ____________

Sumar hasta el 40

23 + 17 = ?

23

17

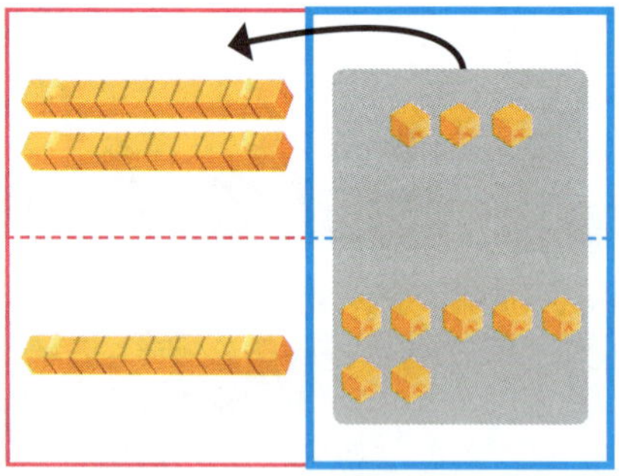

Paso 1

Suma las unidades.

	Decenas	Unidades
	1	
	2	3
+	1	7
		0

3 unidades + 7 unidades = 10 unidades

Reagrupa las unidades.
10 unidades = 1 decena

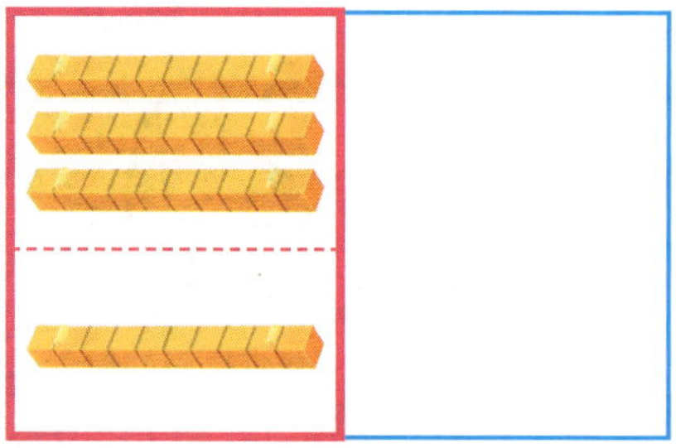

Paso 2

Suma las decenas.

	Decenas	Unidades
	1	
	2	3
+	1	7
	4	0

1 decena + 2 decenas + 1 decena
= 4 decenas

40

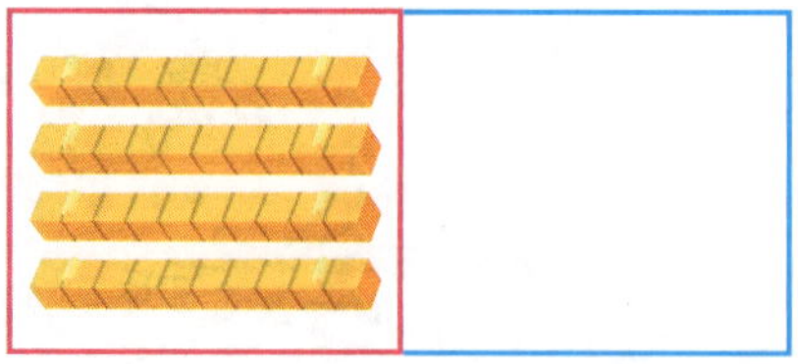

Entonces, 23 + 17 = 40.

RECORDAR CONOCIMIENTOS PREVIOS

Repaso rápido

Suma.

1. 24 + 5 = 29

	Decenas	Unidades
	2	4
+		5
	4	7

2. 21 + 15 = ____

	Decenas	Unidades
	2	1
+	1	5
	☐	☐

3. 15 + 8 = ____

	Decenas	Unidades
	☐	☐
+	☐	☐
	☐	☐

4. 9 + 18 = ____

	Decenas	Unidades
	☐	☐
+	☐	☐
	☐	☐

5. 16 + 24 = ____

	Decenas	Unidades
	☐	☐
+	☐	☐
	☐	☐

6. 14 + 19 = ____

	Decenas	Unidades
	☐	☐
+	☐	☐
	☐	☐

RECORDAR CONOCIMIENTOS PREVIOS

Restar hasta el 40

36 – 19 = ?

36

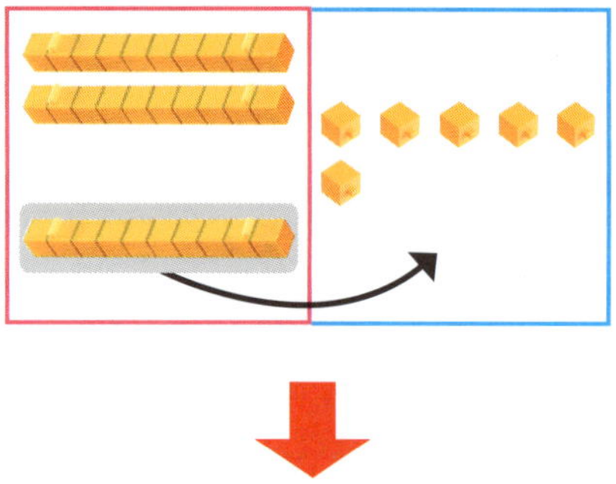

Paso 1

Reagrupa las decenas y unidades.

Reagrupa las decenas de 36.

36 = 3 decenas y 6 unidades
= 2 decenas y 16 unidades

	Decenas	Unidades
	2	16
	~~3~~	~~6~~
–	1	9

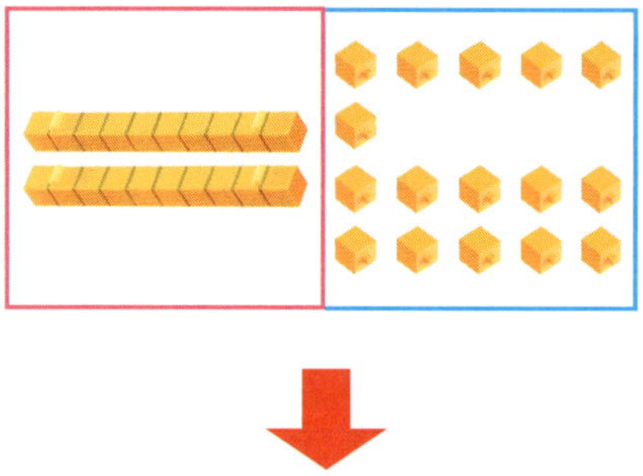

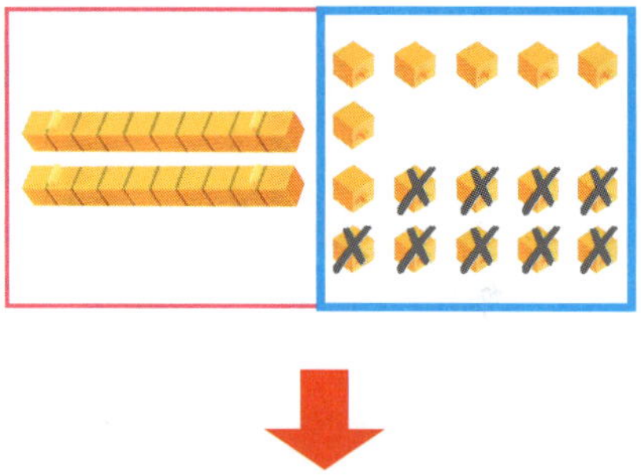

Paso 2

Resta las unidades.

	Decenas	Unidades
	2	16
	~~3~~	~~6~~
–	1	9
		7

16 unidades – 9 unidades = 7 unidades

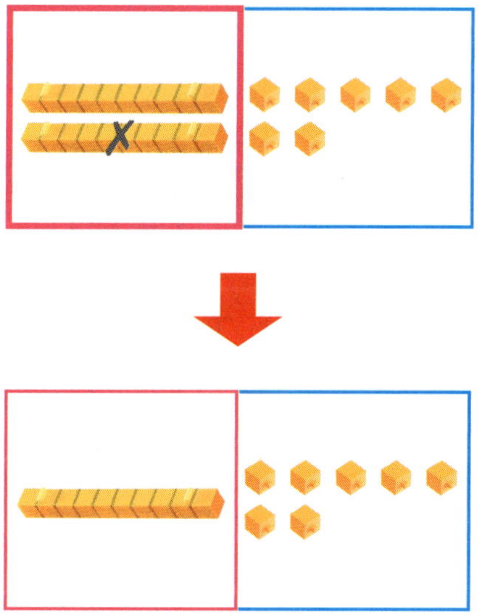

Paso 3

Resta las decenas.

	Decenas	Unidades
	2	16
	~~3~~	~~6~~
−	1	9
	1	7

2 decenas − 1 decena
= 1 decena

Comprueba

$$\begin{array}{r} 17 \\ +\ 19 \\ \hline 36 \end{array}$$

Entonces, 36 − 19 = 17.

▶ Repaso rápido

Resta.
Muestra cómo comprobar tu resultado.

7. 27 − 6 = ________

	Decenas	Unidades
	2	7
−		6
	☐	☐

Comprueba

	☐	☐
+		6
	☐	☐

8. 28 − 12 = ________

	Decenas	Unidades
	2	8
−	1	2
	☐	☐

Comprueba

	☐	☐
+	1	2
	☐	☐

RECORDAR CONOCIMIENTOS PREVIOS

9. 32 − 9 = ________

	Decenas	Unidades
	☐	☐
−	☐	☐
	☐	☐

Comprueba

	☐	☐
+		9
	☐	☐

10. 30 − 6 = ________

	Decenas	Unidades
	☐	☐
−	☐	☐
	☐	☐

Comprueba

	☐	☐
+		6
	☐	☐

11. 26 − 17 = ________

	Decenas	Unidades
	☐	☐
−	☐	☐
	☐	☐

Comprueba

	☐	☐
+	1	7
	☐	☐

12. 40 − 12 = ________

	Decenas	Unidades
	☐	☐
−	☐	☐
	☐	☐

Comprueba

	☐	☐
+	1	2
	☐	☐

Nombre: ____________________ Fecha: ____________

1 Sumar sin reagrupación

Objetivos de aprendizaje:

- Sumar unidades a un número de dos dígitos sin reagrupación.
- Sumar decenas a un número de dos dígitos.
- Sumar unidades y decenas a un número de 2 dígitos sin reagrupación.

PIENSA

42 + __________ = 98

Usa dos maneras diferentes para hallar el resultado.

Comenta con tu compañero cómo hallaste la respuesta.

PARTICIPA

Usa 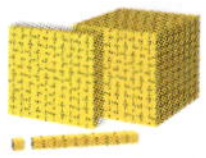 para mostrar el siguiente problema.

	Decenas	Unidades
	6	3
+	☐	☐
	6	8

Luego, halla cada número que falta.

Usa 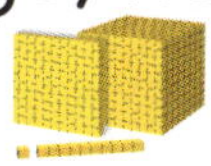 como ayuda.

APRENDE Suma unidades a un número de 2 dígitos sin reagrupación

1 55 + 4 = ?

55, 56, 57, 58, 59

Método 1

Cuenta hacia delante desde el número mayor.

Método 2

Usa una tabla de valor posicional.

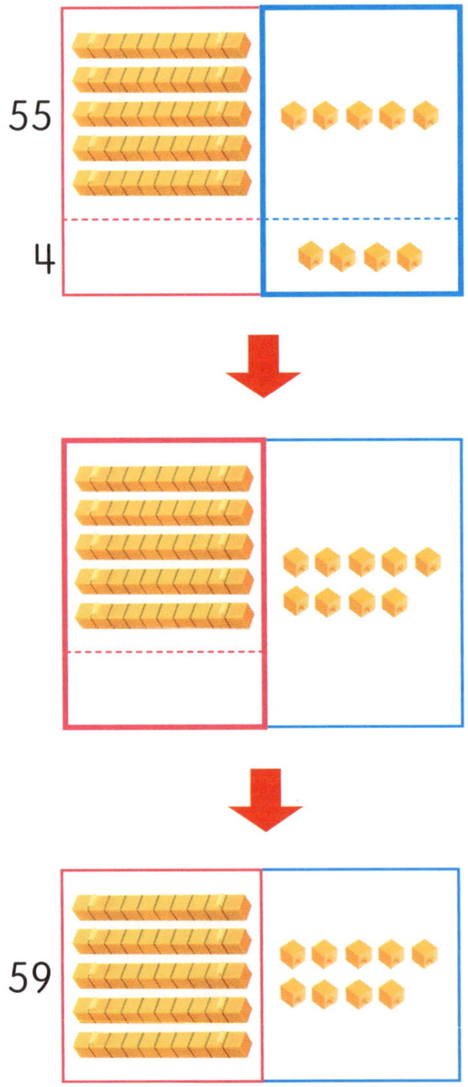

Paso 1 Suma las unidades.

	Decenas	Unidades
	5	5
+		4
		9

5 unidades + 4 unidades
= 9 unidades

Paso 2 Suma las decenas.

	Decenas	Unidades
	5	5
+		4
	5	9

5 decenas + 0 decenas
= 5 decenas

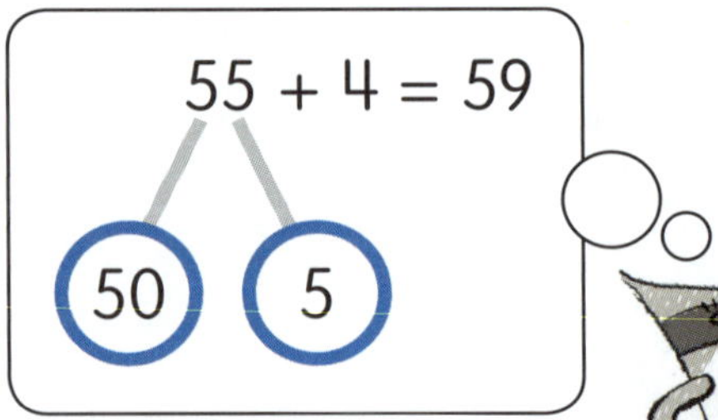

Entonces, 55 + 4 = 59.

INTENTA Practica sumar unidades a un número de 2 dígitos sin reagrupación

Suma.

1 62 + 3 = ?

Método 1

Cuenta hacia delante desde el número mayor.

62, ____, ____, ____

Método 2

Usa una tabla de valor posicional.

Primero, suma las unidades. Luego, suma las decenas.

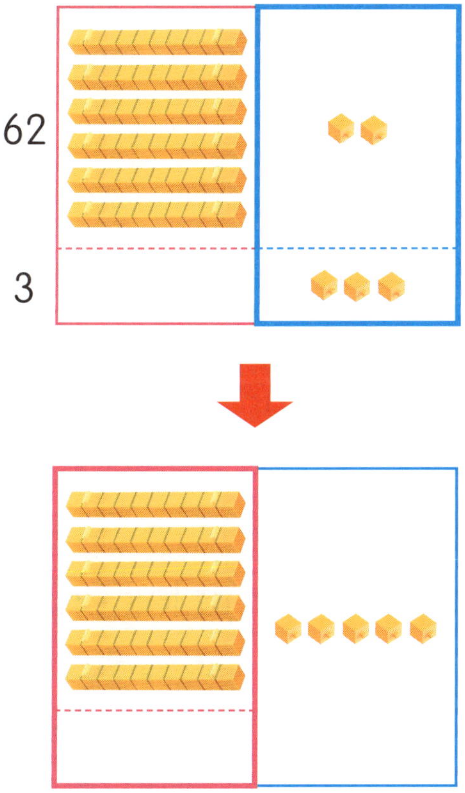

	Decenas	Unidades
	6	2
+		3
	☐	☐

62 + 3 = ____

60 ◯

Entonces, 62 + 3 = __________.

2 83 + 4 = __________

PARTICIPA

1 Muestra el proceso en una tabla de valor posicional.

a Halla 2 + 6.

b Halla 2 unidades + 6 unidades.

c Halla 2 decenas + 6 decenas.

2 Halla 74 + 15 mentalmente.

Comenta con tu compañero cómo hallaste los resultados en las actividades **1** y **2**.

APRENDE Suma decenas a un número de 2 dígitos

1 50 + 30 = ?

Método 1

Cuenta hacia delante de 10 en 10 desde el 50.

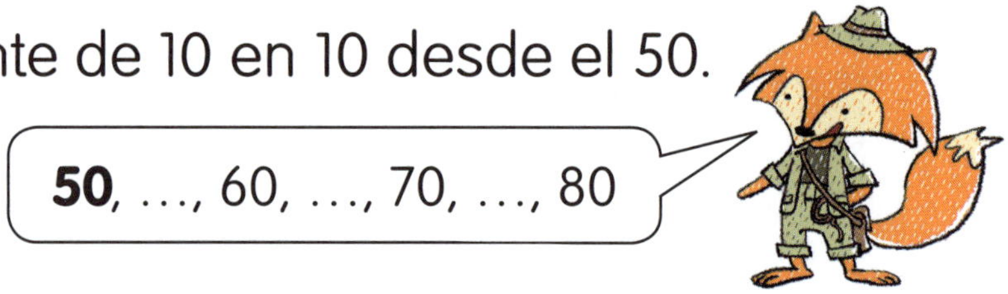

Método 2

Usa una tabla de valor posicional.

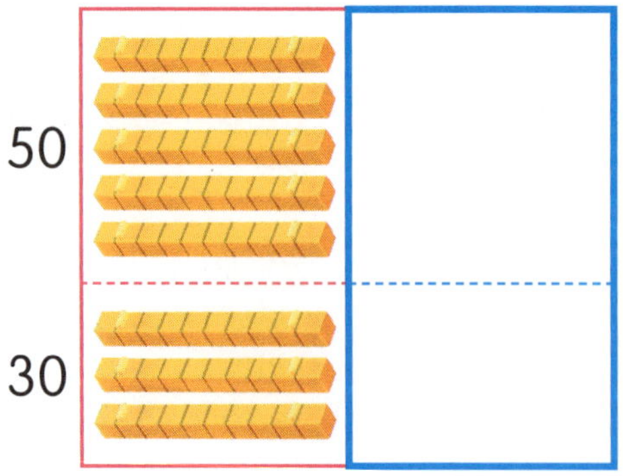

Paso 1 Suma las unidades.

	Decenas	Unidades
	5	0
+	3	0
		0

0 unidades + 0 unidades
= 0 unidades

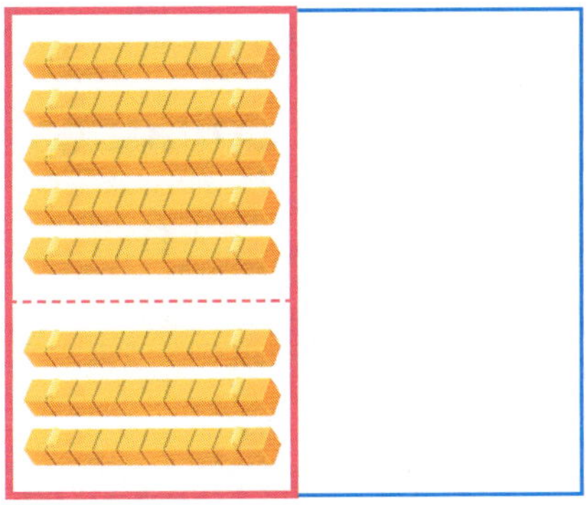

Paso 2 Suma las decenas.

	Decenas	Unidades
	5	0
+	3	0
	8	0

5 decenas + 3 decenas
= 8 decenas

80 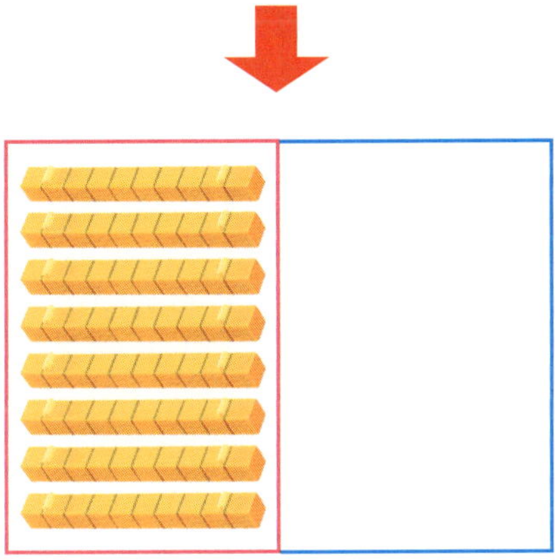

Entonces, 50 + 30 = 80.

2 46 + 30 = ?

Método 1

Cuenta hacia delante de 10 en 10 desde el 46.

Método 2

Usa una tabla de valor posicional.

46
30
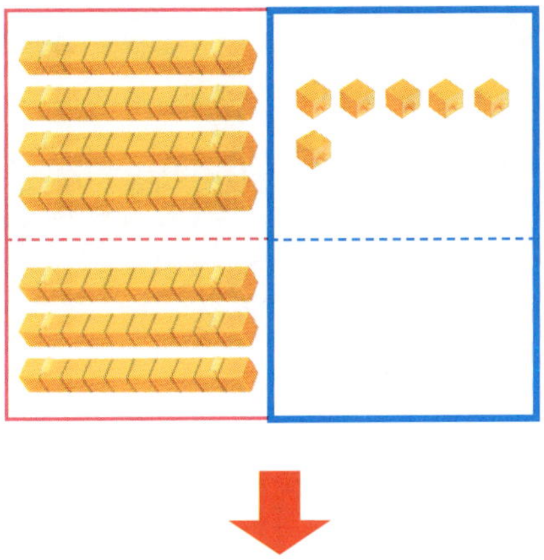

Paso 1 Suma las unidades.

	Decenas	Unidades
	4	6
+	3	0
		6

6 unidades + 0 unidades
= 6 unidades

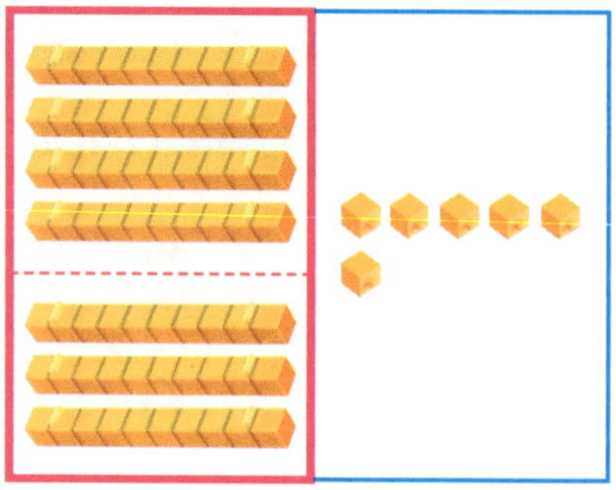

Paso 2 Suma las decenas.

	Decenas	Unidades
	4	6
+	3	0
	7	6

4 decenas + 3 decenas
= 7 decenas

76 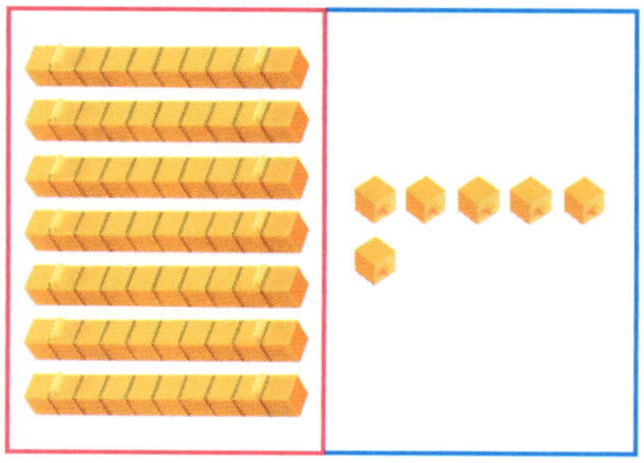

46 + 30

40 6 30 0

6 + 0 = 6
40 + 30 = 70
70 + 6 = 76

Entonces, 46 + 30 = 76.

Charla de matemáticas

Victor suma 20 a 45.
Él dice que el resultado es 74.
¿Está Victor en lo correcto?
Comenta con tu compañero tu razonamiento.

INTENTA Practica sumar decenas a un número de 2 dígitos

Suma.

1. 50 + 40 = ?

Método 1

Cuenta hacia delante de 10 en 10 desde el 50.

50, . . ., ____, . . ., ____, . . ., ____, . . ., ____

Método 2

Usa una tabla de valor posicional.

Primero, suma las unidades.
Luego, suma las decenas.

50

40

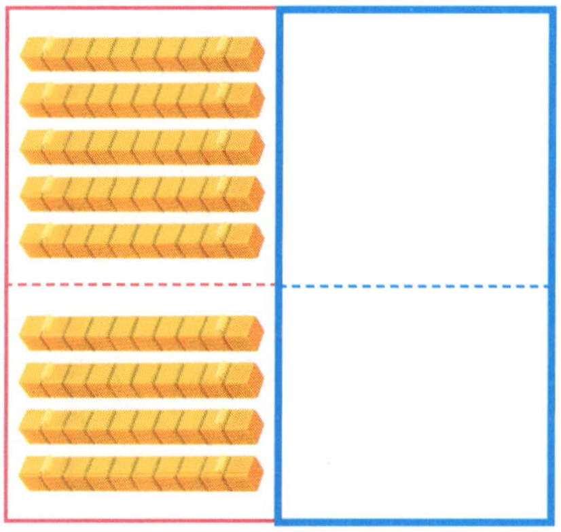

	Decenas	Unidades
	5	0
+	4	0
	☐	☐

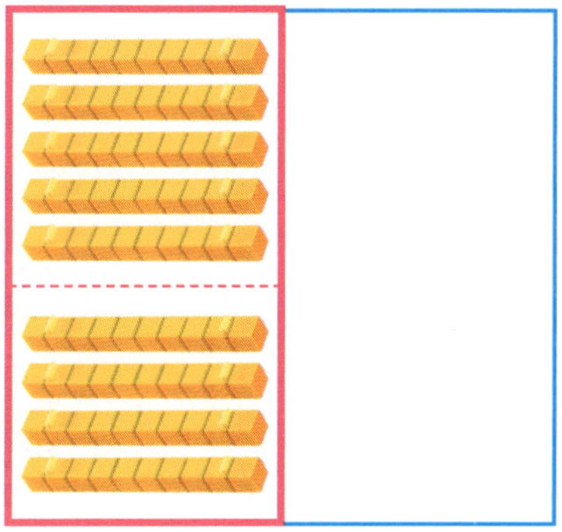

5 decenas + 4 decenas
= ____ decenas

50 + 40 = ____

Entonces, 50 + 40 = ____________.

2 58 + 20 = ?

Método 1
Cuenta hacia delante de 10 en 10 desde el 58.

58, . . ., ______, . . ., ______

Primero, suma las unidades.
Luego, suma las decenas.

Método 2
Usa una tabla de valor posicional.

58

20

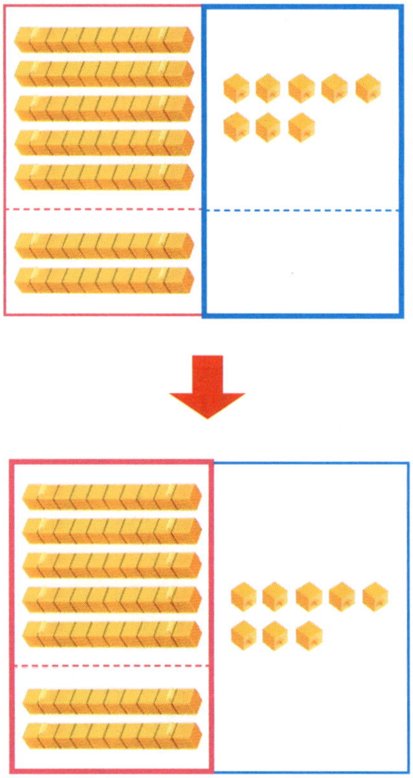

	Decenas	Unidades
	5	8
+	2	0
	☐	☐

58 + 20

(50) ( ) (20) ( )

____ + 0 = ____

50 + ____ = ____

____ + ____ = ____

Entonces, 58 + 20 = ____________.

3 50 + 47 = ____________

	Decenas	Unidades
	5	0
+	4	7
	☐	☐

PARTICIPA

Usa 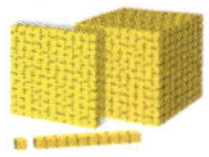 para mostrar este problema.

	Decenas	Unidades
	3	5
+	☐	☐
	7	9

Luego, halla cada número que falta.
Usa 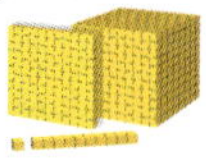 como ayuda.

APRENDE Suma unidades y decenas a un número de 2 dígitos sin reagrupación

1 42 + 56 = ?

42

56

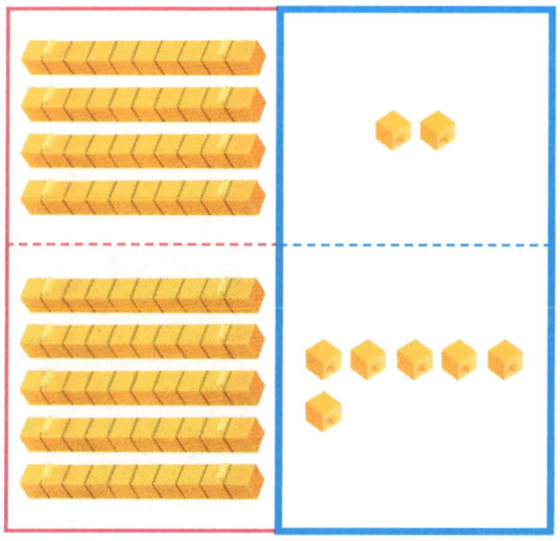

Paso 1 Suma las unidades.

	Decenas	Unidades
	4	2
+	5	6
		8

2 unidades + 6 unidades
= 8 unidades

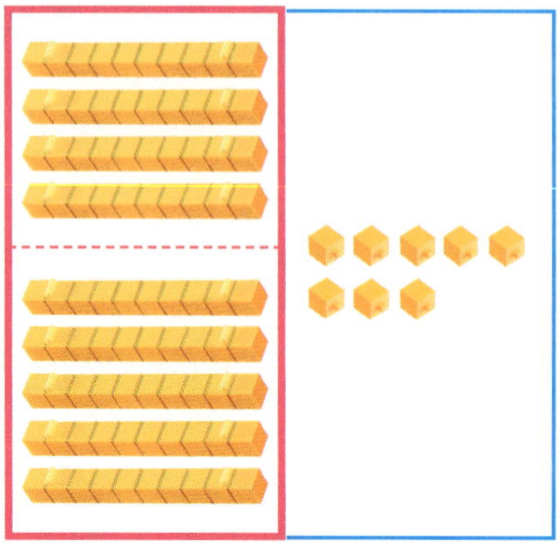

Paso 2 Suma las decenas.

	Decenas	Unidades
	4	2
+	5	6
	9	8

4 decenas + 5 decenas
= 9 decenas

98

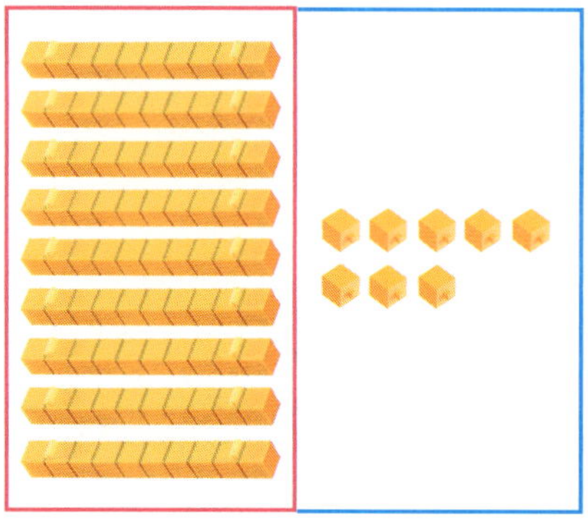

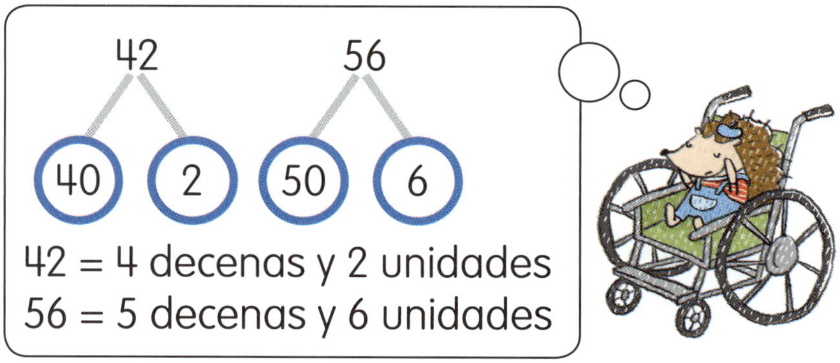

Entonces, 42 + 56 = 98.

Charla de matemáticas

Aubrey sumó 31 y 53.

	Decenas	Unidades
	3	1
+	5	3
	8	9

¿Qué error cometió Aubrey?
¿Qué pasos debe usar para hallar el resultado?

Actividad práctica Sumar dos números de 2 dígitos sin reagrupación

Trabajen en grupos.

Toma un  y algunos 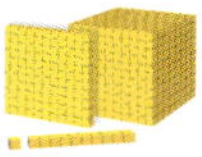.

1. Lanza el .
   Escribe el número en el lugar de las decenas de la tabla de valor posicional.

Decenas	Unidades

2. Lanza el  otra vez.
   Escribe el número en el lugar de las unidades de la tabla de valor posicional.

3. Suma este número a 22 y resuelve.

4. Pide a tu compañero que use  para comprobar el resultado.

	Decenas	Unidades
	2	2
+	☐	☐
	☐	☐

5. Tomen turnos.
   Repitan los pasos del 1 al 4 para estos números.

a

	Decenas	Unidades
	1	3
+	☐	☐
	☐	☐

b

	Decenas	Unidades
	2	0
+	☐	☐
	☐	☐

c

	Decenas	Unidades
	3	1
+	☐	☐
	☐	☐

INTENTA Practica sumar unidades y decenas a un número de 2 dígitos sin reagrupación

Suma.

1 53 + 36 = ?

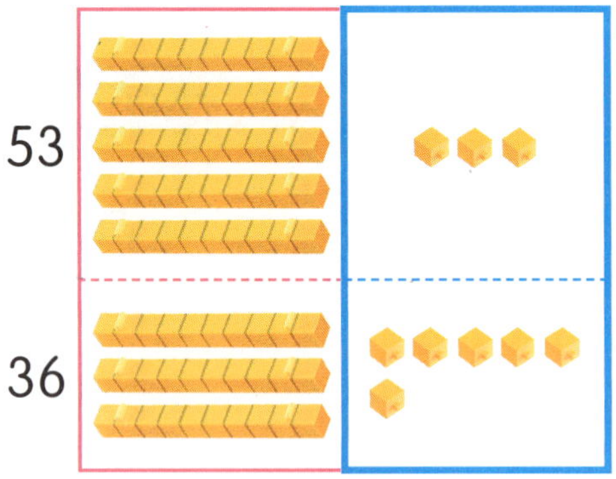

Primero, suma las unidades.
Luego, suma las decenas.

	Decenas	Unidades
	5	3
+	3	6
	☐	☐

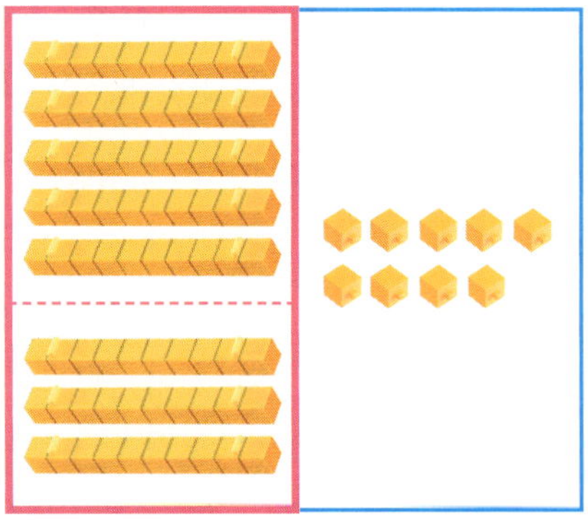

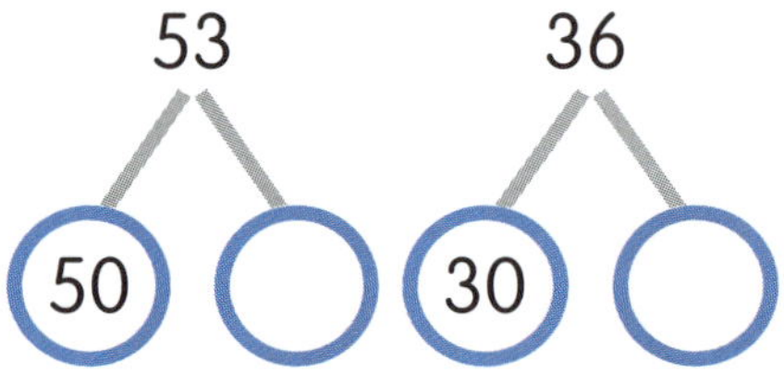

53 = 5 decenas y ____ unidades

36 = 3 decenas y ____ unidades

Entonces, 53 + 36 = ____________.

2 45 + 32 = ____________

	Decenas	Unidades
	4	5
+	3	2
	☐	☐

3 22 + 67 = ____________

	Decenas	Unidades
	2	2
+	6	7
	☐	☐

Nombre: ______________________ Fecha: ____________

PRÁCTICA INDEPENDIENTE

Suma.
Cuenta hacia delante desde el número mayor.

1. 52 + 4 = ______

52, 53, 54, 55, ____

2. 94 + 3 = ______

94, ____, ____, ____

3. 61 + 4 = ______

61, ____, ____, ____, ____

4. 53 + 40 = ______

53, . . ., ____, . . ., ____, . . ., ____, . . ., ____

Escribe cada número que falta.

5 42 + 6 = ______

	Decenas	Unidades
	4	2
+		6
	☐	☐

42 + 6 = ____

40 ◯

6 81 + 7 = ______

	Decenas	Unidades
	8	1
+		7
	☐	☐

81 + 7 = ____

80 ◯

7 36 + 60 = ______

	Decenas	Unidades
	3	6
+	6	0
	☐	☐

36 + 60

30 ◯ ◯ 0

____ + 0 = ____

30 + ____ = ____

____ + ____ = ____

Suma.
Luego, traza líneas para emparejar los resultados.

8

Suma.

9 $42 + 32 =$ ____________

	Decenas	Unidades
	☐	☐
+	☐	☐
	☐	☐

10 $53 + 35 =$ ____________

	Decenas	Unidades
	☐	☐
+	☐	☐
	☐	☐

11 $64 + 31 =$ ____________

	Decenas	Unidades
	☐	☐
+	☐	☐
	☐	☐

12 $74 + 23 =$ ____________

	Decenas	Unidades
	☐	☐
+	☐	☐
	☐	☐

13 $44 + 55 =$ ____________

	Decenas	Unidades
	☐	☐
+	☐	☐
	☐	☐

14 $29 + 60 =$ ____________

	Decenas	Unidades
	☐	☐
+	☐	☐
	☐	☐

Nombre: ______________________ Fecha: ______________

2 Sumar con reagrupación

Objetivos de aprendizaje:

- Sumar unidades a un número de 2 dígitos con reagrupación.
- Sumar unidades y decenas a un número de 2 dígitos con reagrupación.

PIENSA

16 + __________ = 65

Usa dos maneras diferentes para hallar el resultado.
Comenta con tu compañero cómo hallaste el resultado.

PARTICIPA

a Suma 58 y 2 mentalmente.
¿Qué manera usaste?

b Suma 58 y 7.
¿Qué manera usaste esta vez?
¿Usaste la misma manera que en la actividad **a** para sumar?
¿Por qué?
Comenta con tu compañero tu razonamiento.

APRENDE Suma unidades a un número de 2 dígitos con reagrupación

1 66 + 7 = ?

66
7

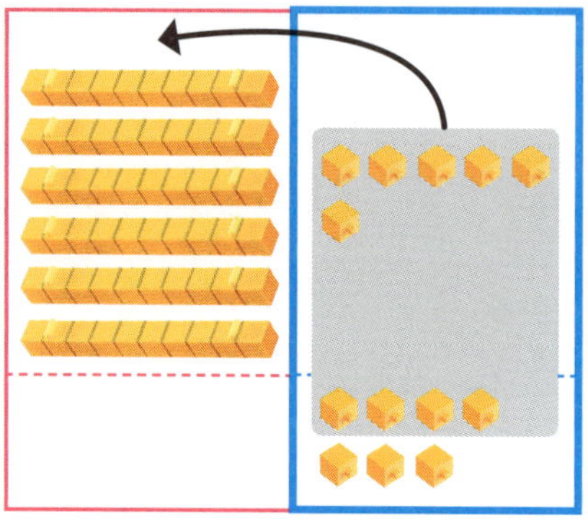

Paso 1 Suma las unidades.

	Decenas	Unidades
	1	
	6	6
+		7
		3

6 unidades + 7 unidades = 13 unidades

Reagrupa las unidades.
13 unidades = 1 decena y 3 unidades

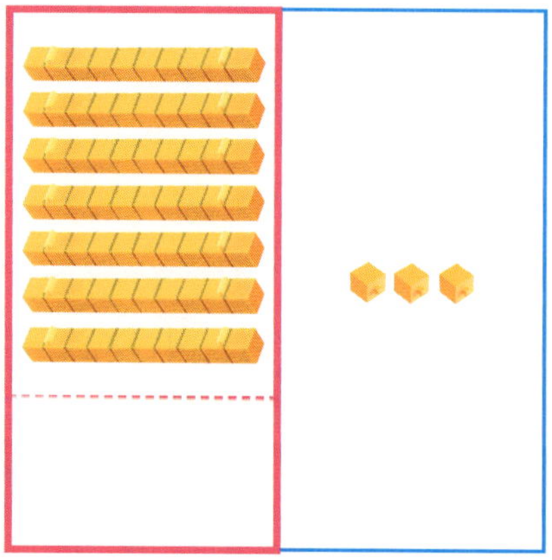

Paso 2 Suma las decenas.

	Decenas	Unidades
	1	
	6	6
+		7
	7	3

1 decena + 6 decenas + 0 decenas
= 7 decenas

73

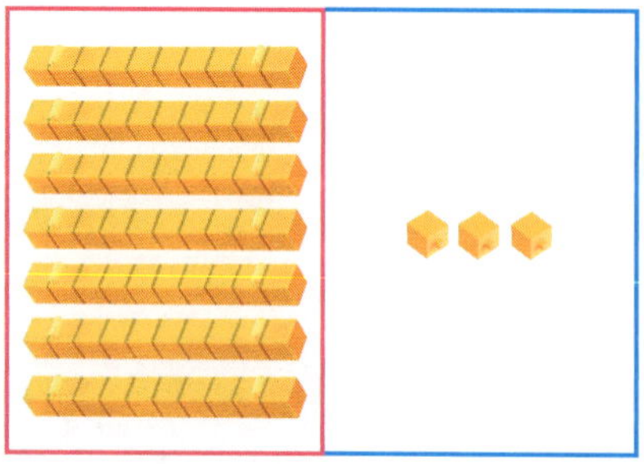

Entonces, 66 + 7 = 73.

INTENTA Practica sumar unidades a un número de 2 dígitos con reagrupación

Suma y reagrupa.

1. 62 + 9 = ?

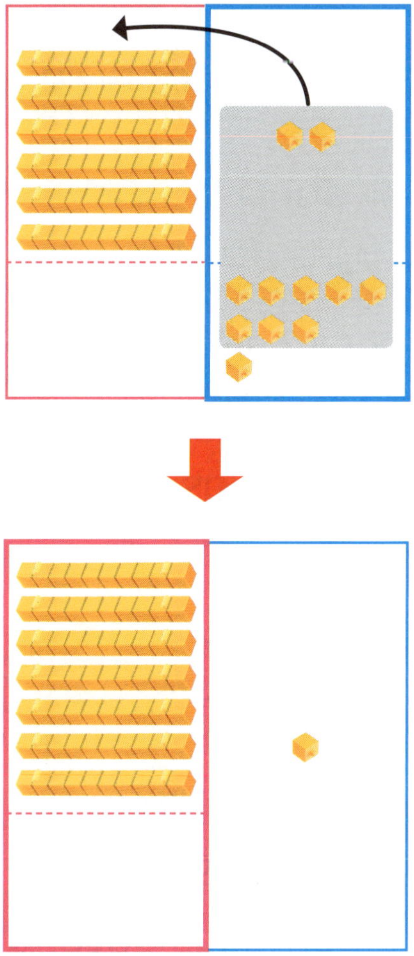

Primero, suma las unidades. Reagrupa las unidades en una decena y unidades. Luego, suma las decenas.

	Decenas	Unidades
	6	2
+		9
	☐	☐

Entonces, 62 + 9 = ________.

2. 56 + 8 = ________

	Decenas	Unidades
	5	6
+		8
	☐	☐

3. 73 + 7 = ________

	Decenas	Unidades
	7	3
+		7
	☐	☐

PARTICIPA

Usa 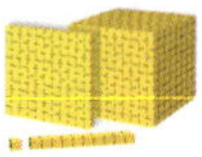 como ayuda para sumar.
Muestra el proceso en una tabla de valor posicional.

a Suma 30 y 20. **b** Suma 4 y 8.

c Suma 34 y 28.
¿Cómo puedes usar los 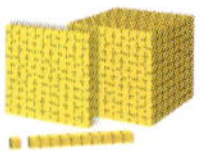 en las actividades **a** y **b** como ayuda?

APRENDE Suma unidades y decenas a un número de 2 dígitos con reagrupación

1 33 + 18 = ?

33 = 3 decenas y 3 unidades
18 = 1 decena y 8 unidades

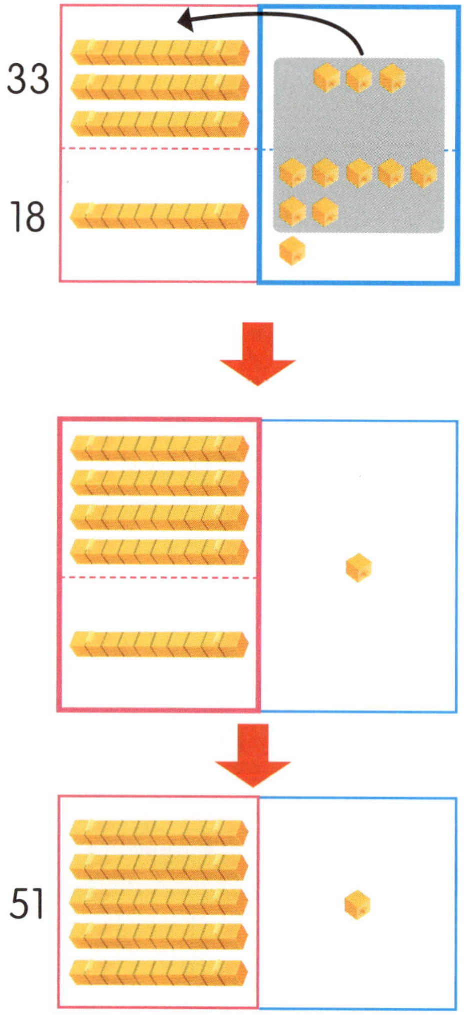

Paso 1 Suma las unidades.

	Decenas	Unidades
	1	
	3	3
+	1	8
		1

3 unidades
+ 8 unidades
= 11 unidades

Reagrupa las unidades.
11 unidades = 1 decena y 1 unidad

Paso 2 Suma las decenas.

	Decenas	Unidades
	1	
	3	3
+	1	8
	5	1

1 decena
+ 3 decenas
+ 1 decena
= 5 decenas

Entonces, 33 + 18 = 51.

Actividad práctica — Sumar dos números de 2 dígitos con reagrupación

Trabajen en grupos.

Toma un , un  y algunos .

① Lanza el .
Escribe el número en el lugar de las decenas de la tabla de valor posicional.

Decenas	Unidades

② Lanza el .
Escribe el número en el lugar de las unidades de la tabla de valor posicional.

③ Suma este número a 19 y resuelve.

④ Pide a tu compañero que use 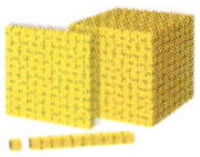 para comprobar el resultado.

	Decenas	Unidades
	1	9
+	☐	☐
	☐	☐

⑤ Tomen turnos.
Repitan los pasos del ① al ④ para estos números.

a

	Decenas	Unidades
	1	3
+	☐	☐
	☐	☐

b

	Decenas	Unidades
	2	0
+	☐	☐
	☐	☐

c

	Decenas	Unidades
	3	1
+	☐	☐
	☐	☐

INTENTA Practica sumar unidades y decenas a un número de 2 dígitos con reagrupación

Suma y reagrupa.

1 57 + 19 = ?

57

19

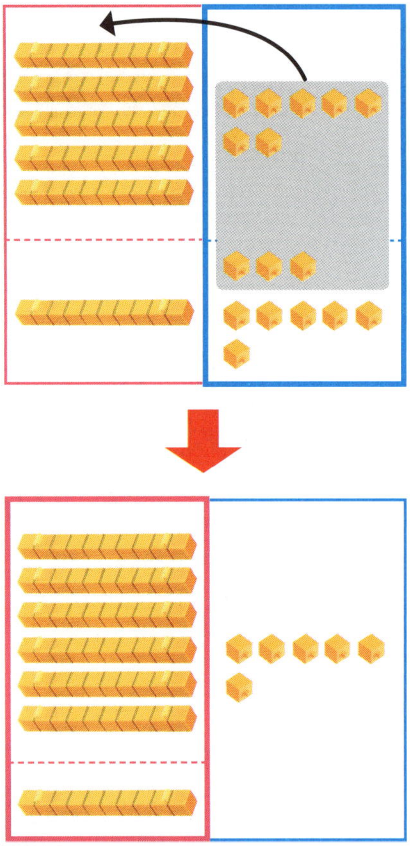

57 = 5 decenas y ____ unidades
19 = 1 decenas y ____ unidades

Primero, suma las unidades.
Reagrupa las unidades en una decena y unidades.
Luego, suma las decenas.

	Decenas	Unidades
	5	7
+	1	9
	☐	☐

Entonces, 57 + 19 = ____________.

COMPARTAMOS

Hábito para matemáticas 3 **Elaborar argumentos viables**

Lucia usa esta manera para sumar 54 y 37.

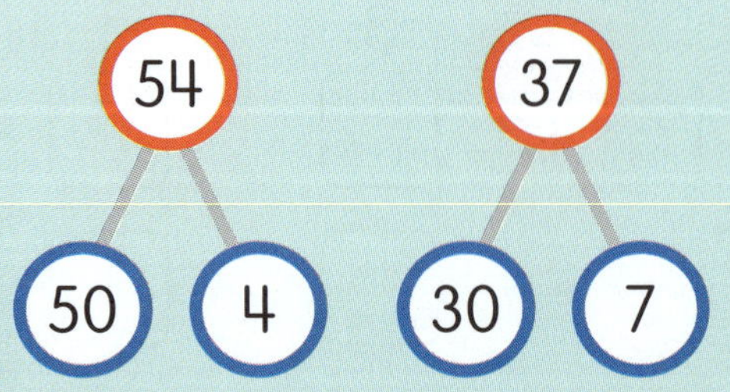

PASO 1 4 + 7 = 11

PASO 2 50 + 30 = 80

PASO 3 11 + 80 = 91

Comenta con tu compañero cómo funciona esta manera.
Luego, usa esta manera para sumar 45 y 17.

Name: ______________________ Date: ____________

PRÁCTICA INDEPENDIENTE

Solo nueve astronautas pueden participar en un lanzamiento espacial.
Suma.
Luego, une tus resultados a los astronautas para hallar quién puede participar en el lanzamiento.
Después, colorea estos astronautas.

1

	Decenas	Unidades
	7	5
+		8
	□	□

	Decenas	Unidades
		8
+	8	7
	□	□

	Decenas	Unidades
	2	9
+	4	2
	□	□

	Decenas	Unidades
	2	9
+	2	4
	□	□

	Decenas	Unidades
	2	6
+	3	5
	□	□

	Decenas	Unidades
	4	4
+	3	8
	□	□

	Decenas	Unidades
	4	2
+	3	9
	□	□

	Decenas	Unidades
	4	6
+	4	7
	□	□

	Decenas	Unidades
	5	7
+	3	5
	□	□

Suma y reagrupa.

2. 8 + 47 = ________

	Decenas	Unidades
	☐	☐
+	☐	☐
	☐	☐

3. 36 + 54 = ________

	Decenas	Unidades
	☐	☐
+	☐	☐
	☐	☐

4. 76 + 17 = ________

	Decenas	Unidades
	☐	☐
+	☐	☐
	☐	☐

5. 47 + 34 = ________

	Decenas	Unidades
	☐	☐
+	☐	☐
	☐	☐

6. 39 + 14 = ________

	Decenas	Unidades
	☐	☐
+	☐	☐
	☐	☐

7. 25 + 39 = ________

	Decenas	Unidades
	☐	☐
+	☐	☐
	☐	☐

Nombre: ______________________ Fecha: ____________

3 Restar sin reagrupación

Objetivos de aprendizaje:
- Restar unidades de un número de 2 dígitos sin reagrupación.
- Restar decenas de un número de 2 dígitos.
- Restar unidades y decenas de un número de 2 dígitos sin reagrupación.

PIENSA

Zoe tiene 58 cuentas.
Ella regala algunas cuentas.
A ella le quedan 35 cuentas.
¿Cuántas cuentas regala Zoe?
Usa dos maneras diferentes para hallar el resultado.
Escribe un enunciado numérico para mostrar cada manera.
Comenta con tu compañero cómo hallar el resultado.

PARTICIPA

Usa 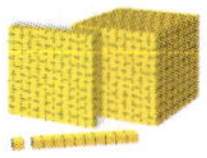 para mostrar el 55.
Qué puedes hacer con tus  para obtener el 51.
Escribe un enunciado numérico para mostrar esto.

APRENDE Resta unidades de un número de 2 dígitos sin reagrupación

1 48 – 3 = ?

Método 1

Cuenta hacia atrás desde el 48.

Método 2

Usa una tabla de valor posicional.

48
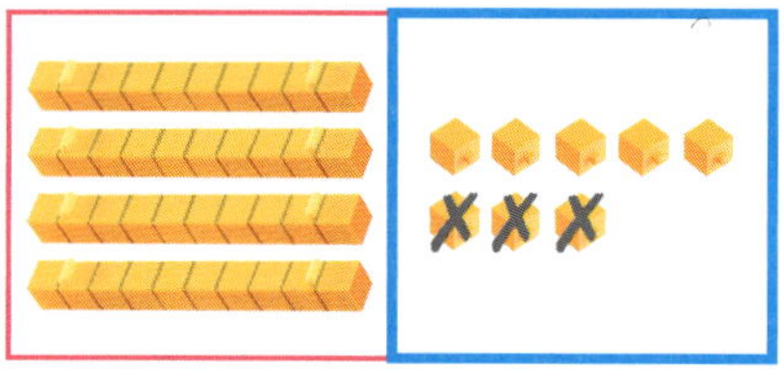

Paso 1 Resta las unidades.

	Decenas	Unidades
	4	8
–		3
		5

8 unidades
– 3 unidades
= 5 unidades

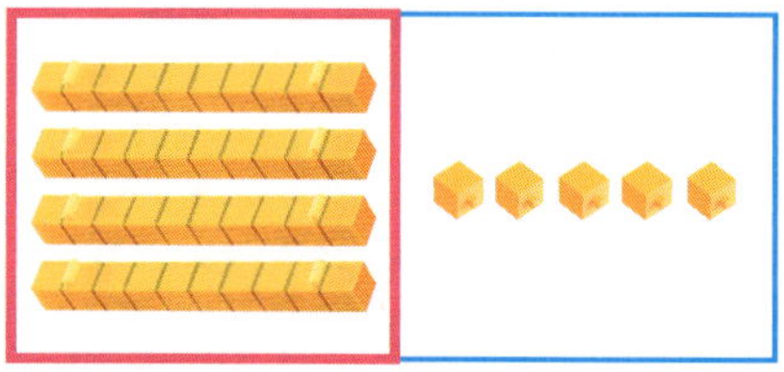

Paso 2 Resta las decenas.

	Decenas	Unidades
	4	8
–		3
	4	5

4 decenas
– 0 decenas
= 4 decenas

45
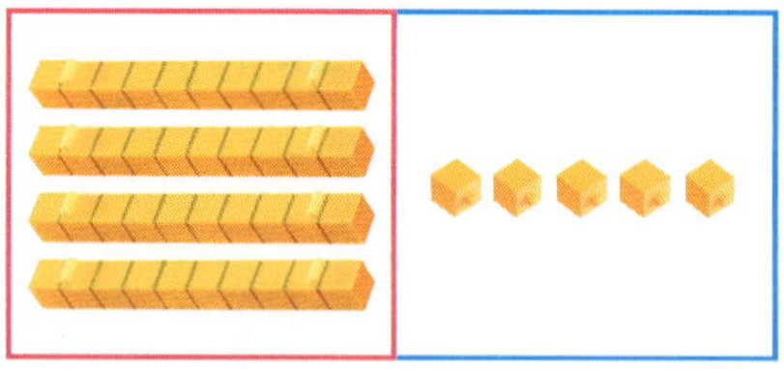

48 – 3 = 45

Comprueba

$$\begin{array}{r} 45 \\ +\ \ 3 \\ \hline 48 \end{array}$$

Entonces, 48 – 3 = 45.

INTENTA Practica restar unidades de un número de 2 dígitos sin reagrupación

Resta.

1 68 – 4 = ?

Método 1

Cuenta hacia atrás desde el 68.

68, ____, ____, ____, ____

Método 2

Usa una tabla de valor posicional.

68

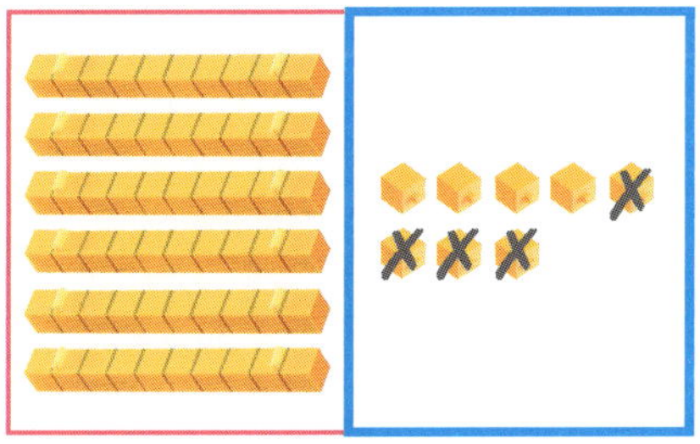

Primero, resta las unidades. Luego, resta las decenas.

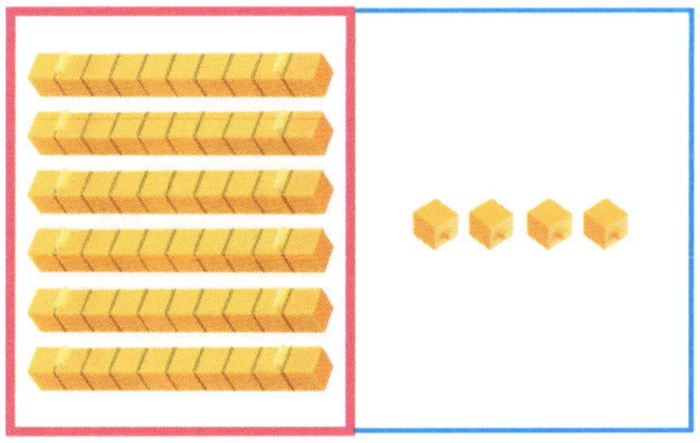

	Decenas	Unidades
	6	8
–		4
	☐	☐

68 – 4 = ____

60 ◯

Entonces, 68 – 4 = ________.

Comprueba

	☐	☐
+		4
	☐	☐

2. $56 - 3 =$ ______

	Decenas	Unidades
	5	6
−		3
	☐	☐

Comprueba

	☐	☐
+		3
	☐	☐

3. $98 - 7 =$ ______

	Decenas	Unidades
	9	8
−		☐
	☐	☐

Comprueba

	☐	☐
+		7
	☐	☐

PARTICIPA

1. Muestra el proceso en una tabla de valor posicional.
   - **a** Halla 8 – 3.
   - **b** Halla 8 unidades – 3 unidades.
   - **c** Halla 8 decenas – 3 decenas.

2. Halla 94 – 23 mentalmente.

Comenta con tu compañero cómo obtienes tus resultados en los pasos 1 y 2.

APRENDE Resta decenas de un número de 2 dígitos

1 70 – 40 = ?

Método 1
Cuenta hacia atrás de 10 en 10 desde el 70.

Método 2
Usa una tabla de valor posicional.

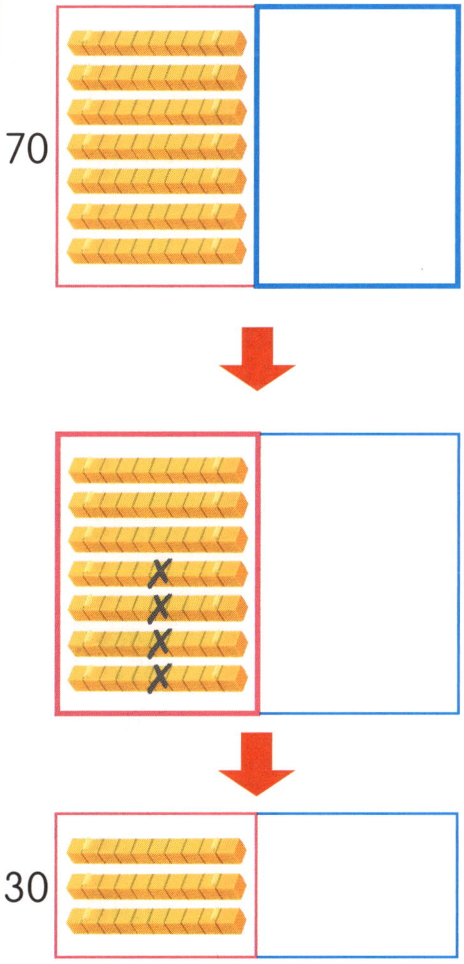

Paso 1 Resta las unidades

	Decenas	Unidades
	7	0
–	4	0
		0

0 unidades
– 0 unidades
= 0 unidades

Paso 2 Resta las decenas.

	Decenas	Unidades
	7	0
–	4	0
	3	0

7 decenas
– 4 decenas
= 3 decenas

Entonces, 70 – 40 = 30.

Comprueba

$$\begin{array}{r} 40 \\ +\ 30 \\ \hline 70 \end{array}$$

2 55 – 30 = ?

Método 1

Cuenta hacia atrás de 10 en 10 desde el 55.

55, ..., 45, ..., 35, ..., 25

Método 2

Usa una tabla de valor posicional.

55 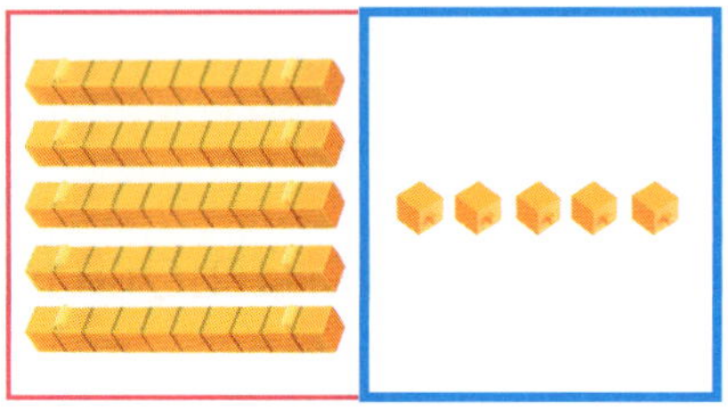

Paso 1 Resta las unidades.

	Decenas	Unidades
	5	5
–	3	0
		5

5 unidades
– 0 unidades
= 5 unidades

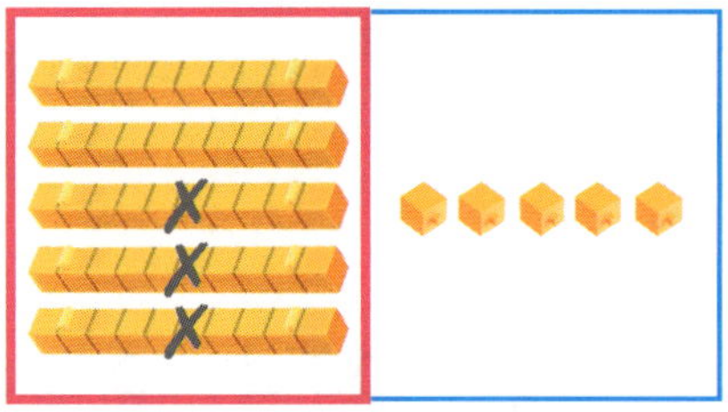

Paso 2 Resta las decenas.

	Decenas	Unidades
	5	5
–	3	0
	2	5

5 decenas
– 3 decenas
= 2 decenas

25 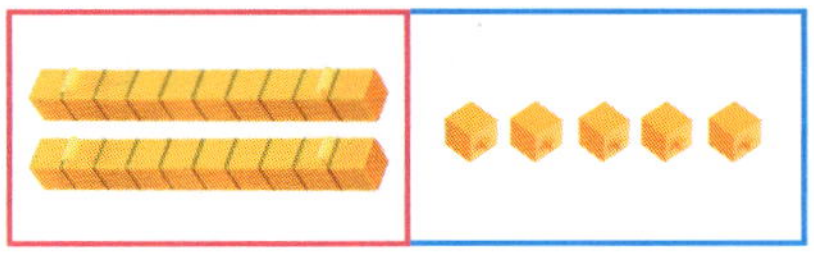

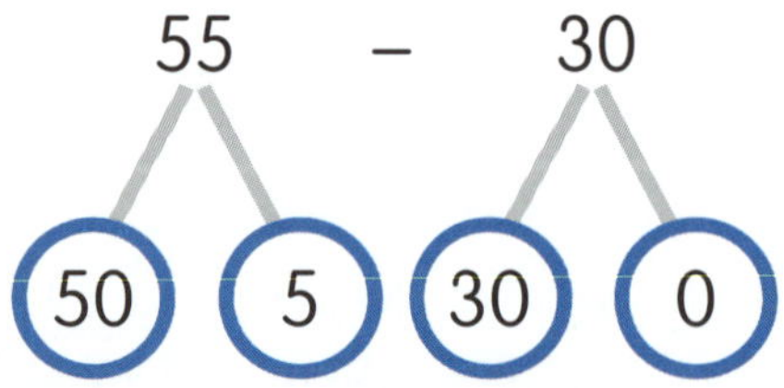

5 – 0 = 5
50 – 30 = 20
20 + 5 = 25

Comprueba

$$\begin{array}{r} 2\ 5 \\ +\ 3\ 0 \\ \hline 5\ 5 \end{array}$$

Entonces, 55 – 30 = 25.

INTENTA Practica restar decenas de un número de 2 dígitos

Resta.

1. 60 – 40 = ?

Método 1
Cuenta hacia atrás de 10 en 10 desde el 60.

60, . . ., ____, . . ., ____, . . ., ____, . . ., ____

Método 2
Usa una tabla de valor posicional.

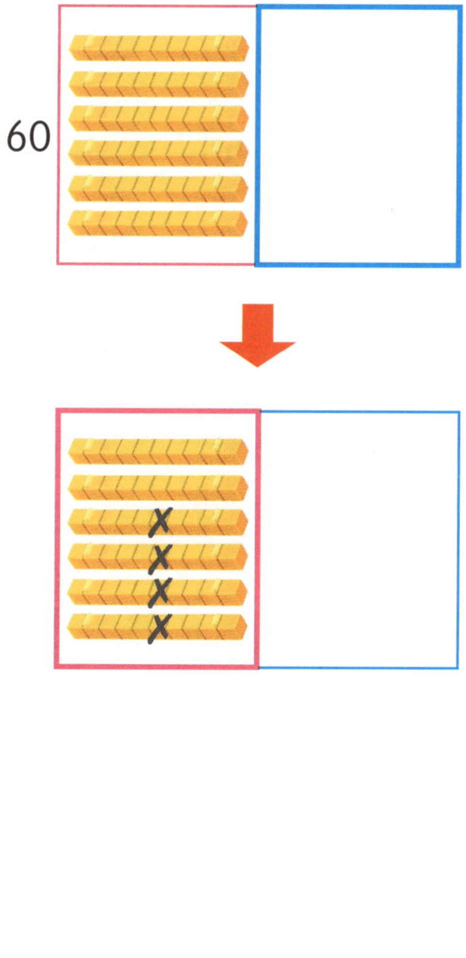

Primero, resta las unidades.
Luego, resta las decenas.

Decenas	Unidades
6	0
– 4	0
☐	☐

6 decenas – 4 decenas
= ____ decenas

Entonces, 60 – 40 = ____.

Comprueba

☐	☐
+ 4	0
☐	☐

Entonces, 60 – 40 = ____________.

2 72 – 40 = ?

Método 1
Cuenta hacia atrás de 10 en 10 desde el 72.

72, . . ., ______, . . ., ______, . . ., ______, . . ., ______

Método 2
Usa una tabla de valor posicional.

72
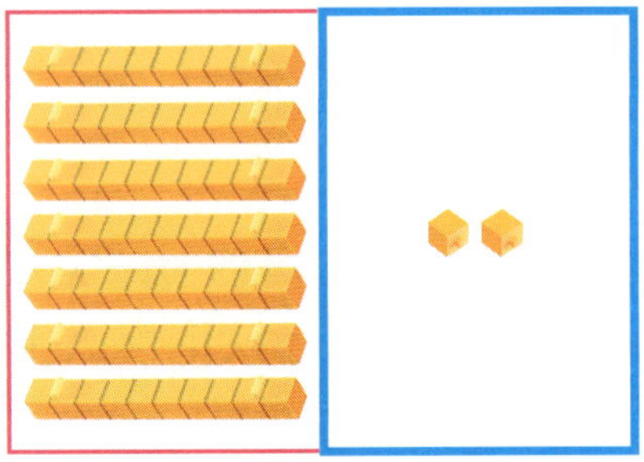

Primero, resta las unidades. Luego, resta las decenas.

	Decenas	Unidades
	7	2
–	4	0
	☐	☐

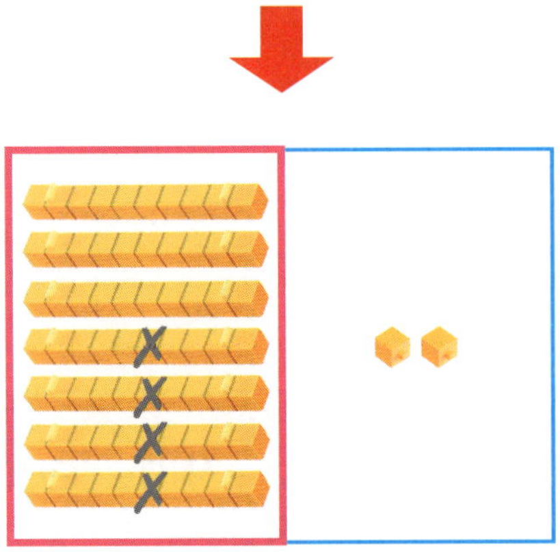

72 – 40

(70) ( ) ( ) (0)

____ – 0 = ____

70 – ____ = ____

____ + ____ = ____

Comprueba

	☐	☐
+	4	0
	☐	☐

Entonces, 72 – 40 = ____________.

3 $90 - 40 =$ ______

	Decenas	Unidades
	9	0
−	4	0
	☐	☐

Comprueba

	☐	☐
+	4	0
	☐	☐

4 $87 - 60 =$ ______

	Decenas	Unidades
	8	7
−	6	0
	☐	☐

Comprueba

	☐	☐
+	6	0
	☐	☐

5 $89 - 80 =$ ______

	Decenas	Unidades
	8	9
−	8	0
	☐	☐

Comprueba

	☐	☐
+	8	0
	☐	☐

PARTICIPA

Usa  y una tabla de valor posicional como ayuda.
Muestra el 59 en la tabla de valor posicional.
¿Cuánto es 33 menos que 59?
Usa dos maneras diferentes para hallar el resultado.
Luego, comenta con tu compañero qué maneras usas.

APRENDE Resta unidades y decenas de un número de 2 dígitos sin reagrupación

1 58 – 24 = ?

58 = 5 decenas y 8 unidades
24 = 2 decenas y 4 unidades

58

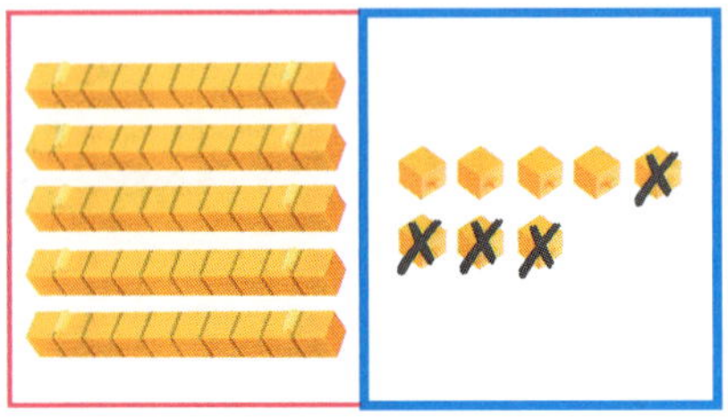

Paso 1 Resta las unidades.

	Decenas	Unidades
	5	8
–	2	4
		4

8 unidades
– 4 unidades
= 4 unidades

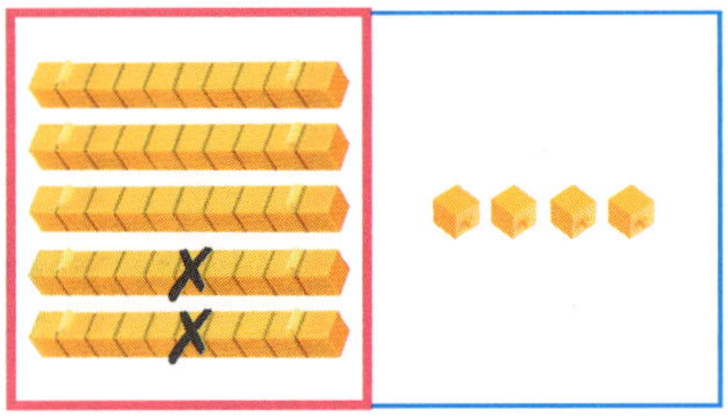

Paso 2 Resta las decenas.

	Decenas	Unidades
	5	8
–	2	4
	3	4

5 decenas
– 2 decenas
= 3 decenas

34

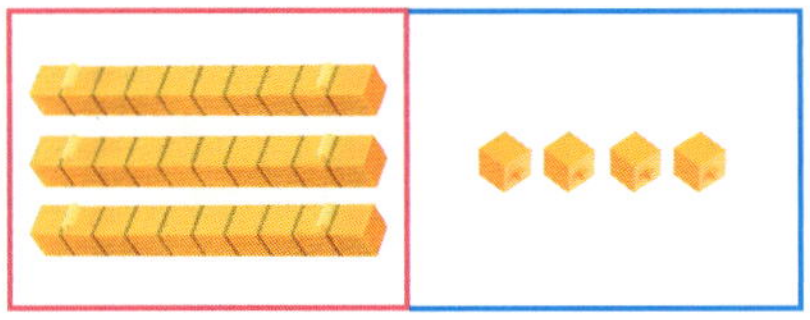

Comprueba

$$\begin{array}{r} 34 \\ +\ 24 \\ \hline 58 \end{array}$$

Entonces, 58 – 24 = 34.

Actividad práctica Restar dos números de 2 dígitos sin reagrupación

Trabajen en grupos.

Toma una , un  y algunos 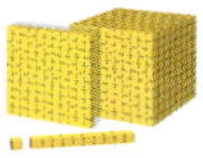.

① Haz girar la flecha giratoria para obtener un número.
Escribe el número en el lugar de las decenas de la tabla de valor posicional.

Decenas	Unidades

② Lanza el .
Escribe el número en el lugar de las unidades de la tabla de valor posicional.

③ Resta este número a 98 y resuelve.

④ Pide a tu compañero que use 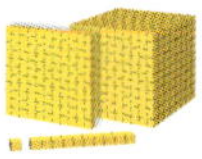 para comprobar el resultado.

	Decenas	Unidades
	9	8
–	☐	☐
	☐	☐

⑤ Tomen turnos.
Repitan los pasos del ① al ④.

a

	Decenas	Unidades
	9	6
–	☐	☐
	☐	☐

b

	Decenas	Unidades
	8	9
–	☐	☐
	☐	☐

c

	Decenas	Unidades
	8	7
–	☐	☐
	☐	☐

INTENTA Practica restar unidades y decenas de un número de 2 dígitos sin reagrupación

Resta.

1 69 – 33 = ?

69

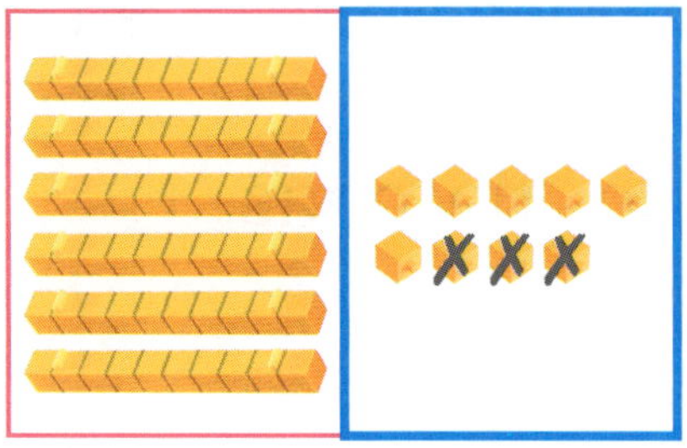

69 = ____ decenas y ____ unidades

33 = ____ decenas y ____ unidades

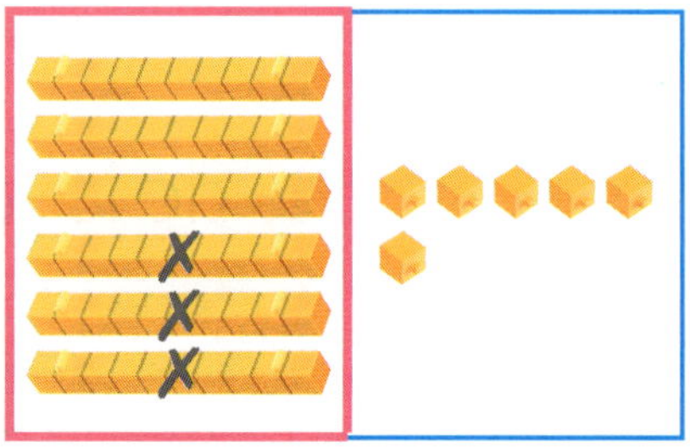

Primero, resta las unidades.
Luego, resta las decenas.

	Decenas	Unidades
	6	9
–	3	3
	☐	☐

Comprueba

	☐	☐
+	3	3
	☐	☐

Entonces, 69 – 33 = ____________.

2 76 – 23 = ____________

	Decenas	Unidades
	7	6
–	2	3
	☐	☐

Comprueba

	☐	☐
+	2	3
	☐	☐

Nombre: ______________________ Fecha: ______________

PRÁCTICA INDEPENDIENTE

Resta.
Cuenta hacia atrás desde el número mayor.

1. 77 – 3 = ______

77, 76, 75, ____

2. 59 – 3 = ______

59, ____, ____, ____

3. 88 – 4 = ______

88, ____, ____, ____, ____

4. 80 – 40 = ______

80, . . ., ____, . . ., ____, . . ., ____,
. . ., ____

Escribe cada número que falta.

5 $67 - 6 =$ ______

	Decenas	Unidades
	6	7
−		6
	☐	☐

$67 - 6 =$ ____

67 → 60, ◯

6 $88 - 8 =$ ______

	Decenas	Unidades
	8	8
−		8
	☐	☐

$88 - 8 =$ ____

88 → 80, ◯

7 $96 - 50 =$ ______

	Decenas	Unidades
	9	6
−	5	0
	☐	☐

96 − 50

96 → 90, ◯ 50 → ◯, 0

____ − 0 = ____

90 − ____ = ____

____ + ____ = ____

El koala tiene hambre.
Solo puede comer seis hojas a la vez.
El número de cada hoja debe ser mayor que 50.
¿Qué hojas se comerá?
Resta para hallar el resultado.
Luego, colorea las seis hojas que emparejan con tus resultados.

8

	Decenas	Unidades
	5	5
−	3	5
	☐	☐

	Decenas	Unidades
	7	8
−	1	1
	☐	☐

	Decenas	Unidades
	8	7
−	2	6
	☐	☐

	Decenas	Unidades
	7	6
−	3	2
	☐	☐

	Decenas	Unidades
	9	5
−	2	0
	☐	☐

	Decenas	Unidades
	8	8
−	2	4
	☐	☐

	Decenas	Unidades
	9	9
−	4	4
	☐	☐

	Decenas	Unidades
	6	1
−	1	1
	☐	☐

	Decenas	Unidades
	7	7
−	2	6
	☐	☐

Resta.

9. 79 – 7 = ________

	Decenas	Unidades
	☐	☐
–	☐	☐
	☐	☐

10. 90 – 70 = ________

	Decenas	Unidades
	☐	☐
–	☐	☐
	☐	☐

11. 75 – 35 = ________

	Decenas	Unidades
	☐	☐
–	☐	☐
	☐	☐

12. 87 – 44 = ________

	Decenas	Unidades
	☐	☐
–	☐	☐
	☐	☐

13. 98 – 42 = ________

	Decenas	Unidades
	☐	☐
–	☐	☐
	☐	☐

14. 67 – 12 = ________

	Decenas	Unidades
	☐	☐
–	☐	☐
	☐	☐

Nombre: ______________________ Fecha: ______________

4 Restar con reagrupación

Objetivos de aprendizaje:

- Restar unidades de un número de 2 dígitos con reagrupación.
- Restar unidades y decenas de un número de 2 dígitos con reagrupación.

PIENSA

Morgan tiene 64 animales de juguete.
Ella tiene 28 animales de juguete más que William.
¿Cuántos animales de juguete tiene William?
Usa dos maneras diferentes para hallar el resultado.
Escribe un enunciado numérico para mostrar cada manera.
Luego, comenta con tu compañero cómo hallas el resultado.

PARTICIPA

Usa 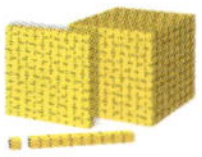 para mostrar el 64.
Quita 7 .
¿Cómo lo hiciste?
¿Cuántos  y  te quedan?

APRENDE Resta unidades de un número de 2 dígitos con reagrupación

1 $52 - 9 = ?$

52

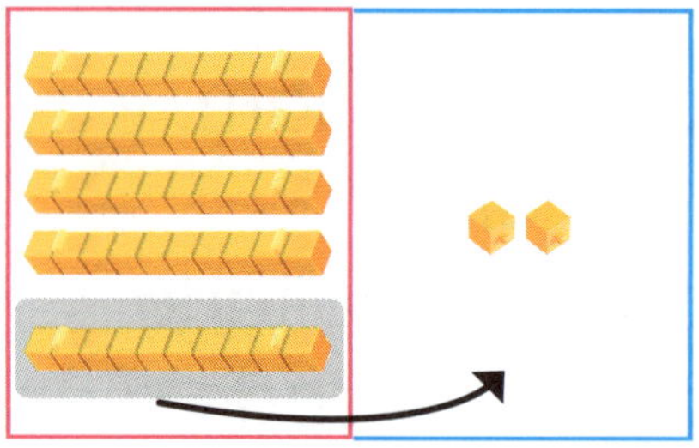

Paso 1 Reagrupa las decenas y unidades.

Reagrupa las decenas de 52.

52 = 5 decenas y 2 unidades
= 4 decenas y 12 unidades

	Decenas	Unidades
	4	12
	~~5~~	~~2~~
–		9

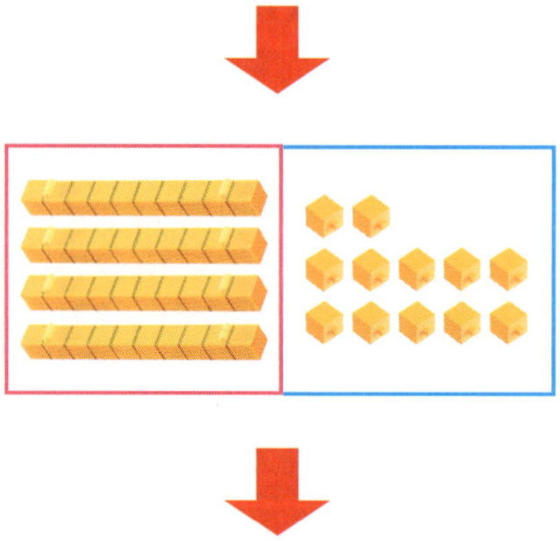

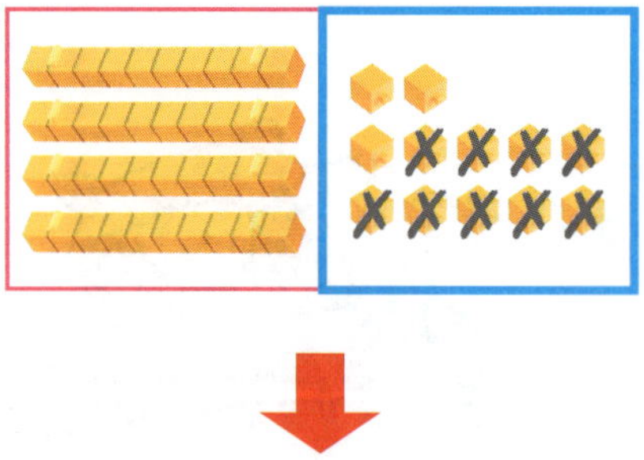

Paso 2 Resta las unidades.

	Decenas	Unidades
	4	12
	~~5~~	~~2~~
–		9
		3

12 unidades – 9 unidades
= 3 unidades

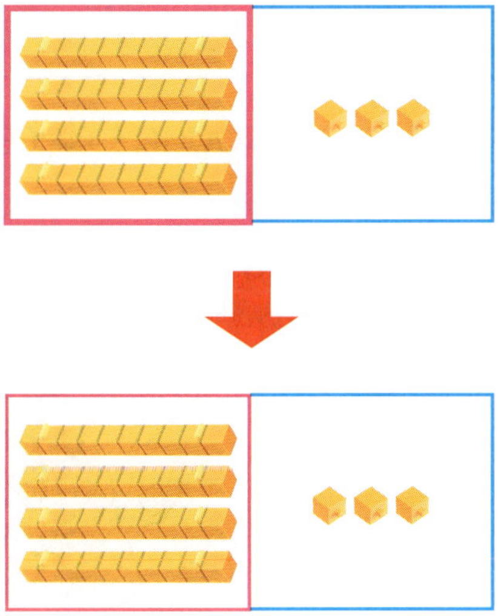

43

Paso 3 Resta las decenas.

	Decenas	Unidades
	4	12
	~~5~~	~~2~~
−		9
	4	3

4 decenas − 0 decenas = 4 decenas

Comprueba

	4	3
+		9
	5	2

Entonces, 52 − 9 = 43.

INTENTA Practica restar unidades de un número de 2 dígitos con reagrupación

Reagrupa.
Luego, completa cada espacio en blanco.

1. 63 = 6 decenas y ________ unidades
   = 5 decenas y ________ unidades

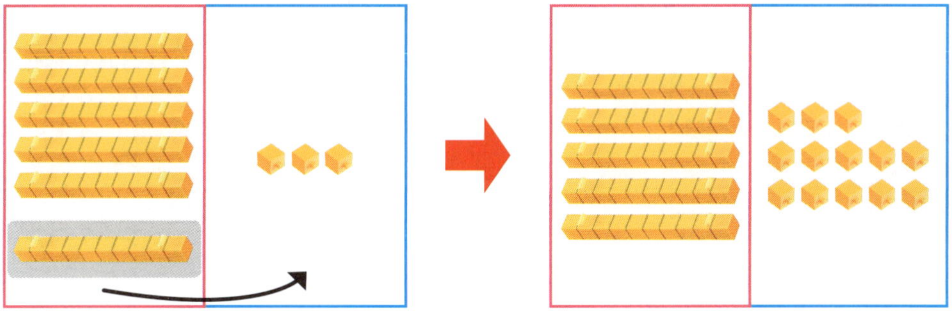

2. 85 =

Decenas	Unidades
8	

=

Decenas	Unidades
7	

Reagrupa y resta.

3 55 – 7 = ?

55 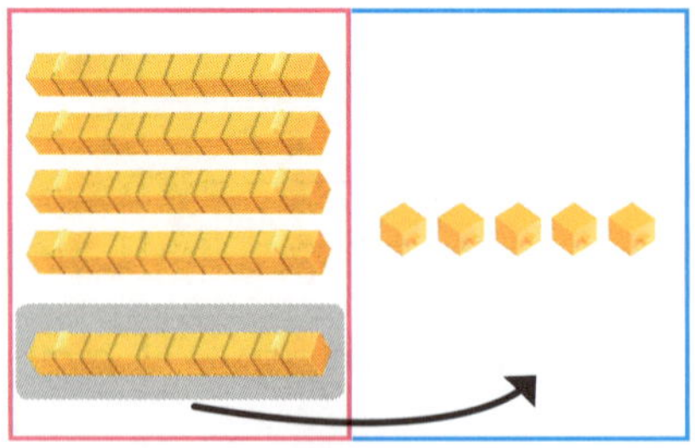

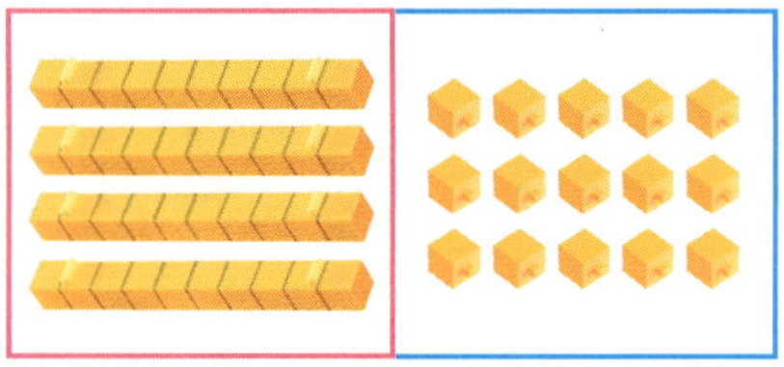

55 = 5 decenas y ________ unidades

= 4 decenas y ________ unidades

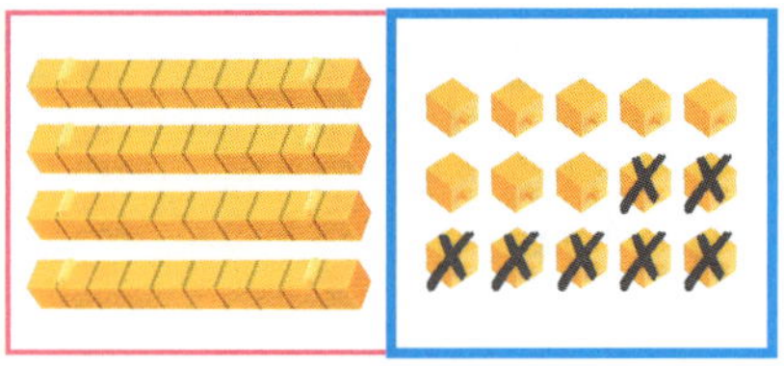

	Decenas	Unidades
	5	5
–		7
	☐	☐

Comprueba

	☐	☐
+		7
	☐	☐

Entonces, 55 – 7 = ________.

4 $73 - 6 =$ ______

Decenas Unidades

	Decenas	Unidades
	7	3
−		6
	☐	☐

Comprueba

	☐	☐
+		6
	☐	☐

5 $64 - 8 =$ ______

Decenas Unidades

	Decenas	Unidades
	6	4
−		8
	☐	☐

Comprueba

	☐	☐
+		8
	☐	☐

PARTICIPA

Usa 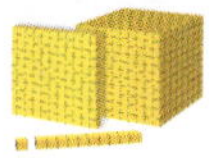 para mostrar el proceso.

a Resta 20 de 72.

b Resta 23 de 72.

¿Qué observas?

Comenta con tu compañero tu razonamiento.

APRENDE Resta unidades y decenas de un número de 2 dígitos con reagrupación

1 54 – 38 = ?

No puedes quitar 8 unidades a 4 unidades.
Entonces, necesitas reagrupar.

54

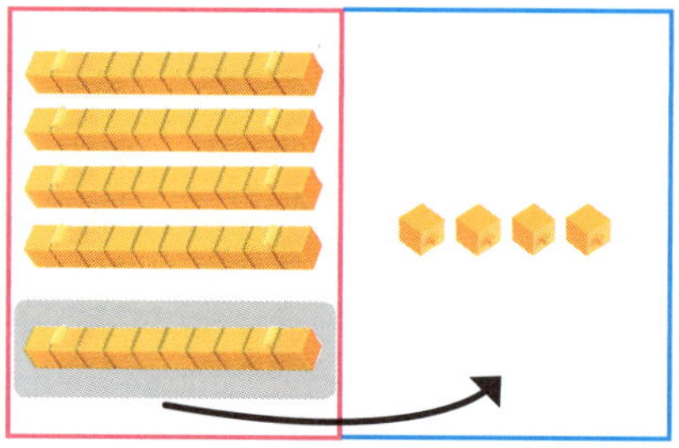

Paso 1 Reagrupa las decenas y las unidades.

Reagrupa las decenas de 54.
54 = 5 decenas y 4 unidades
= 4 decenas y 14 unidades

	Decenas	Unidades
	4	14
	~~5~~	~~4~~
–	3	8

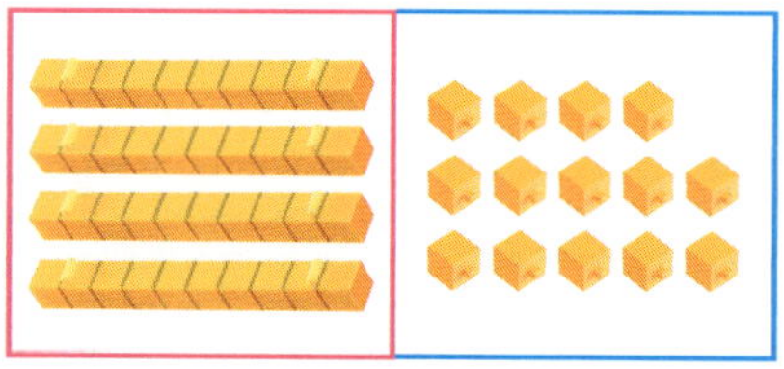

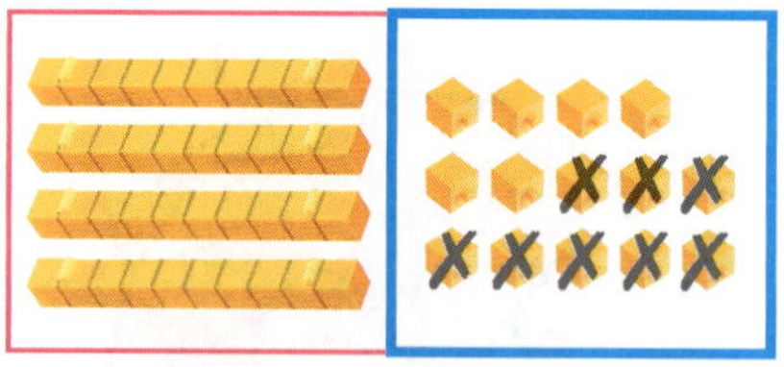

Paso 2 Resta las unidades.

	Decenas	Unidades
	4	14
	~~5~~	~~4~~
–	3	8
		6

14 unidades – 8 unidades
= 6 unidades

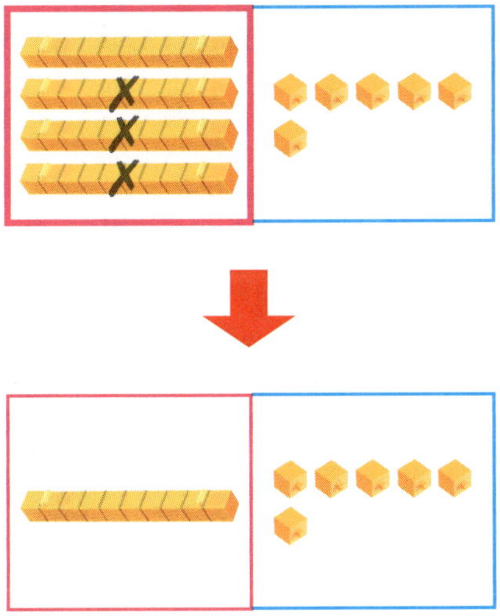

16

Paso 3 Resta las decenas.

	Decenas	Unidades
	4	14
	~~5~~	~~4~~
−	3	8
	1	6

4 decenas − 3 decenas = 1 decena

Comprueba

$$\begin{array}{r} 16 \\ +\ 38 \\ \hline 54 \end{array}$$

Entonces, 54 − 38 = 16.

Charla de matemáticas

Austin resta 27 a 62.

	Decenas	Unidades
	6	2
−	2	7
	4	5

Jasmine dice que la manera en la que Austin resta es incorrecta.
Comenta con tu compañero cómo Austin lo hace de manera incorrecta.
¿Cuál es la manera correcta de restar?

Actividad práctica Restar dos números de 2 dígitos con reagrupación

Trabajen en grupos.

Toma una , un  y algunos 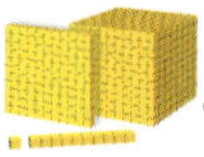.

1. Haz girar la flecha giratoria para obtener un número.
   Escribe el número en el lugar de las decenas de la tabla de valor posicional.

Decenas	Unidades

2. Lanza el .
   Escribe el número en el lugar de las unidades de la tabla de valor posicional.

3. Resta este número a 81 y resuelve.

4. Pide a tu compañero que use 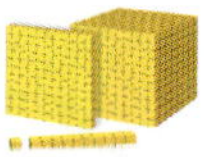 para comprobar el resultado.

	Decenas	Unidades
	8	1
−	☐	☐
	☐	☐

5. Tomen turnos.
   Repitan los pasos del (1) al (4).

a

	Decenas	Unidades
	7	2
−	☐	☐
	☐	☐

b

	Decenas	Unidades
	9	0
−	☐	☐
	☐	☐

c

	Decenas	Unidades
	8	0
−	☐	☐
	☐	☐

INTENTA Practica restar unidades y decenas de un número de 2 dígitos con reagrupación

Reagrupa y resta.

1. 72 – 55 = ?

Primero, reagrupa las decenas y las unidades. Luego, resta las unidades. Después, resta las decenas.

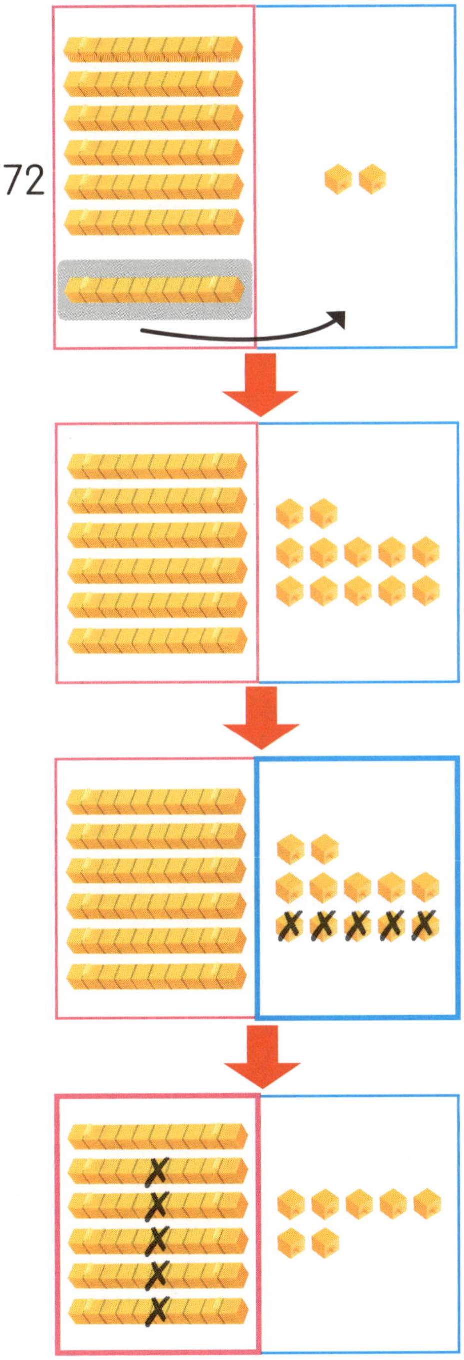

72 = 7 decenas y ______ unidades

= 6 decenas y ______ unidades

	Decenas	Unidades
	7	2
–	5	5
	☐	☐

Entonces, 72 – 55 = ______.

Comprueba

	☐	☐
+	5	5
	☐	☐

2 73 – 37 = ______

	Decenas	Unidades
	7	3
–	3	7
	☐	☐

Comprueba

	☐	☐
+	3	7
	☐	☐

3 71 – 56 = ______

	Decenas	Unidades
	7	1
–	5	6
	☐	☐

Comprueba

	☐	☐
+	5	6
	☐	☐

COMPARTAMOS

Hábito para matemáticas 3 **Elaborar argumentos viables**

Pablo usa esta manera para restar 27 a 62.

PASO 1 27 + 3 = 30

PASO 2 62 – 30 = 32

PASO 3 32 + 3 = 35

Comenta con tu compañero cómo funciona esta manera.
Usa esta manera para restar 28 a 73.

Nombre: ______________________ Fecha: ____________

PRÁCTICA INDEPENDIENTE

Reagrupa.

1.

82 =

Decenas	Unidades
8	

=

Decenas	Unidades
7	

2.

70 =

Decenas	Unidades
	0

=

Decenas	Unidades
6	

Reagrupa y resta.

3.

	Decenas	Unidades
	4	4
−		9
	☐	☐

4.

	Decenas	Unidades
	5	3
−		7
	☐	☐

5.

	Decenas	Unidades
	6	6
−	2	8
	☐	☐

6.

	Decenas	Unidades
	7	3
−	1	8
	☐	☐

7.

	Decenas	Unidades
	7	2
−	3	3
	☐	☐

8.

	Decenas	Unidades
	9	0
−	1	6
	☐	☐

Algunos pollos están por salir del cascarón.
Resta para hallar cuáles.
Luego, colorea los huevos de la siguiente ilustración que emparejan con tus resultados.

9

54 – 15 = ____

Decenas Unidades

70 – 29 = ____

Decenas Unidades

85 – 38 = ____

Decenas Unidades

91 – 34 = ____

Decenas Unidades

67 – 49 = ____

Decenas Unidades

85 – 29 = ____

Decenas Unidades

77 – 48 = ____

Decenas Unidades

90 – 23 = ____

Decenas Unidades

93 – 77 = ____

Decenas Unidades

Nombre: ______________________ Fecha: ______________

Hábito para matemáticas 3 **Elaborar argumentos viables**

Matthew suma 38 y 29.
Él obtiene 57 como resultado.
¿Sumó correctamente?
Escribe tu razonamiento.

	Decenas	Unidades
	3	8
+	2	9
	5	7

Constance resta 26 de 81.
Ella obtiene 55 como resultado.
¿Restó correctamente?
Escribe tu razonamiento.

	Decenas	Unidades
	8	1
–	2	6
	5	5

¡DESAFÍA TU MENTE!

Resolución de problemas con la heurística

1 **Hábito para matemáticas 1** **Perseverar en la resolución de problemas**

Completa cada enunciado numérico.
Usa cada número solo una vez.

25	30	45	70	100	75

2 Hábito para matemáticas 1 **Perseverar en la resolución de problemas**

Completa cada enunciado numérico.
Usa cada número solo una vez.

24	26	40	50	64	90

¡DESAFÍA TU MENTE!

3 **Hábito para matemáticas 1** Perseverar en la resolución de problemas

Decenas	Unidades
6	☐
− 1	☐
☐	3

¿Cuáles pueden ser los números que faltan? Escribe tres posibles resultados.

Decenas	Unidades
6	☐
− 1	☐
☐	3

Decenas	Unidades
6	☐
− 1	☐
☐	3

Decenas	Unidades
6	☐
− 1	☐
☐	3

CIERRE DEL CAPÍTULO

¿Cómo puedes usar lo que sabes sobre reagrupar para sumar y restar?

Sumas hasta el 100

Sumar sin reagrupación

64 + 3 = ?

Método 1

Cuenta hacia delante desde el número mayor.

Método 2

Usa una tabla de valor posicional.

Paso 1 Suma las unidades.

Paso 2 Suma las decenas.

	Decenas	Unidades
	6	4
+		3
	6	7

53 + 25 = ?

Usa una tabla de valor posicional.

Paso 1 Suma las unidades.

Paso 2 Suma las decenas.

	Decenas	Unidades
	5	3
+	2	5
	7	8

Sumar con reagrupación

54 + 16 = ?

Usa una tabla de valor posicional.

Paso 1 Suma las unidades. Regrupa las unidades.

Paso 2 Suma las decenas.

	Decenas	Unidades
	1	
	5	4
+	1	6
	7	0

Restas hasta el 100

Restar sin reagrupación

75 – 2 = ?

Método 1

Cuenta hacia atrás desde el número mayor.

Método 2

Usa una tabla de valor posicional.

Paso 1 Resta las unidades.

Paso 2 Resta las decenas.

	Decenas	Unidades
	7	5
–		2
	7	3

86 – 46 = ?

Usa una tabla de valor posicional.

Paso 1 Resta las unidades.

Paso 2 Resta las decenas.

	Decenas	Unidades
	8	6
–	4	6
	4	0

Restar con reagrupación

65 – 18 = ?

Usa una tabla de valor posicional.

Paso 1 Reagrupa las decenas y las unidades de 65.

Paso 2 Resta las unidades.

Paso 3 Resta las decenas.

	Decenas	Unidades
	5	15
	~~6~~	~~5~~
–	1	8
	4	7

Nombre: ______________________ Fecha: __________

Suma.
Cuenta hacia delante desde el número mayor.

1. 86 + 3 = ______

86, 87, ____, ____

2. 44 + 4 = ______

3. 51 + 20 = ______

Suma.

4.

	Decenas	Unidades
	5	3
+		5
	☐	☐

5.

	Decenas	Unidades
		8
+	6	0
	☐	☐

6.

	Decenas	Unidades
	7	1
+	2	0
	☐	☐

7.

	Decenas	Unidades
	4	5
+	4	2
	☐	☐

Suma y reagrupa.

8.

	Decenas	Unidades
	6	4
+		9
	☐	☐

9.

	Decenas	Unidades
		7
+	5	4
	☐	☐

10

	Decenas	Unidades
	3	2
+	1	8
	☐	☐

11

	Decenas	Unidades
	5	5
+	1	6
	☐	☐

12 39 + 53 = ______

	Decenas	Unidades
	☐	☐
+	☐	☐
	☐	☐

13 74 + 17 = ______

	Decenas	Unidades
	☐	☐
+	☐	☐
	☐	☐

Resta.
Cuenta hacia atrás desde el número mayor.

14 79 – 3 = ______

15 87 – 4 = ______

16 92 – 30 = ______

Resta.

17

	Decenas	Unidades
	6	8
–		7
	☐	☐

18

	Decenas	Unidades
	7	0
–	5	0
	☐	☐

19

	Decenas	Unidades
	7	5
−	5	0
	☐	☐

20

	Decenas	Unidades
	7	5
−	1	5
	☐	☐

Reagrupa y resta.

21

	Decenas	Unidades
	6	4
−		9
	☐	☐

22

	Decenas	Unidades
	7	4
−		7
	☐	☐

23

	Decenas	Unidades
	6	0
−	2	8
	☐	☐

24

	Decenas	Unidades
	7	3
−	2	6
	☐	☐

25 92 − 9 = ____________

	Decenas	Unidades
	☐	☐
−	☐	☐
	☐	☐

26 85 − 27 = ____________

	Decenas	Unidades
	☐	☐
−	☐	☐
	☐	☐

Preparación para la prueba

Responde cada pregunta.

27 ¿Qué tarjetas dan como respuesta 48?
Colorea los patos.

	Decenas	Unidades
	2	3
+	2	5
	☐	☐

	Decenas	Unidades
	9	5
−	4	7
	☐	☐

	Decenas	Unidades
	5	0
−		2
	☐	☐

	Decenas	Unidades
	7	9
−	4	1
	☐	☐

28 Suma o resta.
¿Qué resultado es mayor que 50?

Ⓐ

	Decenas	Unidades
	9	0
−	4	4
	☐	☐

Ⓑ

	Decenas	Unidades
	1	3
+	3	8
	☐	☐

Ⓒ

	Decenas	Unidades
	6	7
−	1	9
	☐	☐

Ⓓ

	Decenas	Unidades
	1	6
+	2	9
	☐	☐

Nombre: ______________________ Fecha: __________

Agricultura mixta

Algunos agricultores trabajan en una granja que siembra cultivos y cría animales.

1. El granjero Cruz cosecha 43 zanahorias.
La granjera Taylor cosecha 44 zanahorias.
¿Cuántas zanahorias cosechan ambos agricultores en total?

$43 + 44 =$ ________

Ambos agricultores cosechan ________ zanahorias en total.

TAREA DE DESEMPEÑO

2 Hay algunas ovejas en la granja.
29 ovejas están pastando.
21 ovejas están en el corral.

a ¿Cuántas ovejas hay en total?

$29 + 21 =$ ______

	Decenas	Unidades
	2	9
+	2	1
	☐	☐

Hay ______ ovejas en total.

b ¿Necesitas reagrupar para hallar el resultado? Explica.

3 Hay 47 vacas que deben ser ordeñadas.
El granjero Walker ordeña 16 vacas.

a ¿Cuántas vacas le faltan por ordeñar al granjero Walker?

47 – 16 = ________

Al granjero Walker aún le faltan ________ vacas por ordeñar.

b ¿Cómo hallas el resultado?

4 Hay 60 patos.
29 patos están nadando.
El resto de los patos no está nadando.

a ¿Está en lo correcto la granjera Lewis?

Resta para comprobar si está en lo correcto.
Luego, encierra en un círculo el resultado correcto.
Sí / No

	Decenas	Unidades
	6	0
−	2	9
	☐	☐

b ¿Necesitas reagrupar para hallar el resultado?
Explica.

5 Hay 47 pollos en una granja.
Algunos salieron del cascarón.
Ahora hay 52 pollos en total.

a ¿Cuántos salieron del cascarón?

47 + ________ = 52

________ pollos salieron del cascarón.

b ¿Cómo lo resuelves? Explica.

TAREA DE DESEMPEÑO

Rúbrica

Puntaje	Nivel	Mi desempeño
7–8	4	• La mayoría de mis respuestas son correctas. • Muestro todo mi trabajo correctamente. • Explico mi pensamiento de forma clara y completa.
5–6.5	3	• Algunas de mis respuestas son correctas. • Muestro algo de mi trabajo correctamente. • Explico mi pensamiento con claridad.
3–4.5	2	• Unas pocas de mis respuestas son correctas. • Muestro solo una parte de mi trabajo correctamente. • Explico parte de mi pensamiento con claridad.
0–2.5	1	• Unas pocas de mis respuestas son correctas. • Muestro poco o nada de mi trabajo correctamente. • No explico mi pensamiento con claridad.

Comentarios del maestro

Capítulo 12

Gráficas

El viejo MacDonald tiene una granja,
I-a-i-a-o
Y en esa granja tiene patos,
I-a-i-a-o
Con un cuac aquí,
Con un cuac allá,
Cuac aquí,
Cuac allá,
Siempre con un cuac, cuac.
El viejo MacDonald tiene una granja,
I-a-i-a-o

¿Cómo puedes reunir, organizar y representar datos en una gráfica con dibujos y en una tabla de conteo?

Nombre: ______________________ Fecha: ____________

Representar información con ilustraciones

Cuenta.

Hay 5  .

Hay 3  .

Hay 2  .

RECORDAR CONOCIMIENTOS PREVIOS

▶ Repaso rápido

Cuenta.
Luego, escribe cada número.

1. Hay ____________  .

2. Hay ____________  .

3. Hay ____________  .

Cuenta.
Luego, escribe cada número.

4 Hay ____________ .

5 Hay ____________ .

6 Hay ____________ .

7 Hay ____________ .

8 Hay ____________ .

Nombre: ______________________ Fecha: ____________

1 Gráficas simples con dibujos

Objetivos de aprendizaje:
- Reunir, organizar, y representar datos como una gráfica con dibujos.
- Comprender los datos que se representan en una gráfica con dibujos.
- Comprender los datos que se representan en una gráfica con dibujos usando símbolos.

Vocabulario nuevo
datos
gráfica con dibujos
símbolos
mayor cantidad
menor cantidad
clave

PIENSA

Una tienda tiene algunas pelotas de béisbol, de básquetbol y de vóleibol. El número de pelotas de béisbol y de básquetbol se representa en la gráfica siguiente.

Tipos de pelotas en la tienda

	**Básquetbol**	● ● ● ● ● ●
	**Béisbol**	● ● ● ● ● ● ● ● ● ●
	**Vóleibol**	?

Clave: Cada ● representa 1 pelota.

Hay más pelotas de vóleibol que de básquetbol.
Hay menos pelotas de vóleibol que de béisbol.
Escribe tres enunciados sobre el número de pelotas de vóleibol.

PARTICIPA

Toma algunos de diferentes colores.
Ordena los para representar qué color tiene la mayor cantidad y la menor cantidad.
Comenta con tu compañero tu razonamiento.

APRENDE Reúne datos y represéntalos como una gráfica con dibujos

1 Wyatt tiene muchas figuras diferentes.
Cuenta el número de cada figura.

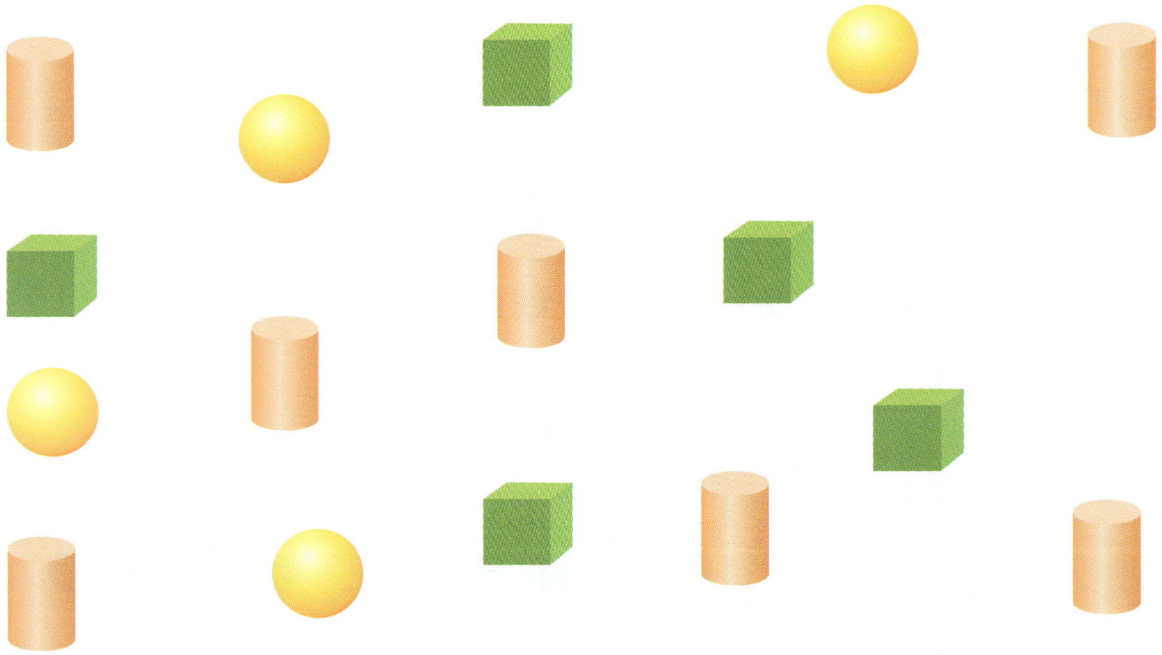

El dato es información que tiene números.
La información aquí es el número de figuras y de cada tipo.

Puedes representar datos como una gráfica con dibujos.

Figuras

Una gráfica con dibujos usa dibujos o símbolos para representar datos.

Puedes leer y obtener información de una gráfica con dibujos.

Hay 5 cubos.
Hay 7 cilindros.
Hay 4 esferas.

Wyatt tiene la mayor cantidad de cilindros como figuras.
Tiene la menor cantidad de esferas como figuras.

"Mayor cantidad" significa el número mayor.

"Menor cantidad" significa el número menor.

Él tiene 2 cilindros más que cubos.
Él tiene 3 esferas menos que cilindros.

Hay 16 figuras en total.

Actividad práctica Hacer una gráfica con dibujos

Trabaja en grupo.

Tu maestro te dará copias de ,  y .

1. Elige una fruta que te guste.
   Pégala en una hoja de papel.
   Ejemplo:

2. **Hábito para matemáticas 4** **Usar modelos matemáticos**
   Cuenta las piezas de fruta en la hoja de papel.
   Luego, haz una gráfica con dibujos.
   Ejemplo:

Nuestra fruta favorita

Manzana	
Pera	
Naranja	

3. **Hábito para matemáticas 4** **Usar modelos matemáticos**
   Usa la gráfica con dibujos para contar una historia.
   Usa **más que**, **menos que**, **mayor cantidad** o **menor cantidad** en tu historia.

INTENTA Practica leer y comprender los datos de una gráfica con dibujos

Observa la gráfica con dibujos.
Luego, completa cada espacio en blanco.
La gráfica con dibujos representa el número de huevos que pusieron tres gallinas.

Número de huevos

1. La gallina A puso ________ huevos.
2. La gallina B puso ________ huevos.
3. La gallina C puso ________ huevos.
4. La gallina ________ puso la mayor cantidad de huevos.
5. La gallina ________ puso la menor cantidad de huevos.
6. La gallina C puso ________ huevos más que la gallina A.
7. Las gallinas pusieron ________ huevos en total.

Observa la gráfica con dibujos.
Luego, responde cada pregunta.

La gráfica con dibujos representa algunos animales marinos vistos en una playa.

Animales marinos vistos en una playa

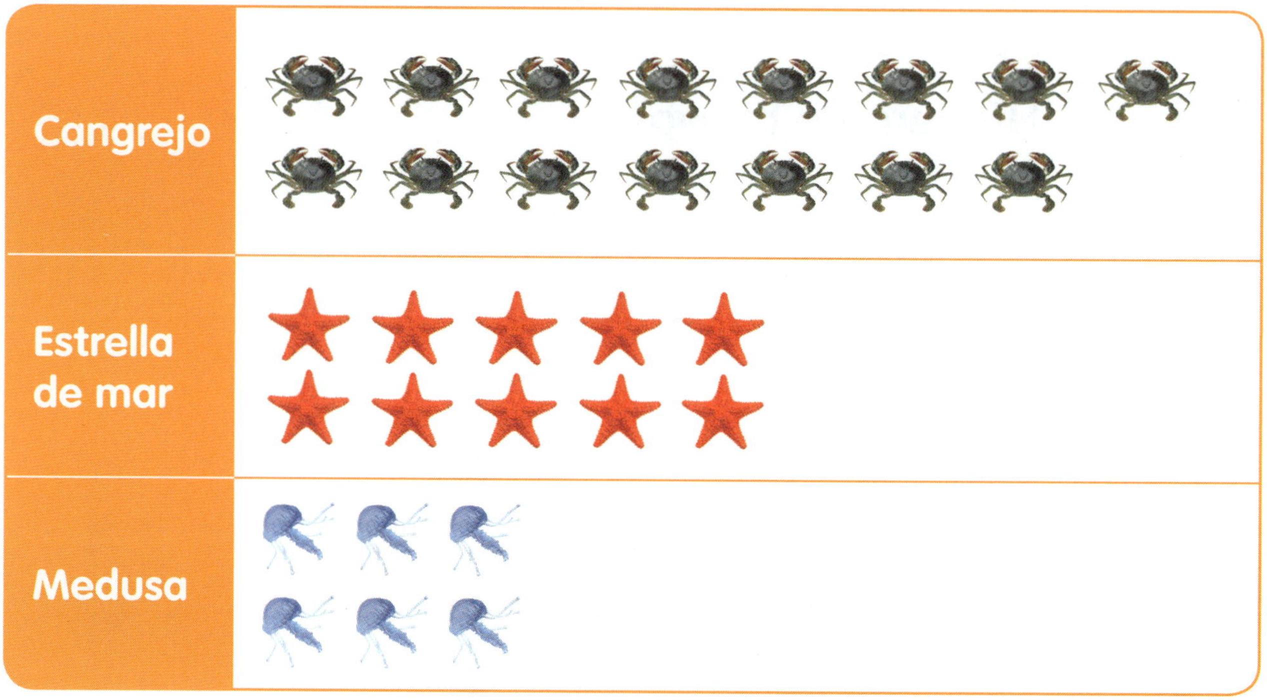

8 ¿Cuántos cangrejos hay? ___________

9 ¿Cuántas medusas hay? ___________

10 ¿Qué animal es visto con mayor frecuencia? ___________

11 ¿Qué animal es visto con menor frecuencia? ___________

12 ¿Hay más cangrejos o medusas? ___________

¿Cuántos más? ___________

13 ¿Hay menos medusas o estrellas de mar? ___________

¿Cuántas menos? ___________

PARTICIPA

Pide a 10 amigos que te digan cuál es su fruta favorita: manzana, pera, o plátano.

Haz una gráfica con dibujos para representar tu información.

Comenta con tu compañero cómo la hiciste.

APRENDE Comprende datos representados en una gráfica con dibujos

1. La gráfica con dibujos representa los juguetes favoritos de algunos niños.

Nuestros juguetes favoritos

A 6 niños les gustan los osos de peluche.

A 2 niños más les gustan los osos de peluche que las pelotas.

A 2 niños menos les gustan los sets de cocina que las pelotas.

El juguete más popular es el oso de peluche.

El juguete menos popular es el set de cocina.

2 La gráfica con dibujos representa el número de animales en la granja de Sue.

Animales en la granja de Sue

	**Gallina**	X X X X X X
	**Vaca**	X X X
	**Pato**	X X X
Clave: Cada X representa 1 animal.		

Charla de matemáticas

Usa la gráfica con dibujos para contar otros cuentos acerca de animales.

Actividad práctica **Reunir datos para hacer una gráfica con dibujos**

Tu maestro te dará una bolsa de .
La bolsa tiene un , un y un .

① Toma un de la bolsa.

② **Hábito para matemáticas 4** **Usar modelos matemáticos**

Dibuja una ★ para representar el color del que tomaste.

Clave: Cada ★ representa 1 .

③ Pon el que tomaste de regreso en la bolsa.

④ Repite los pasos del ① al ③ 10 veces más.

⑤ Usa tu gráfica con dibujos para contar una historia.
Comparte tu historia con la clase.

INTENTA Practica leer y comprender datos en una gráfica con dibujos

Observa la gráfica con dibujos.
Luego, responde cada pregunta.

La gráfica con dibujos representa los colores favoritos de algunos niños.

Nuestros colores favoritos

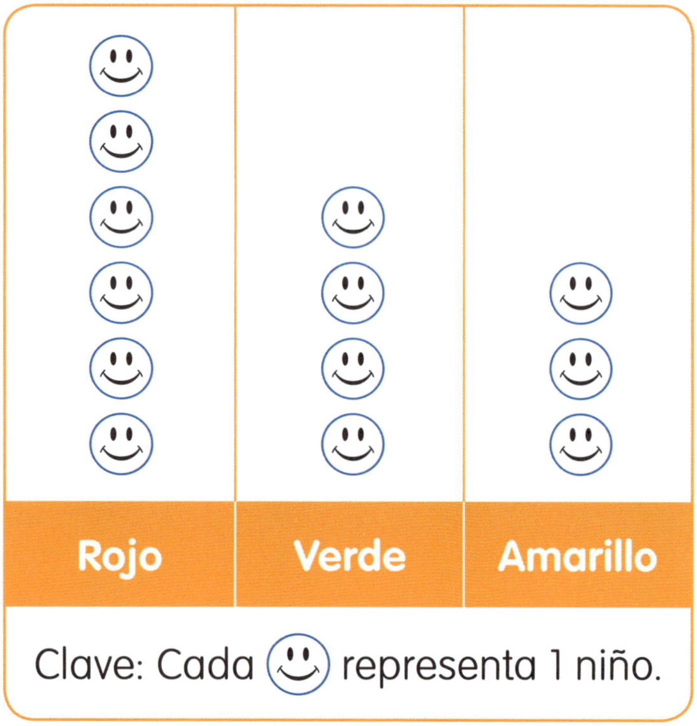

1. ¿A cuántos niños les gusta el amarillo? __________

2. ¿A cuántos niños más les gusta el rojo que el verde? __________

3. ¿A cuántos niños menos les gusta el amarillo que el verde? __________

4. ¿Cuál es el color más popular? __________

5. ¿Cuál es el color menos popular? __________

Nombre: ______________________ Fecha: ______________

PRÁCTICA INDEPENDIENTE

Observa la gráfica con dibujos.
Luego, completa cada espacio en blanco.
La gráfica con dibujos representa diferentes tipos de vegetales en una cocina.

Vegetales en una cocina

Papa	
Pepino	
Zanahoria	

1. Hay __________ papas.
2. Hay __________ pepinos.
3. Hay __________ zanahorias.
4. Hay __________ papas más que pepinos.
5. Hay __________ pepinos menos que zanahorias.
6. El número de __________ es el mayor.
7. El número de __________ es el menor.

Observa la gráfica con dibujos.
Luego, completa cada espacio en blanco.
La gráfica con dibujos representa distintos tipos de figuras usadas en un dibujo.

Figuras usadas en un dibujo

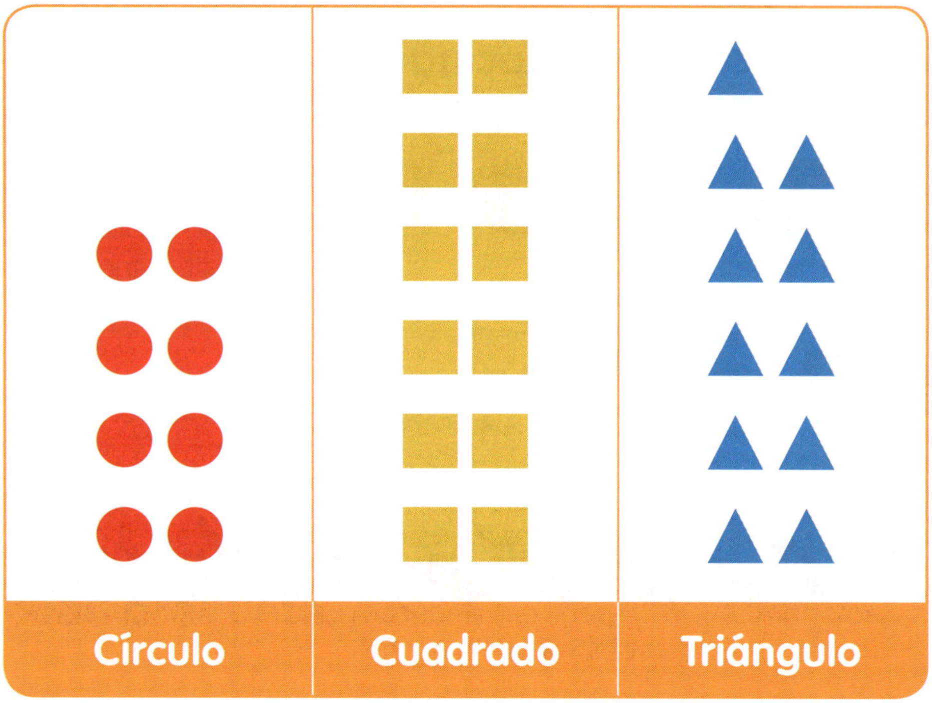

8. Hay ________ cuadrados.

9. Hay 11 ________.

10. La figura más usada es el ________.

11. La figura menos usada es el ________.

12. Hay ________ círculos menos que cuadrados.

Observa la gráfica con dibujos.
Luego, completa cada espacio en blanco.
La gráfica con dibujos representa algunos automóviles en un estacionamiento.

Automóviles en un estacionamiento

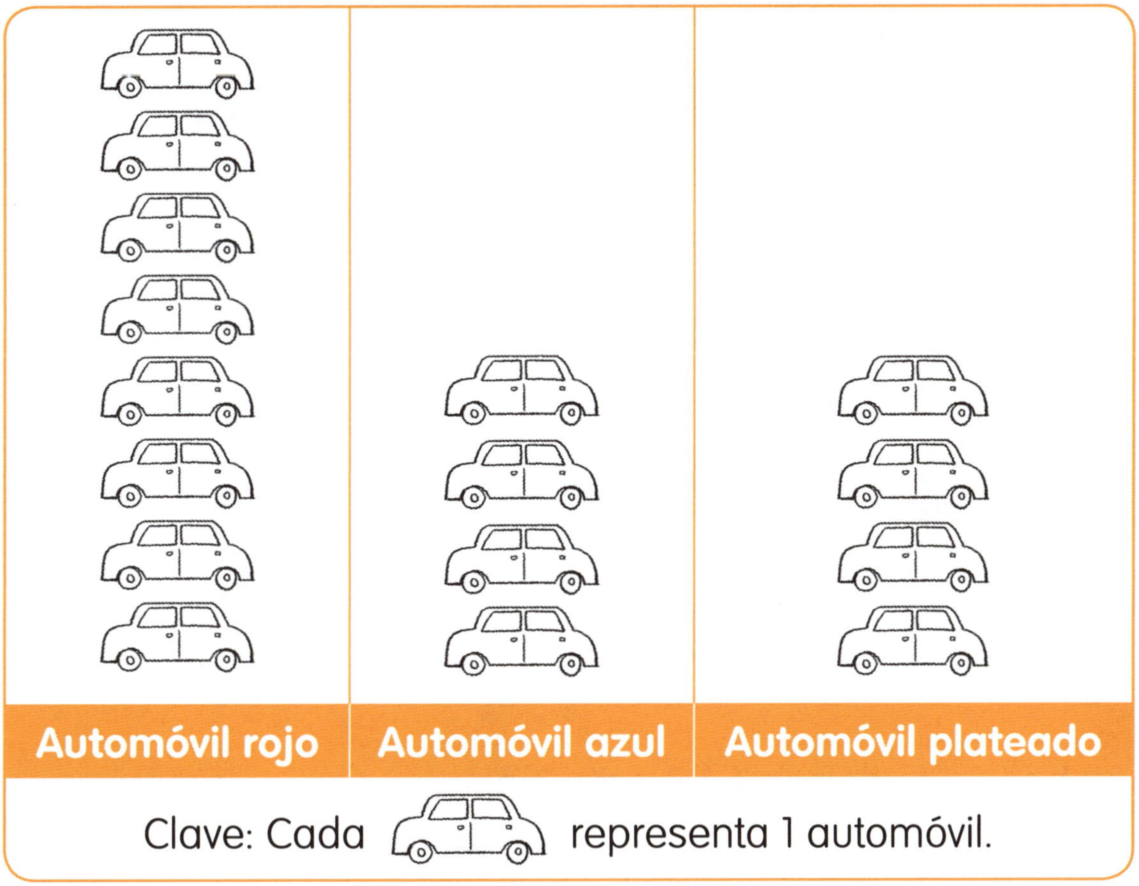

13 Hay __________ automóviles azules.

14 Hay __________ automóviles rojos y automóviles azules en total.

15 Hay tantos automóviles __________ como automóviles __________.

16 ¿Cuántos automóviles **no** son azules? __________

Observa la gráfica con dibujos.
Luego, completa cada espacio en blanco.
La gráfica con dibujos representa el deporte favorito de algunos niños.

Deporte favorito

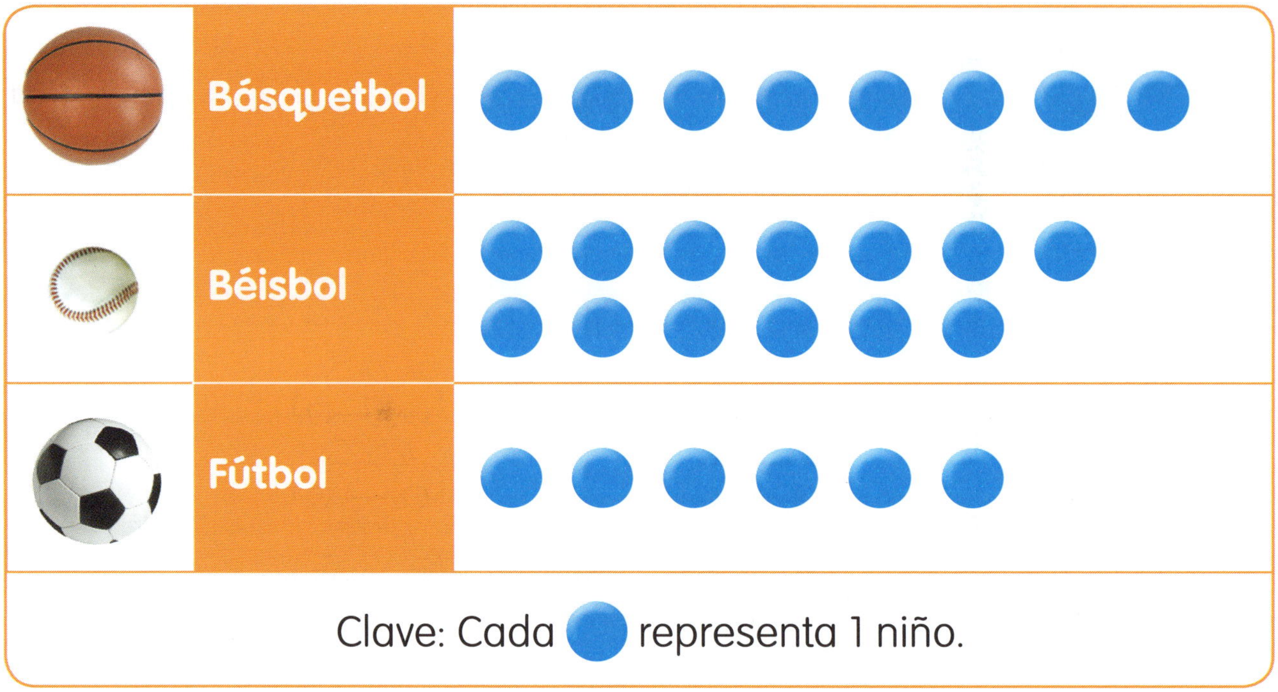

17. El béisbol es el deporte favorito de ________ los niños.

18. El ________ es el deporte favorito de seis niños.

19. ¿Cuántos niños eligieron el básquetbol o el fútbol como su deporte favorito? ________

20. ¿Cuál es el deporte más popular? ________

21. ¿Cuál es el deporte menos popular? ________

Nombre: ______________________ Fecha: ____________

2 Tablas de conteo y gráficas con dibujos

Objetivos de aprendizaje:
- Hacer una tabla de conteo.
- Representar datos en una tabla de conteo como una gráfica con dibujos.

Vocabulario nuevo
marca de conteo
tabla de conteo

PIENSA

Hay 18 estudiantes de la clase de Josiah que participan en el Día del Deporte.
Josiah hace una tabla de conteo para representar la información.

Tipo de deporte	Marca	Número de estudiantes
Natación	𝍸 |	6
Béisbol	𝍸 ||	7
Fútbol americano	||||	4

Josiah comete un error en su trabajo.
¿Cuál es el error que probablemente haya cometido?

PARTICIPA

Reúne datos sobre tus compañeros de clase que tienen ojos color café.
Traza marcas de conteo | en la tabla de conteo.
Luego, completa la tabla de conteo con estos datos.

Color de ojos	Marca	Número de compañeros de clase
Color café		
Otro color		

APRENDE Reúne datos y usa una tabla de conteo para organizarlos

1 La maestra Green pide a sus alumnos que peguen ilustraciones de su deporte favorito en el pizarrón.

Luego, ella hace una tabla de conteo con estos datos.

Ella marca una ✓ en el deporte favorito de cada niño y traza una marca de conteo | en la tabla de conteo.

béisbol | marca de conteo

Yo trazo una marca en el deporte favorito de cada niño y trazo una marca de conteo.

Yo trazo cuatro marcas de conteo así ||||. Para representar cinco marcas de conteo, atravieso la quinta marca en las primeras cuatro marcas 卌.

Tipo de deporte	Marca
 Béisbol	卌 卌
 Básquetbol	卌 |||
 Fútbol	||

Esta es la tabla de conteo completa de la maestra Green. Luego, la maestra Green cuenta las marcas de conteo para cada deporte.

Tipo de deporte	Marca	Número de niños
 Béisbol	𝍸 𝍸	10
 Básquetbol	𝍸 |||	8
 Fútbol	||	2

La tabla de conteo representa el número de niños que eligió cada deporte como su favorito.

Después, la maestra Green usa una gráfica con dibujos para representa los datos.

Deporte favorito

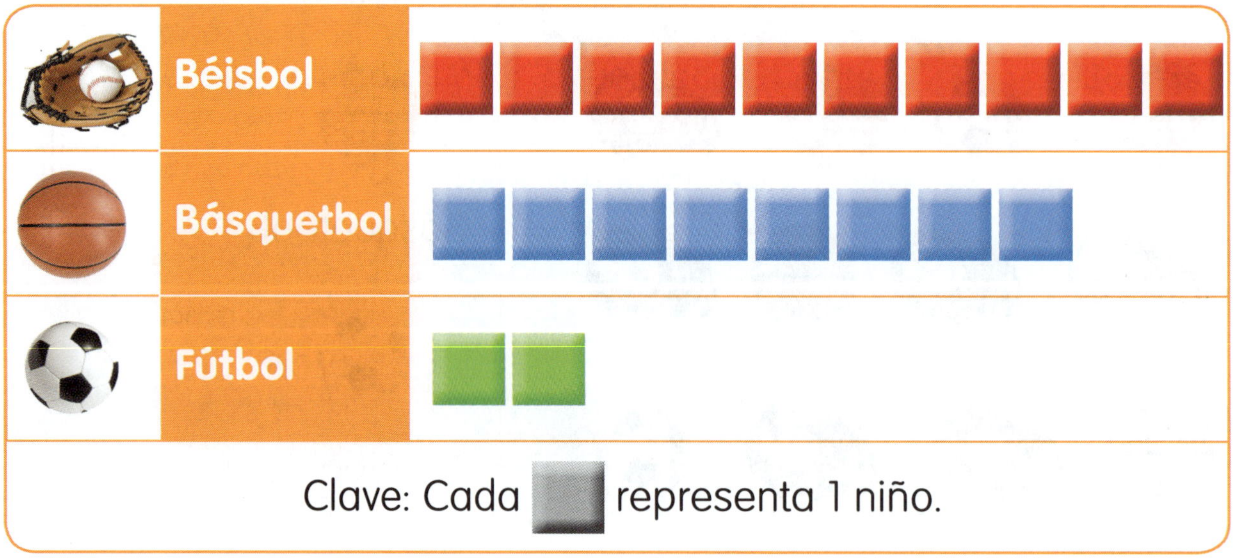

Actividad práctica Usar una tabla de conteo para organizar datos

Tu maestro te dará una bolsa vacía.

1. Toma una , una y una .
   Colócalas en la bolsa.

2. **Hábito para matemáticas 4** Usar modelos matemáticos
   Toma una de la bolsa sin ver.
   Observa el color de la que tomaste.
   Luego, traza una marca de conteo en la tabla de conteo.

Color de la	Marca	Número

3. Pon la de regreso en la bolsa.

4. Repite los pasos 2 y 3 12 veces más.

5. Completa la tabla de conteo de arriba.

6. **a** ¿Qué se toma más? ____________

   b ¿Qué se toma menos? ____________

7. Reúne datos y usa una tabla de conteo para organizarlos. Dibuja una para representar el número de que tomaste.

que tomo de la bolsa

Clave: Cada representa 1 .

8. Usa tu gráfica con dibujos para contar un cuento.

INTENTA Practica hacer una tabla de conteo y una gráfica con dibujos

Sergio ve algunos animales en un safari.

Usa una copia de esta tabla de conteo.
Cuenta y traza una marca de conteo por cada animal.

1

Tipos de animales	Marca	Número
 Búfalo		
 Cebra		
 Elefante		

Completa cada espacio en blanco.

2 Hay __________ cebras.

3 Hay __________ animales en total.

Haz una gráfica con dibujos.
Usa ★ para representar 1 animal.

4 **Animales que Sergio vio en el safari**

	**Búfalo**	
	**Cebra**	
	**Elefante**	
Clave: Cada ★ representa 1 animal.		

Usa la gráfica con dibujos del punto 4 para responder cada pregunta.

5 Hay __________ cebras.

6 Hay __________ búfalos.

7 Hay __________ elefantes.

8 Hay __________ cebras más que elefantes.

9 Hay __________ elefantes menos que búfalos.

10 El número de __________ es el menor.

11 El número de __________ es el mayor.

Nombre: ______________________ Fecha: ____________

PRÁCTICA INDEPENDIENTE

Mario está haciendo una tabla de conteo y una gráfica con dibujos.
Los datos son los diferentes tipos de libros que tiene.

Completa la tabla de conteo.

1

Tipos de libros	Marca	Número
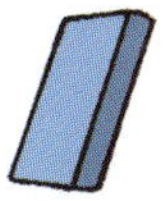 Libro de Matemáticas		
 Libro de acertijos		
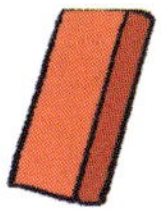 Libro de cuentos		

Haz una gráfica con dibujos.

Usa ▲ para representar 1 libro.

2 **Libros que tiene Mario**

	Libro de Matemáticas	
	Libro de acertijos	
	Libro de cuentos	
Clave: Cada ▲ representa 1 libro.		

Completa cada espacio en blanco.

3 Mario tiene ________ libros de Matemáticas.

4 Tiene ________ libros de acertijos.

5 Tiene ________ libros de cuentos.

6 Hay ________ libros de cuentos más que libros de acertijos.

7 Hay ________ libros de Matemáticas menos que libros de cuentos.

8 El tipo de libros que más tiene Mario es de ________.

9 El número de libros de ________ es el menor.

10 Mario tiene ________ libros en total.

Nombre: ______________________ Fecha: ____________

Hábito para matemáticas 3 Elaborar argumentos viables

Bordy contó todas las figuras que tiene.

Tipo de figuras	Marca	Número
Cuadrado	𝍸	6
Círculo	𝍸 ||||	9
Triángulo	𝍸 |||	8

Brody cometió algunos errores en su tabla de conteo.
Escribe todos los errores que cometió.
¿Cuáles deberían ser las respuestas correctas?

¡DESAFÍA TU MENTE!

Resolución de problemas con la heurística

1 **Hábito para matemáticas 1** **Perseverar en la resolución de problemas**

La gráfica con dibujos representa el número de días lluviosos en tres semanas.

Días lluviosos

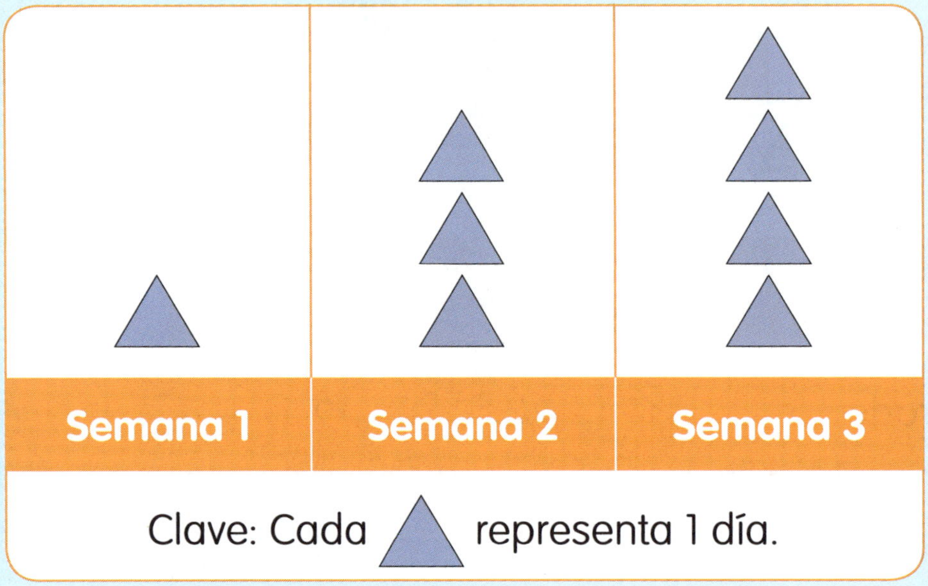

a Llueve más en la semana ________.

b Llueve menos en la semana ________.

c La semana 4 tiene más días lluviosos que la semana 1 pero menos que la semana 2.

¿Cuántos días lluviosos tiene la semana 4? ________

2 **Hábito para matemáticas 1** **Perseverar en la resolución de problemas**

La gráfica con dibujos representa el número de mascotas que tienen algunos estudiantes de una clase de primer grado.

Mascotas de los estudiantes de primer grado

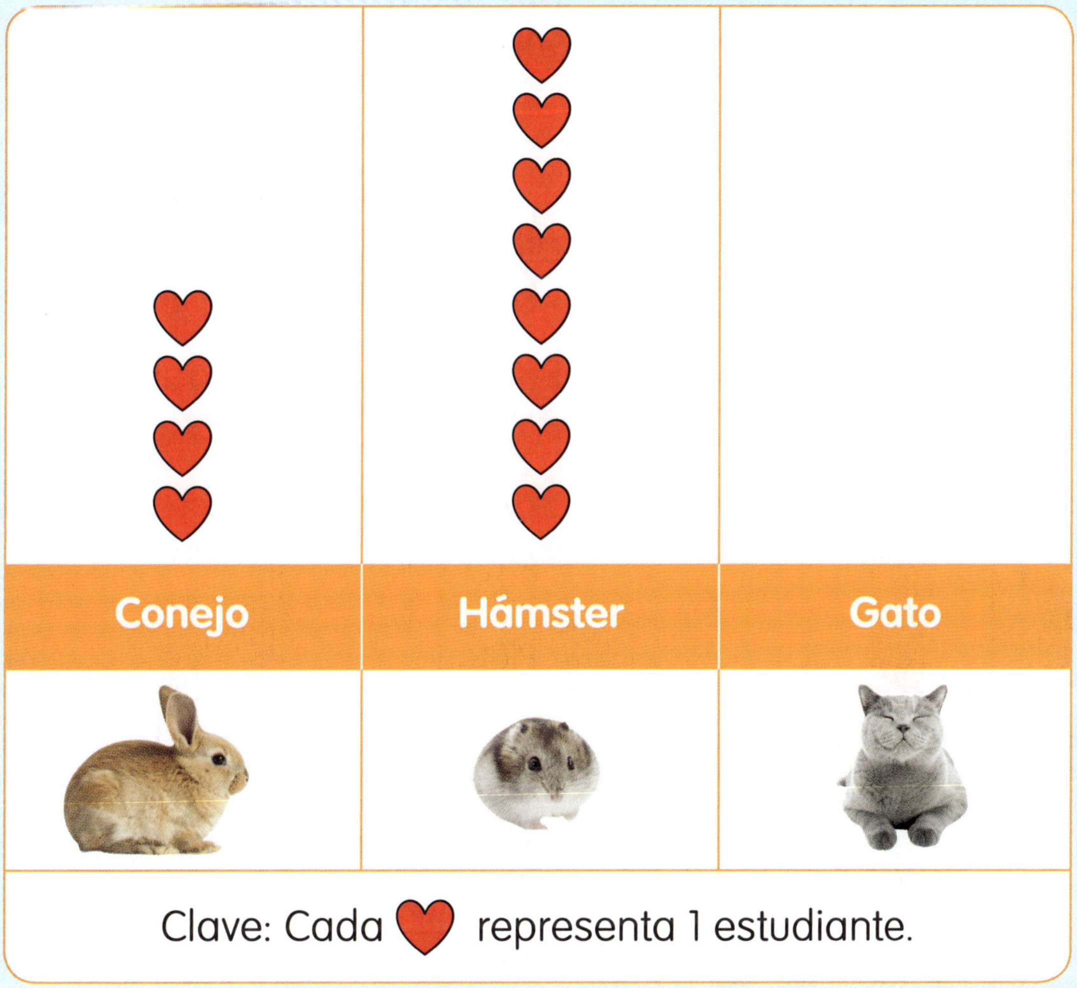

Hay 18 estudiantes de primer grado en la clase.

¿Cuántos estudiantes tienen gatos como mascotas?

Dibuja en la gráfica con dibujos para representar el número.

CIERRE DEL CAPÍTULO

¿Cómo puedes reunir, organizar, y representar datos en una gráfica con dibujos y en una tabla de conteo?

Gráficas

Representar datos como una gráfica con dibujos

Puedes representar datos como una gráfica con dibujos.

Figuras

Figuras

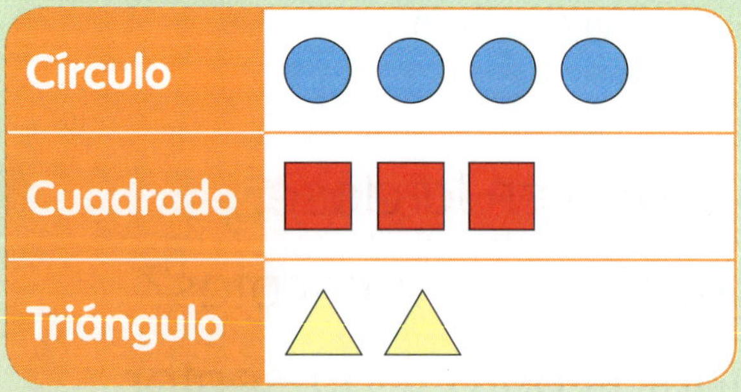

Tablas de conteo y gráficas con dibujos

Puedes hacer una tabla de conteo.

Tipo de fruta	Marca	Número
Manzana	卌	5
Plátano	卌 |	6
Pera	|||	3

Luego, representar los datos en una gráfica con dibujos.

Frutas que comí esta semana

Manzana	★★★★★
Plátano	★★★★★★
Pera	★★★
Clave: Cada ★ representa 1 fruta.	

Nombre: ______________________ Fecha: __________

Observa la gráfica con dibujos.
Luego, completa cada espacio en blanco.
La gráfica con dibujos representa el número de personas en un autobús.

Personas en el autobús

Adulto	◆◆◆◆◆◆◆◆
Niño	◆◆◆◆◆

Clave: Cada ◆ representa 1 persona.

1. Hay __________ (más/menos) niños que adultos.

2. Hay __________ adultos más que niños.

Observa la tabla de conteo.
Luego, completa cada espacio en blanco.
La tabla de conteo representa los instrumentos musicales favoritos de algunos niños.

Instrumento	Marca	Número de niños
 Piano	卌 ||||	9
 Guitarra	卌 卌 ||	12
 Tambor	卌 |	6

3. La __________ es el instrumento más popular.

4. El __________ es el instrumento menos popular.

Un proyecto de reciclaje se realizó en una clase.
Algunos niños llevaron botellas para reciclar.
La tabla de conteo representa el número de botellas que llevó cada niño.

5 **Completa la tabla de conteo.**

Nombre	Marca	Número de botellas
Anthony	𝍸 𝍸	
Elizabeth	|||	
Jackson	𝍸 ||	

6 **Haz una gráfica con dibujos.**
Usa ● para representar 1 botella.

Botellas para reciclar

Anthony	
Elizabeth	
Jackson	

Clave: Cada ● representa 1 botella.

Usa la gráfica con dibujos del paso 6 para responder cada pregunta.

7 ¿Quién trajo la menor cantidad de botellas? ____________

8 ¿Cuántas botellas menos trajo Jackson que Anthony?

____

Observa la gráfica con dibujos.
Luego, completa cada espacio en blanco.
Alexis está en un estacionamiento.
Ella hace una gráfica con dibujos de los vehículos que ve.

Vehículos en un estacionamiento

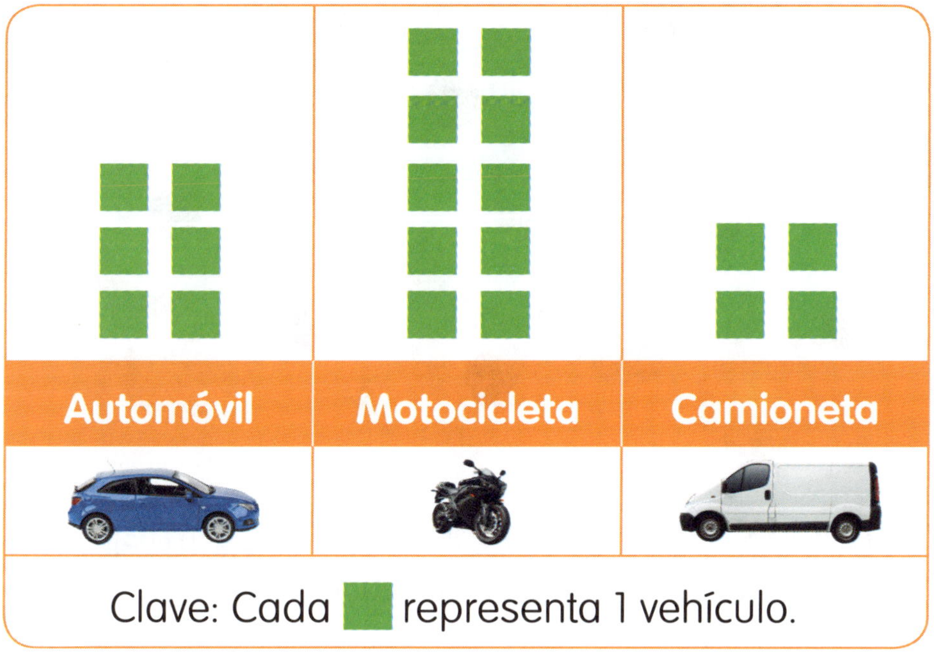

9. Hay ________ automóviles.

10. El estacionamiento tiene la mayor cantidad de ________ .

11. Hay ________ automóviles más que camionetas.

12. Hay ________ automóviles menos que motocicletas.

13. Hay ________ vehículos en total.

14. Algunas motocicletas se van del estacionamiento.
El número de motocicletas ahora es el mismo que el número de camionetas.

________ motocicletas se van del estacionamiento.

Preparación para la prueba

Responde cada pregunta.

Un cuidador del zoológico cuenta la fruta que algunos monos comen.

15 **a** Cuenta las piezas de fruta que los monos comen. Luego, completa la gráfica con dibujos.

Fruta que comen los monos

	Papaya	
	Plátano	
	Manzana	
Clave: Cada △ representa 1 pieza de fruta.		

b ¿Cuántas papayas menos que plátanos comen los monos?

Ⓐ 2
Ⓑ 5
Ⓒ 7
Ⓓ 14

c ¿Cuántas piezas de fruta comen los monos en total?

Ⓐ 31
Ⓑ 32
Ⓒ 33
Ⓓ 34

Eli cuenta el número de figuras que dibuja.
Él hace una tabla de conteo como la siguiente.

Tipo de figuras		Marca
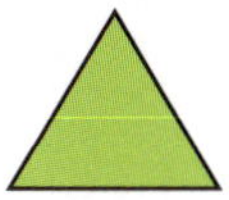	Triángulo	𝍸 |||
	Cuadrado	𝍸 𝍸 |
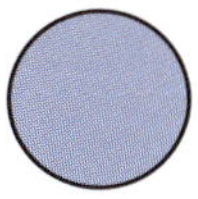	Círculo	𝍸 |

16 a ¿Cuántos cuadrados hay?

(A) 9
(B) 10
(C) 11
(D) 12

b ¿Cuántos triángulos más que círculos hay?

(A) 2
(B) 3
(C) 5
(D) 9

c ¿Cuál es el número total de las dos figuras que Eli dibujó más?

(A) 14
(B) 17
(C) 19
(D) 25

d Eli quiere tener el mismo número de cuadrados y círculos.
¿Cuántos círculos debe dibujar?

(A) 4
(B) 5
(C) 6
(D) 7

Nombre: ______________________ Fecha: ____________

Animales en una granja

La granjera Parker tiene algunas cabras, gallinas y patos en su granja.

1 Completa la tabla de conteo.

Tipo de animales	Marca	Número
 Cabra		
 Gallina		
 Pato		

2 Haz una gráfica con dibujos.
Usa ● para representar 1 animal.

Animales en una granja

	**Cabra**	
	**Gallina**	
	**Pato**	

Clave: Cada ● representa 1 animal.

Usa la gráfica con dibujos del punto 2 para responder cada pregunta.

3 La granjera Parker tiene ________ gallinas.

4 ¿De qué animal tiene la mayor cantidad la granjera Parker? ________

5 La granjera Parker tiene ________ cabras menos que gallinas.

6 La granjera Parker tiene 1 ________ más que ________.

7 La granjera Parker tiene ________ animales en total.

Rúbrica

Puntaje	Nivel	Mi desempeño
7–8	4	• La mayoría de mis respuestas son correctas. • Muestro todo mi trabajo correctamente. • Explico mi pensamiento de forma clara y completa.
5–6.5	3	• Algunas de mis respuestas son correctas. • Muestro algo de mi trabajo correctamente. • Explico mi pensamiento con claridad.
3–4.5	2	• Unas pocas de mis respuestas son correctas. • Muestro solo una parte de mi trabajo correctamente. • Explico parte de mi pensamiento con claridad.
0–2.5	1	• Unas pocas de mis respuestas son correctas. • Muestro poco o nada de mi trabajo correctamente. • No explico mi pensamiento con claridad.

Comentarios del maestro

TRABAJO DE PROYECTO

STEAM

Información numérica

Los números nos dan información llamada datos.
Las tablas de conteo representan datos.
También las gráficas con dibujos.

Tarea

Reúne datos.
Trabaja en pareja.

Tu maestro te dará una bolsa de crayolas.

1. Acomoda las crayolas por colores.
2. Haz una tabla de conteo para representar los colores en tu bolsa.
3. Usa los datos en tu tabla de conteo para hacer una gráfica con dibujos.
4. Escucha mientras tu maestro lee la historia *Harold y la crayola morada.*
5. Haz una lista de las aventuras de Harold.
6. Usa una crayola morada para dibujar una nueva aventura y agregarla a la historia.
7. Muestra tu dibujo a la clase. Comparte tu aventura.

Capítulo

13 Dinero

¿Cómo se usa el dinero en la vida cotidina?

Nombre: ______________________________ Fecha: ______________

Contar hasta el 100

a Puedes contar hacia delante de 10 en 10.

10, ..., 20, ..., 30, ..., 40, ..., 50, ..., 60, ..., 70

b Puedes contar hacia delante en de 10 en 10 y de 1 en 1.

10, ..., 20, ..., 30, ..., 40, ..., 50, 51, 52, 53

▶ Repaso rápido

Cuenta hacia delante de 10 en 10.
Luego, escribe el número que falta.

1

Hay __________ lunares en total.

Cuenta hacia delante de 10 en 10 y de 1 en 1.
Luego, escribe el número que falta.

2

Hay __________ lápices en total.

Hallar 10 más o menos que otro número

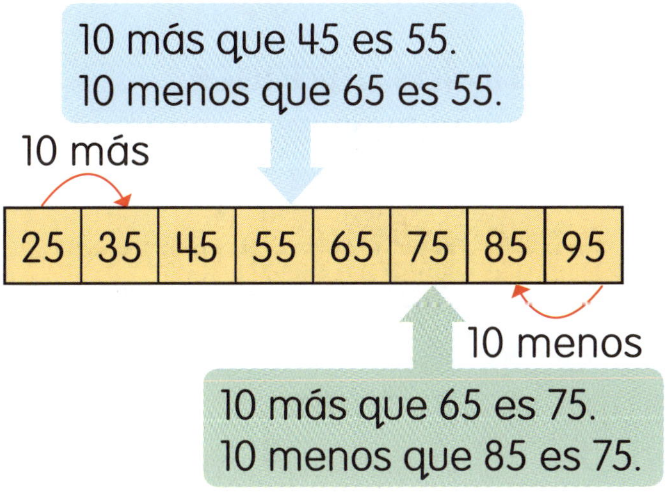

Repaso rápido

Completa cada espacio en blanco.
Usa la cinta para contar como ayuda.

12	22	32	42	52	62	72	82	92

3. 10 más que 32 es ________.

4. 10 menos que 82 es ________.

Completa cada espacio en blanco.

5. 10 más que 90 es ________.

6. 10 menos que 84 es ________.

Sumar hasta el 100

36 + 38 = ?

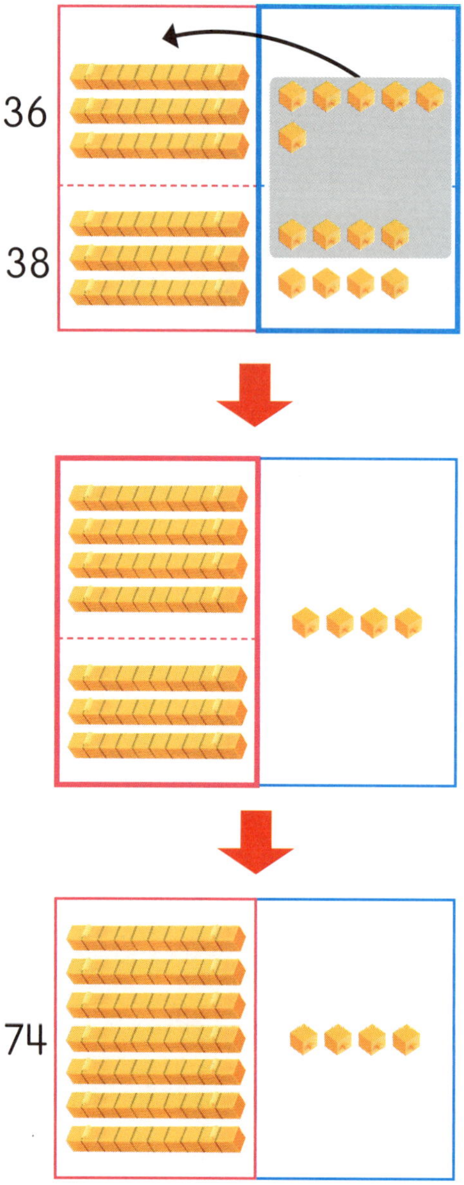

Paso 1 Suma las unidades.

	Decenas	Unidades
	1	
	3	6
+	3	8
		4

6 unidades + 8 unidades = 14 unidades

Reagrupa las unidades.

14 unidades = 1 decena y 4 unidades

Paso 2 Suma las decenas.

	Decenas	Unidades
	1	
	3	6
+	3	8
	7	4

1 decena + 3 decenas + 3 decenas = 7 decenas

Entonces, 36 + 38 = 74.

▶ Repaso rápido

Suma.

7

	Decenas	Unidades
	6	8
+	2	0
	☐	☐

8

	Decenas	Unidades
	3	2
+	5	5
	☐	☐

9

	Decenas	Unidades
	4	5
+		5
	☐	☐

10

	Decenas	Unidades
	6	6
+	2	5
	☐	☐

Restar hasta el 100

90 – 55 = ?

90

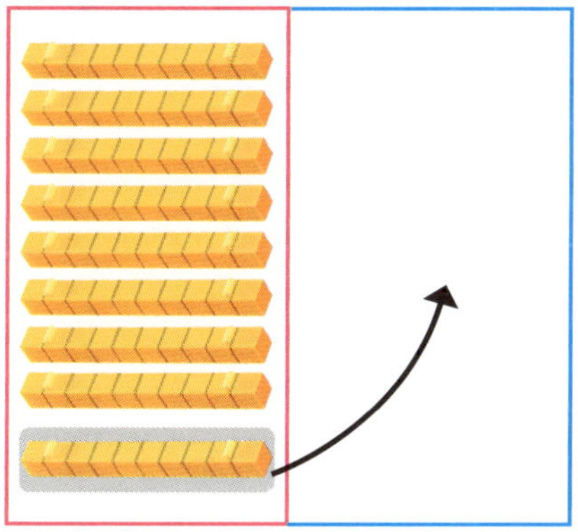

Paso 1 Reagrupa las decenas y las unidades.

Reagrupa las decenas de 90.
90 = 9 decenas y 0 unidades
= 8 decenas y 10 unidades

	Decenas	Unidades
	8	10
	~~9~~	~~0~~
–	5	5

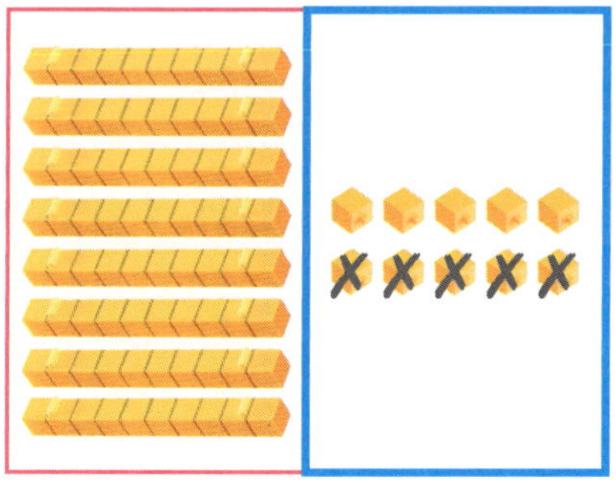

Paso 2 Resta las unidades.

	Decenas	Unidades
	8	10
	~~9~~	~~0~~
–	5	5
		5

10 unidades – 5 unidades
= 5 unidades

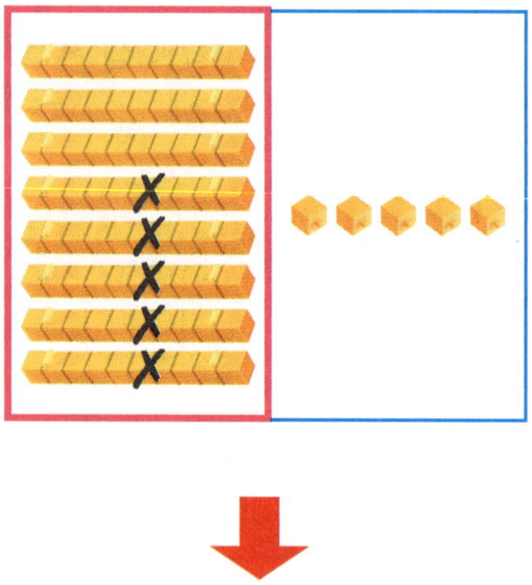

Paso 3 Resta las decenas.

	Decenas	Unidades
	8	10
	~~9~~	~~0~~
–	5	5
	3	5

8 decenas – 5 decenas
= 3 decenas

35 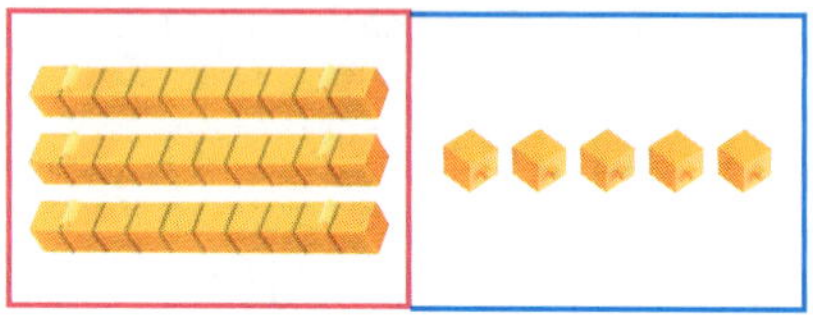

Entonces, 90 – 55 = 35.

▶ Repaso rápido

Resta.

11

	Decenas	Unidades
	5	0
–	3	0
	☐	☐

12

	Decenas	Unidades
	6	8
–	2	6
	☐	☐

13

	Decenas	Unidades
	8	5
–		9
	☐	☐

14

	Decenas	Unidades
	9	6
–	5	8
	☐	☐

Nombre: ________________________ Fecha: ____________

1 Monedas de 1¢, 5¢ y 10¢

Objetivos de aprendizaje:

- Reconocer, identificar y nombrar monedas de 1¢, 5¢ y 10¢.
- Comprender que "¢" representa centavos.
- Contar hacia delante para hallar el valor de un grupo de monedas.
- Intercambiar una moneda por un conjunto de monedas del mismo valor.
- Usar diferentes combinaciones de monedas menores a 25¢ para comprar objetos.

Vocabulario nuevo
moneda de 1¢
moneda de 5¢
moneda de 10¢
centavo (¢)
valor
intercambiar

PIENSA

Daniel tiene dos bolsas de monedas.
El valor total de las monedas en ambas bolsas es de 50¢.
Hay dos monedas de 10¢, dos monedas de 5¢ y dos monedas de 1¢ en la bolsa A.
Hay cinco monedas en la bolsa B.
¿Cuáles son las cinco monedas en la bolsa B?

PARTICIPA

Tu maestro te dará ,  y .

¿Qué observas sobre las monedas?
¿Qué es igual?
¿Qué es diferente?
Comenta con tu compañero tu razonamiento.

APRENDE Conoce las monedas de 1¢, 5¢ y 10¢

1  o 

Una moneda de 1¢ tiene dos caras.
Una moneda de 1¢ tiene un valor de 1¢.

2  o 

Una moneda de 5¢ tiene dos caras.
Una moneda de 5¢ tiene un valor de 5 centavos.

3 

Una moneda de 10¢ tiene dos caras.
Una moneda de 10¢ tiene un valor de 10 centavos.

Actividad práctica Identificar las monedas de 1¢, 5¢ y 10¢

Tu maestro te dará algunas .

① Clasifica las  en monedas de 1¢, 5¢ y 10¢.

② Cuenta cuántas monedas de cada tipo tienes.
Luego, completa la tabla siguiente.

Tipo de monedas	Número
Moneda de 1¢	
Moneda de 5¢	
Moneda de 10¢	

③ Responde cada pregunta.

a El número de monedas de __________ es el mayor.

b El número de monedas de __________ es el menor.

INTENTA Practica identificar las monedas de 1¢, 5¢ y 10¢

Escribe el valor de cada moneda.

1  El valor de la moneda de 5¢ es de ________ centavos.

2  El valor de la moneda de 10¢ es de ________ centavos.

3  El valor de la moneda de 1¢ es de ________ centavos.

Escribe cada número.

4 Hay ________ monedas de 1¢.

5 Hay ________ monedas de 5¢.

6 Hay ________ monedas de 10¢.

PARTICIPA

1. Ordena 20 monedas de 1¢.
Cuenta de cinco en cinco.
¿Cuál es el último número?

2. Ordena 10 monedas de 10¢.
Cuenta de diez en diez.
¿Cuál es el último número?

APRENDE Cuenta hacia delante para hallar el valor de un conjunto de monedas del mismo valor

Puedes contar hacia delante para hallar el valor de las monedas.

1. 

Cuenta hacia delante de uno en uno para las monedas de 1¢.
1, 2, 3, 4 centavos

Hay 4¢.

2. 

Cuenta hacia delante de cinco en cinco para las monedas de 5¢.
5, 10, 15 centavos

Hay 15¢.

3 

Cuenta hacia delante de diez en diez para las monedas de 10¢.
10, 20, 30 centavos

Hay 30¢.

Actividad práctica — Contar hacia delante para hallar el valor de un conjunto de monedas

Trabaja en pareja.

Tu maestro te dará algunas .

1. Clasifica las  por sus tipos.

2. Pide a tu compañero que cuente hacia delante para hallar el valor de cada grupo de monedas.
Escribe los resultados en la tabla.

Tipo de monedas	Valor
Moneda de 1¢	¢
Moneda de 5¢	¢
Moneda de 10¢	¢

3. Tomen turnos.
Repitan los pasos ① y ②.

INTENTA Practica contar hacia delante para hallar el valor de un conjunto de monedas

Escribe cada número que falta.

1 

Cuenta hacia delante de ______.

______, ______, ______, ______, ______, ______ centavos

Hay ____________ ¢.

2 

Cuenta hacia delante de ______.

______, ______, ______, ______ centavos

Hay ____________ ¢.

3 

Cuenta hacia delante de ______.

______, ______ centavos

Hay ____________ ¢.

PARTICIPA

Un conjunto de monedas contiene algunas monedas de 1¢, 5¢ y 10¢.

Sarah toma cuatro monedas del conjunto.

Dos de las monedas que toma tienen el mismo valor.

¿Cuáles son algunos de los posibles valores totales de las cuatro monedas?

Usa  como ayuda.

APRENDE Cuenta hacia delante para hallar el valor de un conjunto de monedas de diferentes valores

1. Puedes contar hacia delante para hallar el valor de un grupo de monedas diferentes.
Comienza con la moneda de mayor valor.

5, 10, 15, 16, 17 centavos

cuenta hacia delante de 5 en 5 — cuenta hacia delante de 1 en 1

Hay 17¢.

10, 20, 21, 22, 23 centavos

cuenta hacia delante de 10 en 10 — cuenta hacia delante de 1 en 1

Hay 23¢.

Actividad práctica Contar hacia delante para hallar el valor de un conjunto de monedas

Trabaja en grupos de tres.

Tu maestro te dará algunas .

1. Toma algunas monedas de 10¢ y 1¢.
   Ordena las monedas en una hilera.
   Coloca las monedas de diez centavos primero, luego las de un centavo.

2. Pide a un miembro del grupo que cuente hacia delante para hallar el valor de las monedas.

3. Pide al otro miembro del grupo que compruebe el resultado.
   ¿Los dos miembros del grupo obtuvieron el mismo resultado?

4. Tomen turnos.
   Repitan los pasos del 1 al 3 para los siguientes.
   a monedas de 1¢ y 5¢
   b monedas de 5¢ y 10¢

Comienza con las monedas de mayor valor.

INTENTA Practica contar hacia delante para hallar el valor de un grupo de monedas

Escribe cada número que falta.

1. 

10, ________, ________, ________, ________,

________, ________ centavos

Hay ________ ¢.

2. 

5, ________, ________, ________, ________,

________ centavos

Hay ________ ¢.

3. 

10, ________, ________, ________,

________ centavos

Hay ________ ¢.

PARTICIPA

Tomás tiene seis monedas.

Las seis monedas tienen un valor total igual a una moneda de 10¢.

¿Qué monedas tiene Tomás?

Usa  para representar las monedas.

APRENDE Intercambia una moneda por un conjunto de monedas del mismo valor

1. Puedes intercambiar una moneda por otras monedas del mismo valor.

→

1 moneda de 5¢ → 5 monedas de 1¢

→

1 moneda de 10¢ → 2 monedas de 5¢

Actividad práctica **Intercambiar monedas por un conjunto de monedas del mismo valor**

Trabaja en pareja.

Tu maestro te dará algunas .

① Intercambia una moneda de 10¢ por monedas de 1¢.

¿Cuántas monedas de 1¢ obtuviste? __________

② Intercambia una moneda de 10¢ por monedas de 1¢ y 5¢.
Muestren cómo intercambia de diferentes maneras cada uno.
¿Cuántas monedas de 1¢ y 5¢ obtienes?
Escribe tus resultados en la tabla siguiente.

Maneras	Número de monedas de 1¢	Número de monedas de 5¢
1.ª manera		
2.ª manera		

③ Repite el paso ② con 2 monedas de 10¢.

Maneras	Número de monedas de 1¢	Número de monedas de 5¢
1.ª manera		
2.ª manera		
3.ª manera		

INTENTA Practica intercambiar una moneda por un conjunto de monedas del mismo valor

Escribe cada número que falta.

1

_____ moneda de 10¢

_____ monedas de 1¢

2

_____ moneda de 10¢

_____ moneda de 5¢ y

_____ monedas de 1¢

PARTICIPA

Toma algunas .

Un archivo cuesta 18¢.

Muestra qué  puedes usar para pagar por el archivo.

¿Qué monedas usó tu compañero?

¿Usaron los dos las mismas monedas?

APRENDE Usa monedas para representar una cantidad determinada de diferentes maneras

1 Puedes usar diferentes conjuntos de monedas para representar la misma cantidad.

Puedo pagar con 2 monedas 10¢ y 1 moneda de 1¢.

Puedo pagar con 4 monedas de 5¢ y 1 moneda de 1¢.

Puedo pagar con 1 moneda de 10¢, 2 monedas de 5¢ y 1 moneda de 1¢.

Actividad práctica Usar diferentes conjuntos de monedas para representar la misma cantidad de dinero

Trabaja en pareja.

Tu maestro te dará algunas .

1. Usa dos maneras para representar cómo puedes pagar por cada objeto de las siguientes tablas.
2. Luego, escribe el número de cada tipo de moneda que usas.

Maneras	Número de monedas de 1¢	Número de monedas de 5¢	Número de monedas de 10¢
1.ª manera			
2.ª manera			

Maneras	Número de monedas de 1¢	Número de monedas de 5¢	Número de monedas de 10¢
1.ª manera			
2.ª manera			

INTENTA Practica usar diferentes conjuntos de monedas para representar la misma cantidad de dinero

Completa cada espacio en blanco.

1. 

   a Puedes pagar por la estampilla con ________ monedas de 1¢.

   b También puedes pagar con ________ monedas de 5¢.

2 

a Puedes pagar por la manzana con ________ monedas de 5¢.

b También puedes pagar con ________ monedas de 10¢ y ________ monedas de 1¢.

3 

a Puedes pagar por el lápiz con ________ monedas de 5¢.

b También puedes pagar con ________ monedas de 5¢ y ________ monedas de 1¢.

Dibuja monedas de 1¢ (1¢), 5¢ (5¢) y 10¢ (10¢).
Muestra el precio de dos maneras diferentes.

4 

1.ª manera

2.ª manera

Nombre: ______________________ Fecha: ____________

PRÁCTICA INDEPENDIENTE

Responde cada pregunta.

1. ¿Cuántas monedas de 10¢ hay en total? ______

2. ¿Cuántas monedas de 1¢ haya más que monedas de 10¢?
______

3. ¿Cuántas monedas de 5¢ hay menos que monedas de 1¢?
______

Escribe cada número que falta.

4. 

____, ____, ____, ____, ____,
____, ____, ____ centavos

Hay ________ ¢.

5. 

____, ____, ____, ____,
____ centavos

Hay ________ ¢.

Escribe el número que falta.

6. Puedes intercambiar ________ monedas de 5¢ por 1 moneda de 10¢.

Escribe cada precio.

7

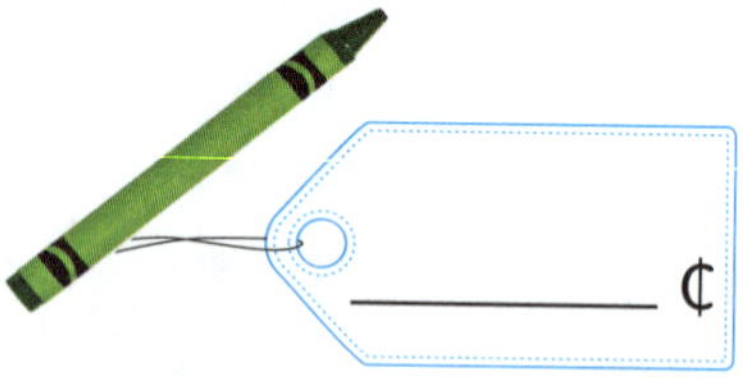

8

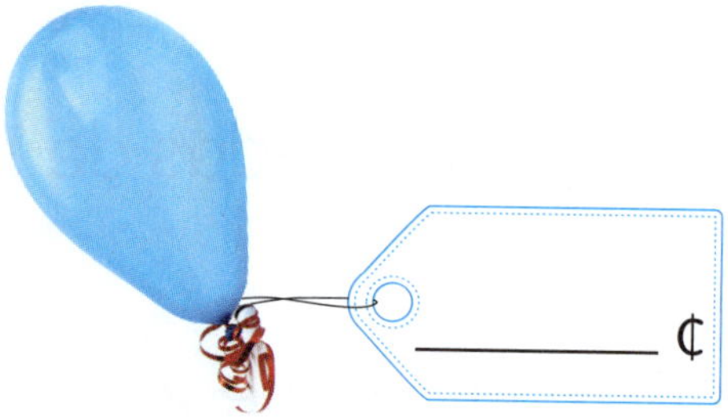

Dibuja monedas de 1¢ (1¢), 5¢ (5¢) y 10¢ (10¢).

Muestra cada precio de dos maneras diferentes.

9

1.ª manera

2.ª manera

10

1.ª manera

2.ª manera

Nombre: ______________________ Fecha: ____________

2 Moneda de 25¢

Objetivos de aprendizaje:
- Reconocer, identificar y nombrar una moneda de 25¢.
- Intercambiar la moneda de 25¢ por un conjunto de monedas del mismo valor.

Vocabulario nuevo
moneda de 25¢

PIENSA

Amirah compra un juguete pequeño por 65¢.
Le da al cajero cinco monedas.
¿Cuántas monedas de 5¢, 10¢ y 25¢ usa Amirah?

PARTICIPA

Tiana compra un lápiz.
El lápiz cuesta 25¢.
Usa  para representar dos maneras de pagar por el lápiz.

APRENDE Conoce la moneda de 25¢

1

Una moneda de 25¢ tiene dos caras.
La moneda de 25¢ tiene un valor de 25 centavos.

② Estas también son monedas de 25¢.

③ Puedes intercambiar una moneda de 25¢ por otras monedas.

Intercambio	Por

Actividad práctica **Intercambiar una moneda de 25¢ por otras monedas del mismo valor**

Trabaja en pareja.

① Usa  para mostrar cómo intercambias una moneda de 25¢ por:

a monedas de 1¢ y 5¢
b monedas de 1¢ y 10¢
c monedas de 5¢ y 10¢

② Dibuja monedas de 1¢ (1¢), 5¢ (5¢) y 10¢ (10¢) en la tabla para representar tu respuesta.

	Intercambio	Por
a		
b		
c		

③ Usa diferentes maneras que en el paso ①.
Usa  para representar tres maneras más de intercambiar una moneda de 25¢ por otras monedas. Luego, dibuja tus respuestas en la tabla.

Intercambio	Por

INTENTA Practica intercambiar una moneda de 25¢ por otras monedas del mismo valor

Completa cada espacio en blanco.

1. 

   El valor de una __________ es de __________ centavos.

2. Puedes intercambiar una moneda de 25¢ por __________ monedas de 1¢.

3. Puedes intercambiar 1 moneda de 25¢ por __________ monedas de 10¢ y 5 monedas de 1¢.

4. Puedes intercambiar 1 moneda de 25¢ por __________ monedas de 5¢ y 5 monedas de 1¢

Encierra en un círculo las monedas para formar 2 monedas de 25¢.

5. 

Nombre: ______________________ Fecha: ____________

PRÁCTICA INDEPENDIENTE

Completa cada espacio en blanco.

1. Una moneda de ____________ tiene un valor de 25 centavos.

2. Puedes formar _______ monedas de 25¢ con estas monedas.

3. Puedes intercambiar 1 moneda de 25¢ por 1 moneda de 10¢, ____________ monedas de 5¢ y 5 monedas de 1¢.

4. Puedes intercambiar 1 moneda de 25¢ por 1 moneda de 10¢, 1 moneda de 5¢ y ____________ monedas de 1¢.

Responde cada pregunta.

Conjunto A

Conjunto B

5. ¿Cuál es el valor de las monedas en el conjunto A?

____________¢

6. ¿Qué conjunto tiene mayor valor? ____________

Dibuja monedas de 1¢ (1¢), 5¢ (5¢), 10¢ (10¢) y 25¢ (25¢).

Usa diferentes números de monedas para emparejar el precio.

7. 1 moneda

8. 3 monedas

9. 5 monedas

10. 8 monedas

11. 12 monedas

Nombre: ______________________ Fecha: __________

3 Contar dinero

Objetivos de aprendizaje:

- Contar dinero en centavos hasta $1 usando la estrategia "contar hacia delante".
- Elegir el valor de monedas correcto al comprar objetos.
- Usar diferentes combinaciones de monedas para representar el mismo valor.

PIENSA

Dominic tiene nueve monedas.
Quiere comprar un bolígrafo que cuesta 92¢.
Tiene la cantidad exacta de dinero para pagar por el bolígrafo.
Seis de las monedas que tiene Dominic son 1 de 25¢, 3 de 10¢, 1 de 5¢ y 1 de 1¢.
¿Cuáles son las tres monedas restantes?

PARTICIPA

Paulina tiene cinco monedas.

El valor total de las monedas es de 55¢.

¿Qué monedas tiene Paulina?

Usa  como ayuda.

APRENDE Cuenta hacia delante para hallar la cantidad de dinero

1 Puedes contar hacia delante para hallar la cantidad de dinero.

Primero, pon las monedas en orden.

Luego, cuenta hacia delante desde las monedas de mayor valor.

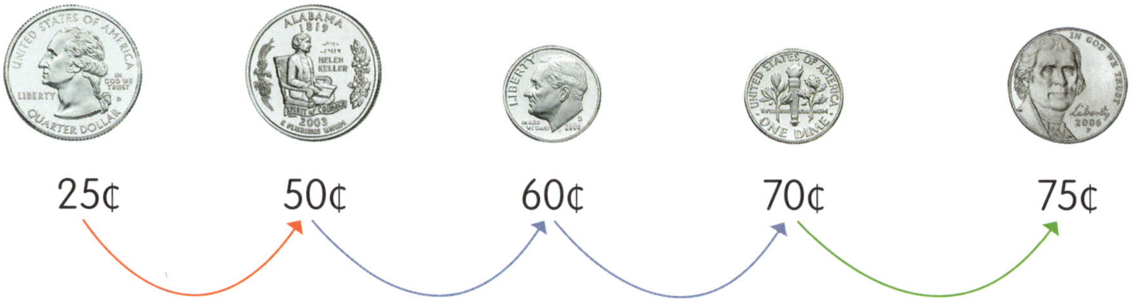

25¢ 50¢ 60¢ 70¢ 75¢

Primero, cuenta hacia delante de 25 en 25.

Luego, cuenta hacia delante de 10 en 10.

Después, cuenta hacia delante de 5 en 5.

25, 50, 60, 70, 75 centavos

Puedes contar hacia delante de 25 en 25 para las monedas de 25¢, de 10 en 10 para las de 10¢, de 5 en 5 para las de 5¢ y de 1 en 1 para las de 1¢.

INTENTA Practica contar hacia delante para hallar la cantidad de dinero

Cuatro niños compran algunas gomas de borrar.
Cuenta hacia delante para hallar el precio de cada goma de borrar.

goma de borrar de gato

goma de borrar de conejo

goma de borrar de panda

goma de borrar de hámster

1. Justin paga  por la goma de borrar de gato.

   La goma de borrar de gato cuesta ________ ¢.

2. Eva paga  por la goma de borrar de conejo.

   La goma de borrar de conejo cuesta ________ ¢.

3. Jonathan paga  por la goma de borrar de panda.

   La goma de borrar de panda cuesta ________ ¢.

4. Valery paga  por la goma de borrar de hámster.

   La goma de borrar de hámster cuesta ________ ¢.

Encierra en un círculo las monedas para formar 62¢.

5 

Dibuja monedas de 1¢ (1¢), 5¢ (5¢), 10¢ (10¢) y 25¢ (25¢) para representar la cantidad dada.

Empieza con la moneda de mayor valor.

6 50¢

7 72¢

8 96¢

PARTICIPA

Logan tiene algunas monedas.

Quiere pagar por una manzana que cuesta 64¢.

Usa [monedas] para representar dos maneras diferentes de pagar por la manzana.

APRENDE Usa monedas para representar cierta cantidad de maneras diferentes

1. Tristan quiere comprar un lápiz.
El lápiz cuesta 55¢.

Actividad práctica Usar monedas para pagar por objetos de maneras diferentes

Toma algunas **.**

1. Muestra dos maneras diferentes de pagar por el plátano.

2. Compara con tu compañero cómo lo haces. ¿Qué monedas usa tu compañero?

3. Repite los pasos ① y ② para el limón.

INTENTA Practica usar monedas para representar cierta cantidad de maneras diferentes

Dibuja monedas de 1¢ (1¢), 5¢ (5¢), 10¢ (10¢) y 25¢ (25¢).

Representa cada precio de dos maneras diferentes.

1

1.ª manera

2.ª manera

2

1.ª manera

2.ª manera

3

1.ª manera

2.ª manera

4

1.ª manera

2.ª manera

DI CUÁNTO

Qué necesitas:

Jugadores: 4

Materiales: una bolsa, 2 monedas de 25¢, 2 monedas de 10¢, 2 monedas de 5¢, 2 monedas de 1¢.

Coloca todas las monedas en la bolsa.

1. Cada jugador toma una moneda sin mirar. No muestres la moneda a los otros jugadores.
2. A la cuenta de tres, todos los jugadores ponen sus monedas sobre la mesa.
3. El primer jugador en decir el valor correcto de las cuatro monedas recibe un punto.
4. Regresa las monedas a la bolsa. Repitan los pasos del 1 al 3.

¿Quién gana?

El primer jugador en obtener diez puntos gana.

Nombre: ______________________________ Fecha: ______________

PRÁCTICA INDEPENDIENTE

Cuenta hacia delante para hallar la cantidad de dinero.

1

__________ ¢

2

__________ ¢

3

__________ ¢

4

__________ ¢

Ordena las monedas del mayor al menor valor.
Luego, cuenta hacia delante para hallar el valor total de las monedas.

5

El valor total de las monedas es __________ ¢.

Traza líneas para emparejar el monedero correcto con cada objeto.

6

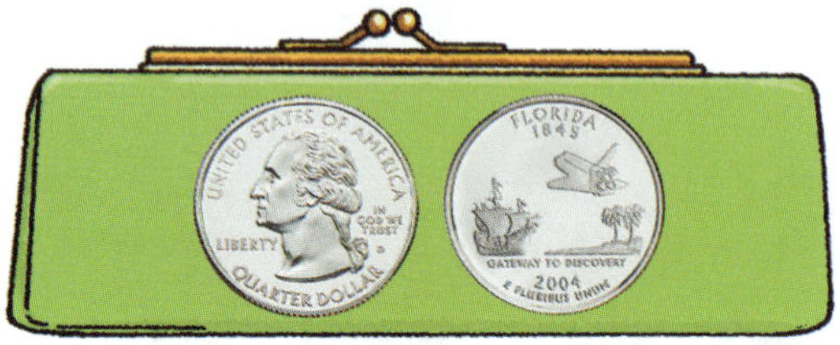

Usa monedas.
Escribe o dibuja dos maneras de pagar por el libro.

7

1.ª manera

2.ª manera

Nombre: ______________________ Fecha: ____________

4 Sumar y restar dinero

Objetivos de aprendizaje:
- Sumar para hallar el costo de objetos.
- Restar para hallar el cambio.
- Sumar y restar dinero en centavos (hasta $1).
- Resolver problemas cotidianos que involucran sumas y restas de dinero.

Vocabulario nuevo
cambio

PIENSA

Claire tiene algunas monedas de 10¢ y 25¢.
Tiene dos monedas de 10¢ más que de 25¢.
El valor total de las monedas que tiene es de 90¢.
¿Cuántas monedas de 10¢ tiene Claire?
¿Cuantas monedas de 25¢ tiene?

PARTICIPA

Shanti y Cooper tienen algunas monedas de 25¢.
Shanti tiene dos monedas de 25¢ más que Cooper.
El valor total de las monedas de 25¢ es de 100¢.
¿Cuánto tiene Shanti?
Usa  como ayuda.

APRENDE Suma y resta dinero

1

estampilla

separador

bolígrafo

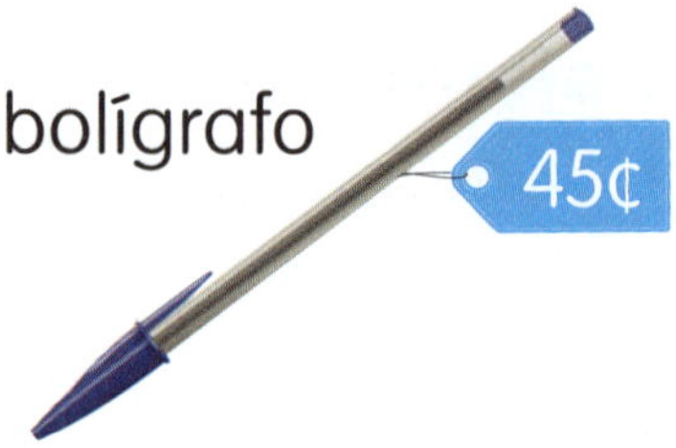

goma de borrar

cinta adhesiva

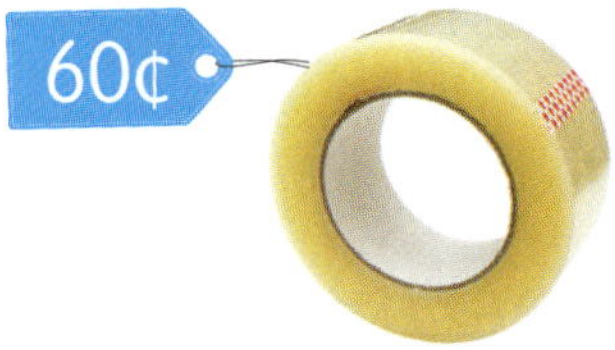

regla

Lucy compra la goma de borrar y la pluma.
50¢ + 45¢ = 95¢
Ella paga 95¢.

Ian compra la regla.
Le da al cajero 70¢.
70¢ – 65¢ = 5¢
Recibe 5¢ de cambio.

Actividad práctica Sumar y restar dinero

Trabaja en pareja.
Toma algunas **.**

① **Hábito para matemáticas 1** **Perseverar en la resolución de problemas**

Tienes 95¢.
Elige dos objetos que quieras comprar de APRENDE.
¿Cuánto cuestan tus objetos en total?

_______¢ + _______¢ = _______¢

② Usa  para pagar a tu compañero.

③ Pide a tu compañero que use  para devolver tu cambio.

95¢ – ____________¢ = ____________¢

④ Tomen turnos.
Repitan los pasos del ① al ③.

INTENTA Practica sumar y restar dinero

Responde cada pregunta.

30¢
pelota

80¢
automóvil de juguete

65¢
pez de juguete

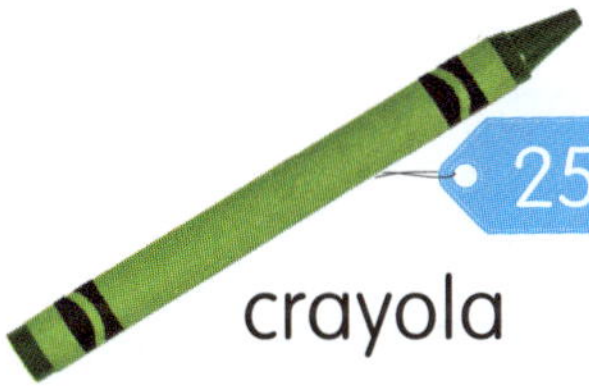
25¢
crayola

20¢
canica

45¢
sacapuntas

1. ¿Cuánto cuestan un pez de juguete y una pelota en total?

   ____________¢ + ____________¢ = ____________¢

   Un pez de juguete y una pelota cuestan ____________¢ en total.

2. ¿Cuáles son los dos objetos que puedes comprar con 45¢?

   ____________ y ____________

3. Usas 100¢ para comprar el automóvil de juguete.

   ¿Cuánto cambio vas a recibir? ____________¢

PARTICIPA

Payton tiene algunas monedas de 25¢ y 10¢.
Tiene 35¢ más que Ethan.
Ethan tiene 60¢.
¿Qué monedas tiene Payton?
Usa  como ayuda.

APRENDE Resuelve problemas cotidianos que involucran dinero

Hugo, Kylie, Hannah y Ali van a una tienda para comprar gomas de borrar.
La ilustración muestra algunas gomas de borrar que se venden en la tienda.

1. Hugo compra una goma de borrar de automóvil y una de bicicleta.
¿Cuánto gasta en total?

PASO 1 Entiende el problema.

¿Cuánto cuestan la goma de borrar de automóvil y la de bicicleta?
¿Qué necesito hallar?

PASO 2 Elabora un plan.
Puedo escribir un enunciado de suma.

PASO 3 Realiza el plan.
55¢ + 35¢ = 90¢
Mike gasta 90¢ en total.

PASO 4 Compruebe el resultado.
Puedo usar  para comprobar mi resultado.

2. Kylie compra la goma de borrar de bicicleta.
Le da al cajero dos monedas de 25¢.
¿Cuánto cambio recibe Kylie?

50¢ – 35¢ = 15¢
Kylie recibe 15¢ de cambio.

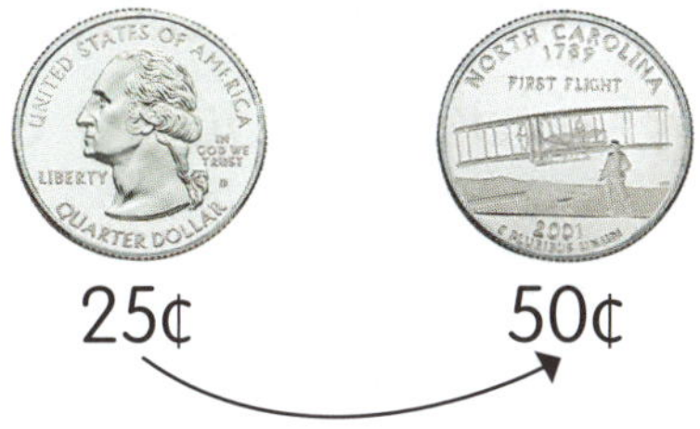

3. Hannah tiene 57¢.
Quiere comprar la goma de borrar de avión.
¿Cuánto más necesita Hannah?

85¢ – 57¢ = 28¢
Hannah necesita 28¢ más.

4. Ali compra la goma de borrar de camión.
Le queda una moneda de 5¢.
¿Cuánto tenía Ali al principio?

75¢ + 5¢ = 80¢
Ali tenía 80¢ al principio.

INTENTA Practica resolver problemas cotidianos que involucran dinero

Resuelve.

plátano  55¢

manzana  37¢

1 Amanda compra la manzana y el plátano.
¿Cuánto paga en total?

Usa el modelo de cuatro pasos para la resolución de problemas como ayuda.

_____ ¢ ◯ _____ ¢ = _____ ¢

Amanda paga _____ ¢ en total.

2 Joshua compra la manzana.
Le da al cajero dos monedas de 25¢.
¿Cuánto cambio recibe Joshua?

_____ ¢ ◯ _____ ¢ = _____ ¢

Joshua recibe _____ ¢ de cambio.

3 Nolan tiene 28¢.
Quiere comprar el plátano.
¿Cuánto más necesita Nolan?

______ ¢ ◯ ______ ¢ = ______ ¢

Nolan necesita ______ ¢ más.

4 Trevon compra el plátano.
Madelyn compra la manzana.
¿Cuánto menos gasta Madelyn que Trevon?

______ ¢ ◯ ______ ¢ = ______ ¢

Madelyn gasta ______ ¢ menos que Trevon.

5 Después de comprar la manzana, a Carolina le quedan 8¢.
¿Cuánto tenía Carolina en un principio?

______ ¢ ◯ ______ ¢ = ______ ¢

Carolina tenía ______ ¢ al principio.

Estos son algunos objetos
a la venta en una tienda

Usa [monedas] como ayuda.

1. Brooke quiere comprar algo para comer.
Tiene 80¢.
¿Qué puede comprar?

2. Levi tiene 95¢.
Después de comprar algo para comer, le quedan 15¢.
¿Cuál comida compra?

3. Samantha tiene cuatro monedas de 25¢.
Escribe dos objetos que podría comprar.
Luego, halla cuánto gasta ella.

Nombre: ______________________ Fecha: ____________

PRÁCTICA INDEPENDIENTE

Resuelve.

1. Noah compra una goma de borrar y un lápiz.
La goma de borrar cuesta 40¢ y el lápiz cuesta 35¢.
¿Cuánto gasta Noah en total?

_______ ¢ ◯ _______ ¢ = _______ ¢

Noah gasta _______ ¢ en total.

2. Un bolígrafo cuesta 50¢.
Layla compra el bolígrafo.
Le quedan 15¢.
¿Cuánto dinero tenía Layla al principio?

_______ ¢ ◯ _______ ¢ = _______ ¢

Layla tenía _______ ¢ al principio.

Estos son algunos objetos a la venta en una tienda.

lápiz

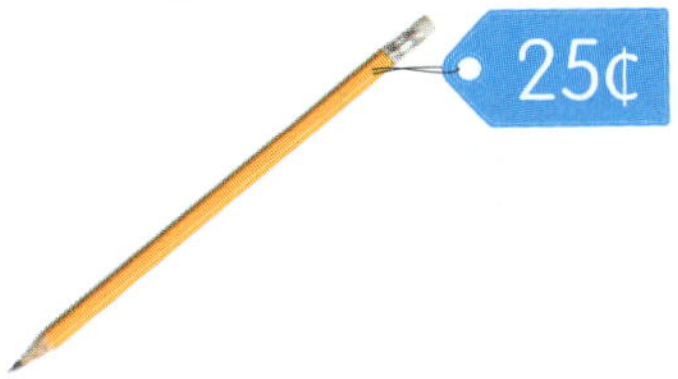

regla

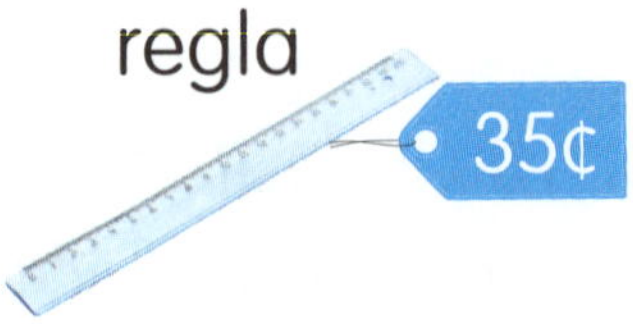

bolígrafo

clips

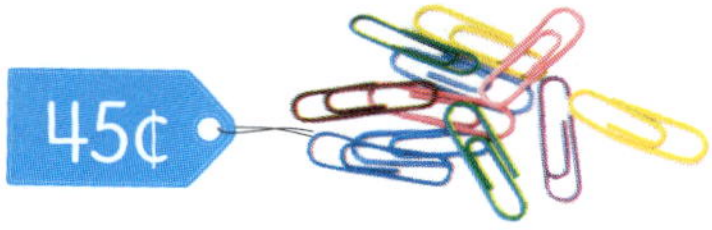

sacapuntas

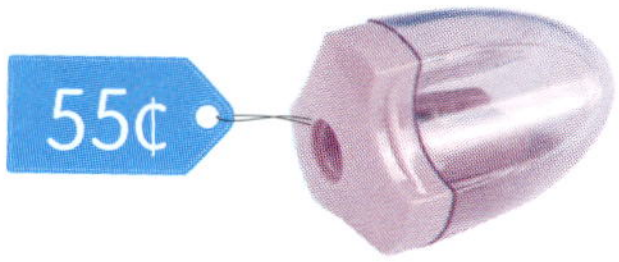

marcador

3 Blake compra el bolígrafo.
Le da al cajero 100¢.
¿Cuánto cambio recibe Blake?

_______ ¢ ◯ _______ ¢ = _______ ¢

Blake recibe _______ ¢ de cambio.

4 Angel tiene 80¢.
Quiere comprar dos objetos.
Escribe los objetos que Angel puede comprar.

Nombre: ______________________ Fecha: ______________

Hábito para matemáticas 1 **Perseverar en la resolución de problemas**

Observa en tu entorno.
Halla tres objetos que puedas comprar con monedas de 1¢, 5¢, 10¢ y 25¢.
Escribe cuáles son estos objetos.
Luego, escribe cuánto cuestan usando monedas de 1¢, 5¢, 10¢ y 25¢.

Resolución de problemas con la heurística

1 **Hábito para matemáticas 1** **Perseverar en la resolución de problemas**

Observa las monedas.

¿Qué enunciados son correctos?

Colorea las .

El valor de las monedas de 25¢ es mayor que el valor total de las monedas de 1¢, 5¢ y 10¢.

Puedes intercambiar todas las monedas por 10 monedas de 1¢.

Puedes intercambiar todas las monedas por 3 monedas de 25¢ y 3 monedas de 5¢.

Si intercambias las monedas de 25¢ por monedas de 1¢, obtendrás un total de 55 monedas de 1¢.

2 Hábito para matemáticas 1 Perseverar en la resolución de problemas

Evan tiene dos monedas debajo de la taza A.
Audrey tiene cuatro monedas debajo de la taza B.
El valor de las monedas en cada taza suma 50¢.

¿Las monedas pueden ser  ?

a ¿Qué monedas hay debajo de la taza A?

____

b ¿Qué monedas hay debajo de la taza B?

____

¡DESAFÍA TU MENTE!

3 **Hábito para matemáticas 1** **Perseverar en la resolución de problemas**

Felipe quiere comprar el cuaderno.

a Dibuja monedas de 1¢ (1¢), 5¢ (5¢), 10¢ (10¢) y 25¢ (25¢).
Representa el precio de tres maneras diferentes.

b ¿Cuál es el menor número de monedas que Felipe puede usar para comprar el cuaderno? ___________

c ¿Cuál es el mayor número de monedas que puede usar para comprar el cuaderno? ___________

CIERRE DEL CAPÍTULO

¿Cómo se usa el dinero en la vida cotidiana?

Dinero

Monedas

25¢

1 moneda de 25¢

10¢

1 moneda de 10¢

5¢

1 moneda de 5¢

1¢

1 moneda de 1¢

Intercambiar una moneda por monedas del mismo valor

Intercambia	Por

Dinero

Hallar el valor de un grupo de monedas

Puedes contar hacia delante para hallar el valor de las monedas.

25, 50, 60, 70, 80, 81, 82 centavos

El valor de las monedas es de 82¢.

Resolver problemas cotidianos que involucran dinero

Naomi compra un libro que cuesta 65¢.
Le da al cajero 75¢.
¿Cuánto cambio recibe Naomi?

75¢ – 65¢ = 10¢
Naomi recibe 10¢ de cambio.

Michelle tiene 72¢.
Bryson tiene 18¢.
¿Cuánto tienen en total?

72¢ + 18¢ = 90¢
Ellos tienen 90¢ en total.

Nombre: ______________________ Fecha: ______________

Escribe el nombre de cada moneda.

1  ____________

2  ____________

3  ____________

4  ____________

Completa cada espacio en blanco.

Escribe dos maneras de intercambiar una moneda de 10¢ por monedas del mismo valor.

5

Intercambia		Número de monedas de cinco centavos	Número de monedas de un centavo
1 moneda de 10¢	1.ª manera		
	2.ª manera		

Cuenta hacia delante para hallar la cantidad de dinero.

6  es __________ ¢.

7  es __________ ¢.

8  es __________ ¢.

Dibuja monedas de 1¢ (1¢), 5¢ (5¢), 10¢ (10¢), y 25¢. (25¢).
Representa cada precio de dos maneras diferentes.

9

1.ª manera

2.ª manera

10

1.ª manera

2.ª manera

Suma o resta.
Luego, completa cada espacio en blanco.

11. 73¢ + 17¢ = __________ ¢

12. 38¢ – 19¢ = __________ ¢

Resuelve.

13. Landon compra una regla que cuesta 65¢.
Le da al cajero 70¢.
¿Cuánto cambio recibe Landon?

__________ ¢ ◯ __________ ¢ = __________ ¢

Landon recibe __________ ¢ de cambio.

14. Simone compra un libro de ejercicios por 52¢ y un lápiz por 19¢.
¿Cuánto gasta Simone en total?

__________ ¢ ◯ __________ ¢ = __________ ¢

Simone gasta __________ ¢ en total.

Preparación para la prueba

Responde cada pregunta.

15. Vicente intercambió una moneda de 25¢ por algunas monedas.
¿Qué recuadro representa las monedas que pudo haber intercambiado?
Marca una ✔ en el recuadro.

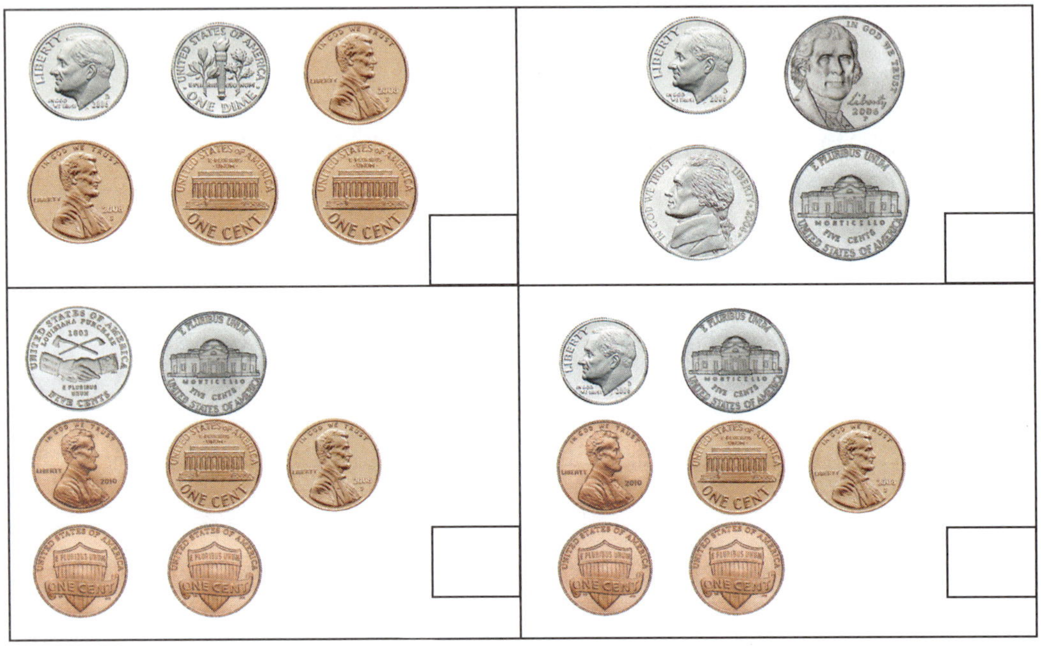

16. ¿Cuál de los siguientes representa un valor total de 50¢?

Ⓐ 

Ⓑ 

Ⓒ 

Ⓓ 

Nombre: ______________________ Fecha: ____________

Comprar en una tienda

1 Faith tiene 67¢ para gastar en la tienda.
Solo tiene seis monedas.

a ¿Cuántas de cada moneda tiene Faith?

b El padre de Faith le da 2 monedas de 5¢ y 4 monedas de 1¢ más.

Faith tiene __________ ¢ ahora.

2 Kim y Axel compran en la tienda.
Cuenta hacia delante para hallar cuánto tienen Kim y Axel.

Kim

__________ ¢

Axel

__________ ¢

a ¿Quién tiene más monedas? ____________

b ¿Quién tiene más dinero? ____________

c Kim quiere comprar algunas estampillas por 12¢.
Encierra en un círculo las monedas que puede usar.

3 pegamento

bolígrafo

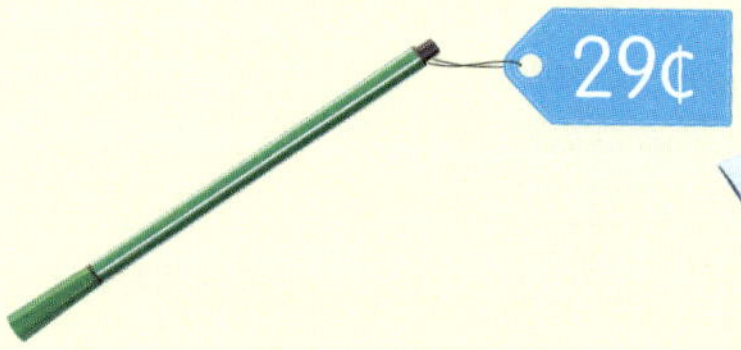

regla

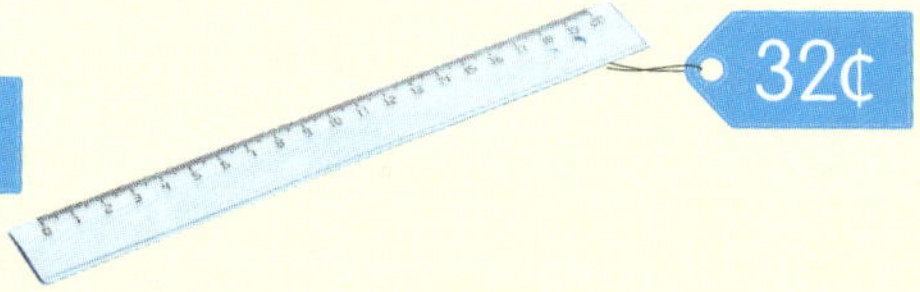

sacapuntas

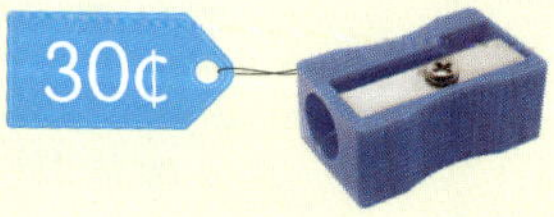

lápiz

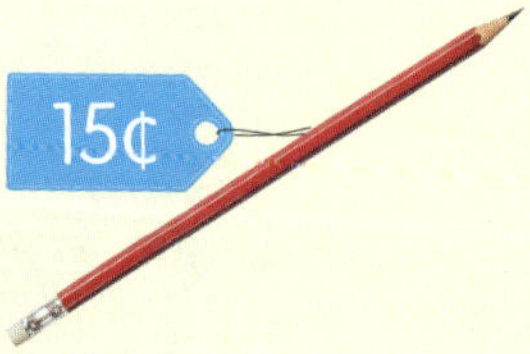

goma de borrar

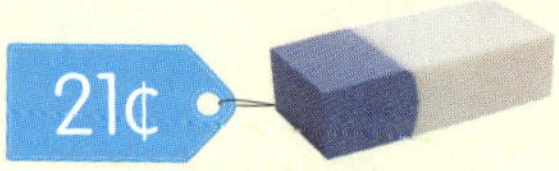

Kevin tiene 61¢ para gastar en la tienda.
¿Cuál par de objetos puede comprar Kevin si gasta exactamente 61¢?

____________ y ____________

4 **a** ¿Cuánto tiene cada niño?

Addison	Dylan	Hayden

________ ¢	________ ¢	________ ¢

b ________ tiene la mayor cantidad de dinero.

c Addison y Hayden tienen ________ ¢ en total.

d Ordena los nombres de los niños por la cantidad de dinero que tienen de menor a mayor.

________, ________, ________

menor   mayor

Rúbrica

Puntaje	Nivel	Mi desempeño
7–8	4	• La mayoría de mis respuestas son correctas. • Muestro todo mi trabajo correctamente. • Explico mi pensamiento de forma clara y completa.
5–6.5	3	• Algunas de mis respuestas son correctas. • Muestro algo de mi trabajo correctamente. • Explico mi pensamiento con claridad.
3–4.5	2	• Unas pocas de mis respuestas son correctas. • Muestro solo una parte de mi trabajo correctamente. • Explico parte de mi pensamiento con claridad.
0–2.5	1	• Unas pocas de mis respuestas son correctas. • Muestro poco o nada de mi trabajo correctamente. • No explico mi pensamiento con claridad.

Comentarios del maestro

Glosario

A

- **aproximadamente**

El cepillo de dientes mide aproximadamente 9  de largo.

C

- **cambio**

Alonso compra el sacapuntas.
Le paga al cajero 50¢.
50¢ – 46¢ = 4¢
Alonso recibe 4¢ de cambio.

- **centavo (¢)**

Centavo es una unidad de dinero. "¢" representa centavos.

- **cien**

Cuenta	Número	Palabra
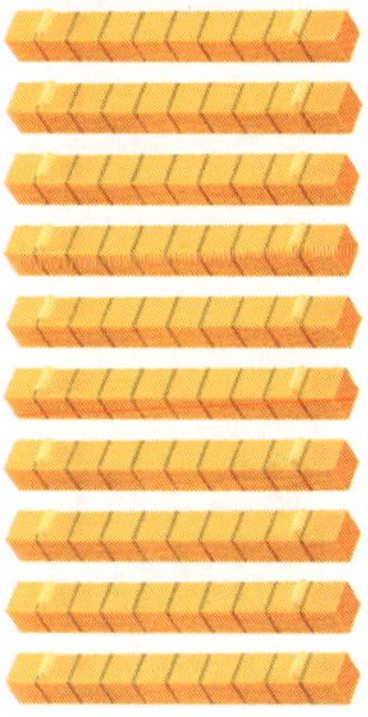	100	cien

- **ciento diez**

Cuenta	Número	Palabra
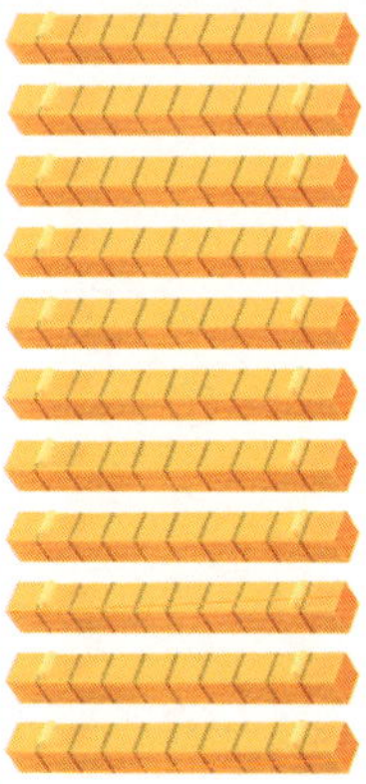	110	ciento diez

- **ciento veinte**

Cuenta	Número	Palabra
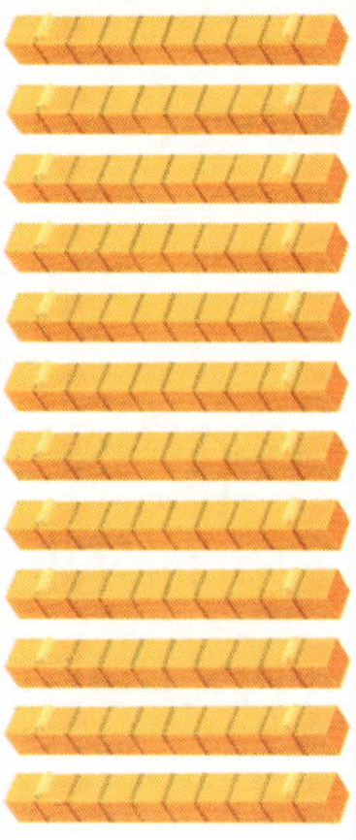	120	ciento veinte

- **cincuenta**

Cuenta	Número	Palabra
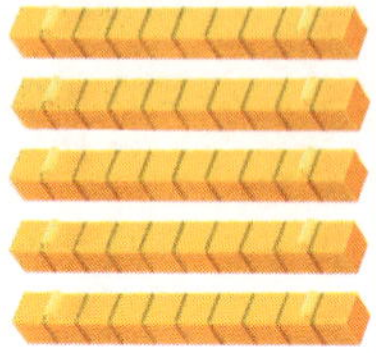	50	cincuenta

- **clave**

Automóviles en un estacionamiento

Una clave dice qué representa una ilustración o un símbolo en una gráfica con dibujos.

D

- **datos**

Los datos son información que tiene números.

Tipo de deporte	Marca	Número de niños
 Béisbol	𝍸 𝍸	10
 Básquetbol	𝍸 |||	8
 Fútbol	||	2

- **dígito**

Un número está formado por dígitos.

En el número 85, los dígitos son 8 y 5.

G

- **gráfica con dibujos**

Cuerpos geométricos

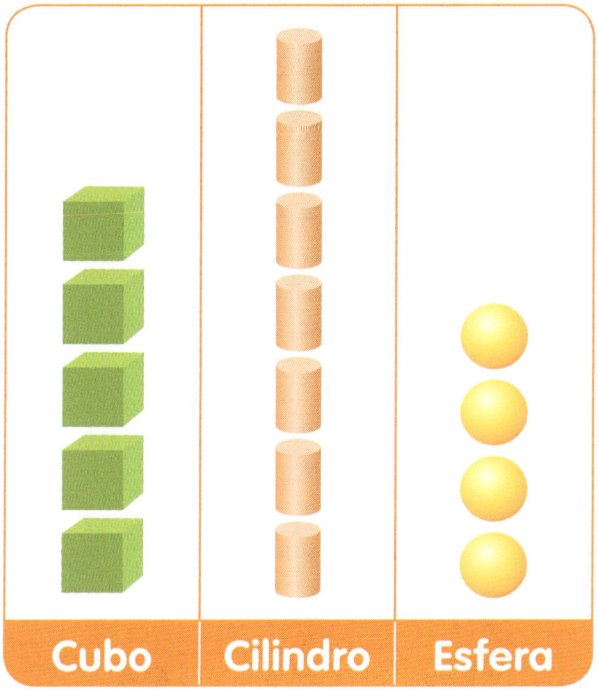

Una gráfica con dibujos usa ilustraciones o símbolos para representar datos.

- **grupos**

Hay 4 grupos.
Cada grupo tiene 4 hámsters.

H

- **hileras**

Hay 4 hileras de .
Cada hilera tiene 4 .

I

- **igual**

Cada grupo tiene 6 corazones.
El número de corazones en cada grupo es igual.

- **intercambiar**

Puedes intercambiar una moneda por otras monedas del mismo valor.

L

- **línea de comparación**

Puedes usar una línea de comparación para comparar la longitud de objetos.

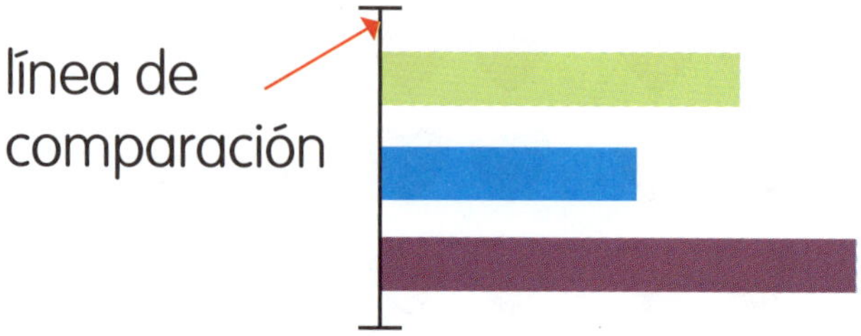

M

- **marca de conteo**

Una marca de conteo | se usa para registrar cada dato.
Cinco marcas de conteo se representan así: 𝍸

𝍸 || representan 7.

- **más alto**

El árbol B es más alto que el árbol A.
El árbol C es más alto que el árbol B.
El árbol C es el más alto.

- **más bajo**

La flor B es más baja que la flor A.
La flor C es más baja que la flor B.
La flor C es la más baja.

- **más largo**

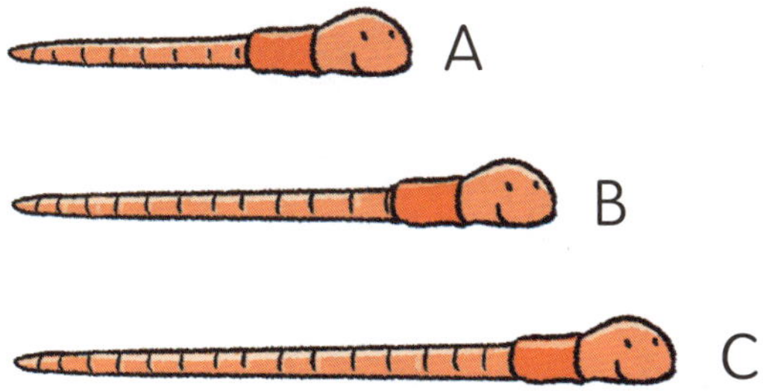

El gusano B es más largo
que el gusano A.
El gusano C es más largo
que el gusano B.
El gusano C es el más largo.

- **más liviano**

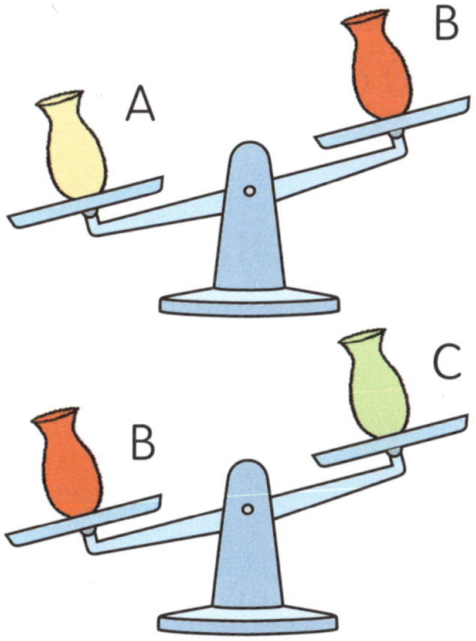

El florero B es más liviano
que el florero A.
El florero C es más liviano
que el florero B.
El florero C es el más liviano.

- **más pesado**

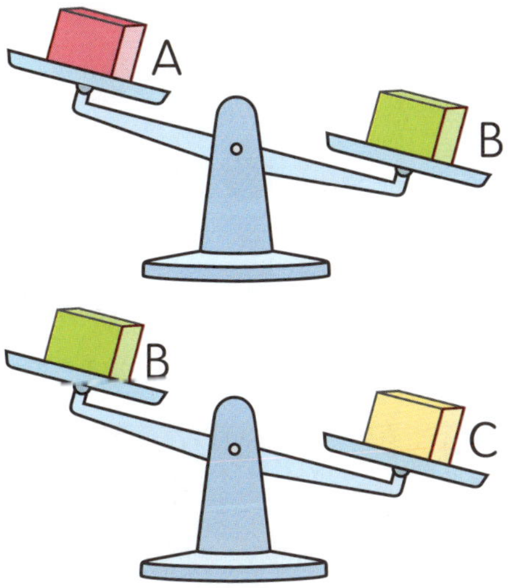

La caja B es más pesada
que la caja A.
La caja C es más pesada
que la caja B.
La caja C es la más pesada.

- **mayor cantidad**
Nuestros juguetes favoritos

El juguete más popular es el
osito de peluche.

- **menor cantidad**

La gallina A puso la menor cantidad de huevos.

- **moneda de 1¢**

o

Una moneda de 1¢ tiene un valor de 1 centavo.

- **moneda de 5¢**

o

Una moneda de 5¢ tiene un valor de 5 centavos.

- **moneda de 10¢**

Una moneda de 10¢ tiene un valor de 10 centavos.

- **moneda de veinticinco centavos**

Una moneda de 25¢ tiene un valor de 25 centavos.

N

- **noventa**

Cuenta	Número	Palabra
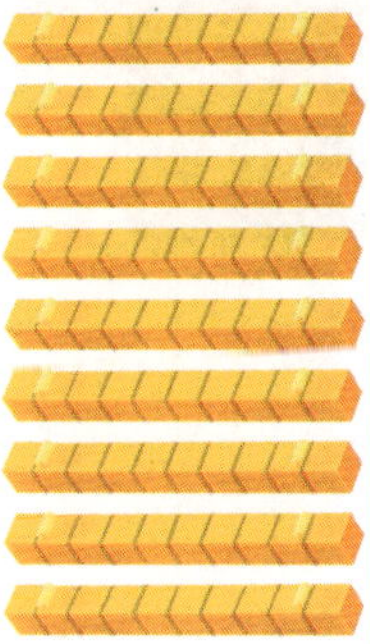	90	noventa

O

- **ochenta**

Cuenta	Número	Palabra
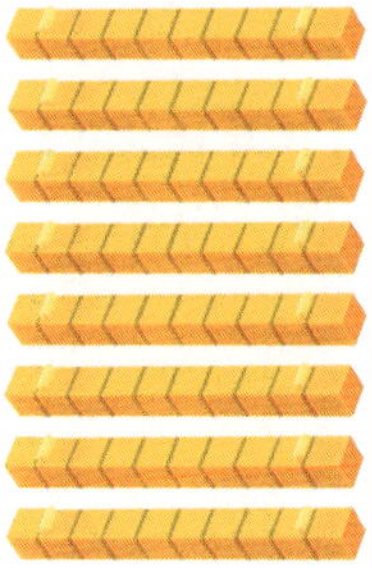	80	ochenta

R

- **reagrupar**

Reagrupas cuando cambias 10 unidades por 1 decena o 1 decena por 10 unidades.

o

S

- **sesenta**

Cuenta	Número	Palabra
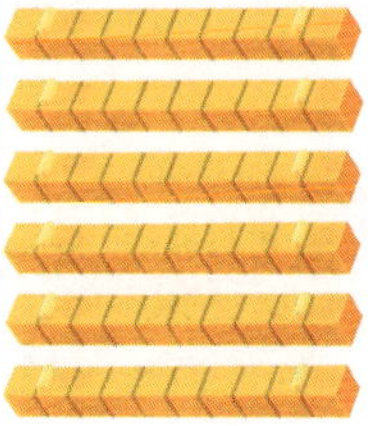	60	sesenta

- **setenta**

Cuenta	Número	Palabra
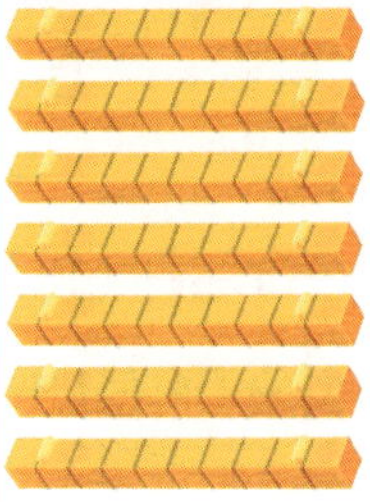	70	setenta

- **símbolo**

  Un símbolo es una ilustración que representa datos en una gráfica con dibujos.

Vehículos en un estacionamiento

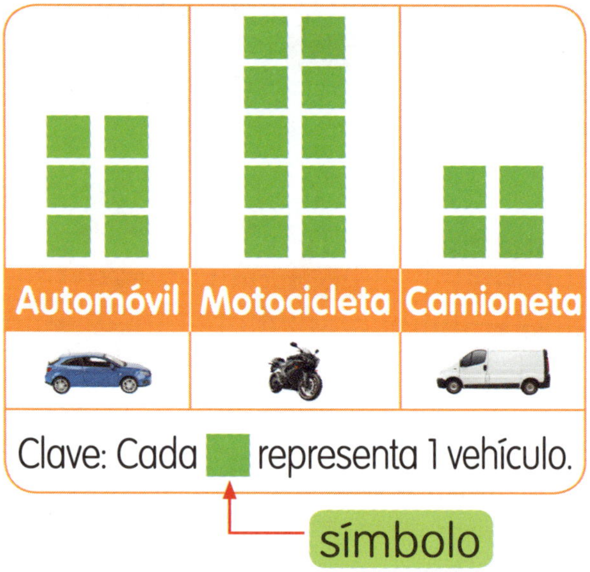

T

- **tabla de conteo**

Instrumento	Marca	Número de niños
Piano	𝍸 ||||	9
Guitarra	𝍸 𝍸 ||	12
Tambor	𝍸 |	6

  Una tabla de conteo se usa para reunir datos de manera rápida.

U

- **unidad**

  Cada  representa 1 unidad.

  El peso de los frijoles es de aproximadamente 9 unidades.

V

- **valor**

  El valor de una moneda nos dice la cantidad de dinero a la que equivale.

Índice

Páginas en estilo **negrita** muestran dónde se introduce un término.

N

O

P

R

Créditos de fotografías

1: © ValeStock/Shutter Stock, 1b: © © Elnur Amikishiyev/123rf.com, 1b: © Natalia Pauk/123rf.com, 19b: © MCE. Objetos patrocinados por Noble International Pte Ltd., 22t: © MCE. Objetos patrocinados por Noble International Pte Ltd., 27b: © MCE. Objetos patrocinados por Noble International Pte Ltd., 28: © MCE. Objetos patrocinados por Noble International Pte Ltd., 32tl: © Volodymyrkrasyuk/Dreamstime.com, 32tm: © Fabrizio Troiani/Dreamstime.com, 32tr: © Carroteater/ Dreamstime.com, 47b: © MCE. Objetos patrocinados por Noble International Pte Ltd., 61b: © MCE. Objetos patrocinados por Noble International Pte Ltd., 62: © MCE. Objetos patrocinados por Noble International Pte Ltd., 63: © MCE. Objetos patrocinados por Noble International Pte Ltd., 64: © MCE. Objetos patrocinados por Noble International Pte Ltd., 65: © MCE. Objetos patrocinados por Noble International Pte Ltd., 66: © MCE. Objetos patrocinados por Noble International Pte Ltd., 67: © MCE. Objetos patrocinados por Noble International Pte Ltd., 68: © MCE. Objetos patrocinados por Noble International Pte Ltd., 69: © MCE. Objetos patrocinados por Noble International Pte Ltd., 76tl: © Kitchner Bain/Dreamstime.com, 76tm: © kriangkrainetnangrong/Shutter Stock, 76tr: © Elena Schweitzer/Shutter Stock, 76b: © MCE, 77: © MCE, 78: © MCE, 79t: © MCE, 79(m to b): © choness/ iStock, 80t: © MCE. Objetos patrocinados por Noble International Pte Ltd., 81(t to m): © M.G. Mooij/123rf.com, 81(m to b): © MCE, 82b: © MCE, 83: Creada por Fwstudio - Freepik.com, 84: © Jakub Gojda/123rf.com, 85mr: © MCE. Objetos patrocinados por Noble International Pte Ltd., 88: © MCE. Objetos patrocinados por Noble International Pte Ltd., 99: © Paolo De Santis/123rf.com, 99t: © Madlen/Shutter Stock, 99bl: © AlexussK/Shutter Stock, 99br: © arka38/Shutter Stock, 100(t to b): i) © MCE. Objetos patrocinados por Noble International Pte Ltd., ii) © Tanapon Samphao/Dreamstime.com, iii) © Passakorn Sakulphan/123rf.com, iv) © Charles Brutlag/123rf.com, v) © MCE. Objetos patrocinados por Noble International Pte Ltd., vi): © Garrett Aitken/Dreamstime.com, 102(t to b): i) © missisya/123rf.com, © Duncan Noakes/123rf.com, ii) © inbj/123rf.com, © 陈于达/123rf.com, iii) © Svetlana Foote/123rf.com, © Maksim Toome/123rf.com, © Sergey Petinov/123rf.com, iv) © Witoon Buttre/Dreamstime.com, © Nuttakit Sukjaroensuk/123rf.com, © Yurakp/ Dreamstime.com, 104(m to b): i) © pockygallery/123rf.com, ii) © HSBortecin/Shutter Stock, iii) © Charles Brutlag/123rf.com, iv) © Tanapon Samphao/Dreamstime.com, 105: © MCE. Objetos patrocinados por Noble International Pte Ltd., 105b: © Mr.Teerapong Kunkaeo/Shutter Stock, 107tl: © Nikolai Sorokin/Dreamstime.com, 107tm: © Cloki/ Dreamstime.com, 107m: © Tetiana Rozhnovska/ Dreamstime.com, 107b: © Wabeno/Dreamstime.com, 108tl: © Hard Ligth/Shutter Stock, 108tm: © Jambals/ Shutter Stock, 108m: © ivn3da/123rf.com, 108b: © pockygallery/123rf.com, 109b: © Mr.Teerapong Kunkaeo/ Shutter Stock, 111t: © MCE. Objetos patrocinados por Noble International Pte Ltd., 111mr: © Dmitrii Kiselev/123rf.com, 111br: © Mr.Teerapong Kunkaeo/Shutter Stock, 121m: © Igor Kovalchuk/Dreamstime.com, 121b: © Mr. Teerapong Kunkaeo/Shutter Stock, 122(t to b): i) © pockygallery/123rf.com, ii) © Igor Kovalchuk/Dreamstime.com, iii) © Amphaiwan/Dreamstime.com, iv) © Igor Kovalchuk/Dreamstime.com, v) © woennyy/123rf.com, vi) © Yvdavyd/Dreamstime.com, 123: © Mr.Teerapong Kunkaeo/Shutter Stock, 124(t to m): i) © Anton Starikov/ Dreamstime.com, ii) © Garrett Aitken/Dreamstime.com, iii) © Marusea Turcu/Dreamstime.com, iv) © Yvdavyd/ Dreamstime.com, 124bl: © Igor Kovalchuk/Dreamstime.com, 124bm: © Passakorn Sakulphan/123rf.com, 125: © Igor Kovalchuk/Dreamstime.com, 125: © Passakorn Sakulphan/123rf.com, 125tl: © Prapan Ngawkeaw/123rf.com, 125ml: © Kidsada Manchinda/123rf.com, 126: © Igor Kovalchuk/Dreamstime.com, 126tr: © MCE, 126tr: © Mr.Teerapong Kunkaeo/Shutter Stock, 126ml: © Mr. Teerapong Kunkaeo/Shutter Stock, 126bl: © MCE, 127: © Igor Kovalchuk/Dreamstime.com, 127tr: © Dmitrii Kiselev/123rf.com, 127mr: © Dmitrii Kiselev/123rf.com, 127b: © MCE, 128(t to m): i) © Broker/Dreamstime.com, ii) © Igor Kovalchuk/Dreamstime.com, iii) © Passakorn Sakulphan/123rf.com, iv) © Igor Kovalchuk/Dreamstime.com, v) © Passakorn Sakulphan/123rf.com, 128ml: © Maksym Bondarchuk/Dreamstime.com, 128mm: © MCE. Objetos patrocinados por Noble International Pte Ltd., 128mr: © Chattep Intaravichian/123rf.com, 128bm: © Chattep Intaravichian/123rf.com, 128br: © MCE. Objetos patrocinados por Noble International Pte Ltd., 129(t to b): i) © Nik Merkulov/123rf.com, ii) © Igor Terekhov/123rf.com, iii) © Carsten Reisinger/123rf.com, © MCE. Objetos patrocinados por Noble International Pte Ltd., iv) © MCE. Objetos patrocinados por Noble International Pte Ltd., v) © Oleg Vydyborets/123rf.com, vi) © Igor Kovalchuk/ Dreamstime.com, vii) © Passakorn Sakulphan/123rf.com, viii) © Igor Kovalchuk/Dreamstime.com, ix) © Passakorn Sakulphan/123rf.com, 130(t to m): © MCE. Objetos patrocinados por Noble International Pte Ltd., 130tl: © Kidsada Manchinda/123rf.com, 130mm: © Kristin Smith/123rf.com, 130bl: © Amnach Kinchokawat/123rf.com, 130br: © Igor Terekhov/123rf.com, 131b: © MCE, 132tl: © Passakorn Sakulphan/123rf.com, 132tl: © Tirrasa/ Dreamstime.com, 132m: © Satakorn/Dreamstime.com, 132m: © Passakorn Sakulphan/123rf.com, 132b: © Vladimir Liverts/123rf.com, 132bl: © Natthapon Ngamnithiporn/123rf.com, 133: © Igor Kovalchuk/ Dreamstime.com, 133: © Dmitrii Kiselev/123rf.com, 135t: © serezniy/123rf.com, 135t: © Olga Kovalenko/123rf.com, 135m: © MCE, 135m: © Andrei Kuzmik/Dreamstime.com, 136tl: © Igor Kovalchuk/Dreamstime.com, 140bm: © 123dartist/Shutter Stock, 140br: © tuulijumala/123rf.com,

141tl: © photogal/123rf.com, 141tm: © Dzmitry Kliapitski/123rf.com, 141ml: © Garrett Aitken/Dreamstime.com, 141mm: ©Udomosookl/iStock, 141bl: © Amnach Kinchokawat/123rf.com, 141bm: © Charles Brutlag/123rf.com, 142tm: © Oleg Vydyborets/123rf.com, 142ml: © missisya/123rf.com, 143tl: © Elena Schweitzer/Dreamstime.com, 143tm: © MCE, 143ml: © MCE, 143mm: © Witoon Buttre/Dreamstime.com, 143bl: © Elena Schweitzer/Dreamstime.com, 143bm: © MCE, 143br: © Witoon Buttre/Dreamstime.com, 144tr: © Kotema/Dreamstime.com, 144tr: © Tutye2001/Dreamstime.com, 144tr: © Amphaiwan/Dreamstime.com, 146(tl to tr): i) © Polina Ryazantseva/Dreamstime.com, ii) © Igor Terekhov/123rf.com, iii) © Iaroslav Danylchenko/123rf.com, iv) Polina Ryazantseva/Dreamstime.com, 146bl: © Veniamin Kraskov/Dreamstime.com, 146bm: © Dmitrii Kaztisyn/Dreamstime.com, 146br: © Toxitz/Dreamstime.com, 147(tl to tr): i) © Volodymyr Muliar/Dreamstime.com, ii) © tiero/123rf.com, iii) © Ivan Kuzmin/123rf.com, iv) © Volodymyr Muliar/Dreamstime.com, 147bl: © Sergey Kolesnikov/123rf.com, 147bm: © Svetlana Voronina/123rf.com, 147br: © MCE, 148tl: © boroda/123rf.com, 148tm: © Nbvf/Dreamstime.com, 148tr: © Maksym Narodenko/123rf.com, 149b: © MCE. Objetos patrocinados por Noble International Pte Ltd., 150: © MCE. Objetos patrocinados por Noble International Pte Ltd., 150tl: © Anton Starikov/123rf.com, 150ml: © Natthapon Ngamnithiporn/123rf.com, 151: © Houghton Mifflin Harcourt, 151: © MCE. Objetos patrocinados por Noble International Pte Ltd., 151tm: © Olga Popova/123rf.com, 151ml: © Design56/Dreamstime.com, 151mr: © Dzmitry Kliapitski/123rf.com, 153: © MCE. Objetos patrocinados por Noble International Pte Ltd., 153tl: © Maksym Narodenko/123rf.com, 153tm: © Sirichai Asawalapsakul/123rf.com, 153mm: © MCE, 154: © Dvmsimages/Dreamstime.com, 154ml: © siraphol/123rf.com, 154tm: © Amphaiwan/Dreamstime.com, 155tl: © Polina Ryazantseva/Dreamstime.com, 155bl: © Chattep Intaravichian/123rf.com, 155br: © Kotema/Dreamstime.com, 156tl: © Pixelrobot/Dreamstime.com, 156tm: © Yurakp/Dreamstime.com, 156ml: © MCE. Objetos patrocinados por Noble International Pte Ltd., 156mm: © Yurakp/Dreamstime.com, 156b: © MCE. Objetos patrocinados por Noble International Pte Ltd., 156b: © 123dartist/Shutter Stock, 157(t to b): i) © Igor Kovalchuk/Dreamstime.com, ii) © pockygallery/123rf.com, © Pixelrobot/Dreamstime.com, © siraphol/123rf.com, iii) © Igor Kovalchuk/Dreamstime.com, © Houghton Mifflin Harcourt, iv) © Igor Kovalchuk/Dreamstime.com, v) © Houghton Mifflin Harcourt, 158(t to b): i) © Houghton Mifflin Harcourt, ii) © Aperturesound/Dreamstime.com, © Amphaiwan/Dreamstime.com, © Charles Brutlag/123rf.com, iii) © Houghton Mifflin Harcourt, © Igor Kovalchuk/Dreamstime.com, iv) © Houghton Mifflin Harcourt, v) © Igor Kovalchuk/Dreamstime.com, 159: © MCE. Objetos patrocinados por Noble International Pte Ltd., 161: © 123dartist/Shutter Stock, 161tl: © photoshkolnik/123rf.com, 161tm: © Elena Schweitzer/Dreamstime.com, 161mm: © Inna Kyselova/123rf.com, 162: © MCE. Objetos patrocinados por Noble International Pte Ltd., 162tl: © kokoroyuki/123rf.com, 162ml: ©Olga Sapegina/123rf.com, 162mm: © Irogova/Dreamstime.com, 162bm: © 5second/123rf.com, 163: Creada por Fwstudio - Freepik.com, 163(t to m): i) © philipus/123rf.com, ii) © Photoart11/Dreamstime.com, iii) © Helena Bilkova/Dreamstime.com, 164tl: © Tirrasa/Dreamstime.com, 164tr: © Nakit Jaroonsrirak/123rf.com, 164ml: © Jrtmedia/Dreamstime.com, 164mr: © Igor Kovalchuk/Dreamstime.com, 165t: © Dmytro Pauk/123rf.com, 167(mr to br): i) © gracethang2/Shutter Stock, ii) © Bryan Solomon/Shutter Stock, iii) © tanyar30/123rf.com, iv) © gracethang2/Shutter Stock, 168tl: © Production Perig/Shutter Stock, 168tm: © Aleksandr Belugin/123rf.com, 168tr: © Geniuskp/Dreamstime.com, 168b: © 123dartist/Shutter Stock, 168b: © MCE. Objetos patrocinados por Noble International Pte Ltd., 168b: © Enriscapes/123rf.com, 169t: © Nik Merkulov /123rf.com, 169t: © Exopixel/Dreamstime.com, 169m: © belchonock/123rf.com, 170t: ©Udomosookl/iStock, 170(t to m): © Chattep Intaravichian/123rf.com, 170(t to m): © MCE, 170m: © ivn3da/123rf.com, 170bl: © leedsn/123rf.com, 170br: © Charles Brutlag/123rf.com, 170b: © Igor Kovalchuk/Dreamstime.com, 171tl: © Mohammed Anwarul Kabir/Dreamstime.com, 171tm: © Ronny Fredriksen/Dreamstime.com, 171(ml to mr): i) © Dmitriy Syechin/123rf.com, ii) © ILYA AKINSHIN/123rf.com, iii) © Siwaporn Tharawattanatham/123rf.com, iv) © Dmitriy Syechin/123rf.com, 172tl: © Viktor Prymachenko/Dreamstime.com, 172tm: © Elena Schweitzer/Dreamstime.com, 172mm: © Valentina Razumova/123rf.com, 173(t to m): © Dvmsimages/Dreamstime.com, 173tl: © Jakkrit Orrasri/123rf.com, 173(m to b): © MCE. Objetos patrocinados por Noble International Pte Ltd., 173bl: © Jakkrit Orrasri/123rf.com, 174(ml to mr): i) © Nbvf/Dreamstime.com, ii) © Pixelrobot/Dreamstime.com, iii) © Yvdavyd/Dreamstime.com, iv) © Pixelrobot/Dreamstime.com, 174b: © Pixelrobot/Dreamstime.com, 176t: © Thanamat Somwan/Shutter Stock, 176m: © Igor Kovalchuk/Dreamstime.com, 176m: © Passakorn Sakulphan/123rf.com, 178l: © Madlen/Shutter Stock, 179l: © Anatoly Maslennikov/123rf.com, 181: © Jon Bilous/Dreamstime.com, 181br: © Mtlapcevic/Dreamstime.com, 182b: © Alla Zotova/123rf.com, 185: © MCE, 187b: © MCE, 188b: © MCE, 189: © MCE. Objetos patrocinados por Noble International Pte Ltd., 190: © MCE, 191: © MCE. Objetos patrocinados por Noble International Pte Ltd., 197t: © alekss/123rf.com, 197b: © robstark/123rf.com, 198t: © sunshinesmile/123rf.com, 202: © piotr_pabijian/Shutter Stock, 208bl: © rasslava/123rf.com, 210tl: © Pavlo Vakhrushev/123rf.com, 212tl: © Somchai Jongmeesuk/123rf.com, 213tl: © Jakub Gojda/123rf.com, 216: © piotr_pabijian/Shutter Stock, 221: Creada por Fwstudio - Freepik.com, 221(t to m): i) © Remus Cucu/Dreamstime.com, ii) © Akinshin/Dreamstime.com, iii) © Jalcaraz/Dreamstime.com, 232t: © czalewski/123rf.com, 232b: © 2bears/Dreamstime.com, 233t: © hidesy/Shutter Stock, 236tr: © Igor Sokolov (breeze)/Shutter Stock, 237: © Grigorenko/Dreamstime.com, 295: Creada por Fwstudio - Freepik.com, 311: © Maksim Mitsun/Dreamstime.com,

315(ml to bl): i) © Edgaras Kurauskas/Dreamstime.com, ii) © Cornelius20/Dreamstime.com, iii): © Supparsorn Wantarnagon/123rf.com, 316t: © MCE. Objetos patrocinados por Noble International Pte Ltd., 319t: © MCE, 319m: © Natalya Aksenova/Dreamstime.com, 320(tl to ml): i) © Yifang Zhao/Dreamstime.com, ii) © Peteri/ Shutter Stock, iii) © Jiri Vaclavek/Dreamstime.com, 321ml: © Spayder pauk_79/Shutter Stock, 321mm: © Rimijas/ Dreamstime.com, 321mr: © Yana Bardichevska/ Dreamstime.com, 322(tl to ml): i) © Natalya Aksenova/ Dreamstime.com, ii) © ewastudio/123rf.com, iii) © Anatolii Tsekhmister/123rf.com, 323: © MCE. Objetos patrocinados por Noble International Pte Ltd., 325(t to m): i) © natika/123rf.com, ii) © Boonchuay1970/Think Stock/ iStock, iii) © Maksym Narodenko/123rf.com, 328(t to m): i) © Edgaras Kurauskas/Dreamstime.com, ii) © Cornelius20/Dreamstime.com, iii) © Olga Popova/123rf. com, 330: © Edgaras Kurauskas/Dreamstime.com, 330: © Olga Popova/123rf.com, 330: © Andriy Popov/123rf. com, 331: © Andriy Popov/123rf.com, 331: © Edgaras Kurauskas/Dreamstime.com, 331: © Olga Popova/123rf. com, 332: © Andriy Popov/123rf.com, 332: © Edgaras Kurauskas/Dreamstime.com, 332: © Olga Popova/123rf. com, 333: © MCE, 334: © MCE, 339: Creada por Fwstudio - Freepik.com, 341ml: © effective stock photos/Shutter Stock, 341mm: © Tsekhmister/Shutter Stock, 341mr: © PHOTOCREO Michal Bednare/Shutter Stock, 342tr: © MCE, 342tr: © Viktor Prymachenko/Dreamstime.com, 342tr: © Elena Schweitzer/Dreamstime.com, 343bl: © lem/Shutter Stock, 343bl: © Jesus Cervantes/Shutter Stock, 343bl: © Boris Medvedev/Dreamstime.com, 345ml: © Tatiana Popova/Shutter Stock, 345mm: © Sergey Milovidov/ Dreamstime.com, 345mr: © Nullplus/Dreamstime.com, 346: © Elena Schweitzer/Dreamstime.com, 346: © MCE, 346: © changephoto/iStock, 352tr: © David Smith/ Dreamstime.com, 353: © radub85/123rf.com, 353tr: © kritchanut/123rf.com, 359b: © Houghton Mifflin Harcourt, 360: © Houghton Mifflin Harcourt, 362: © Houghton Mifflin Harcourt, 363: © Houghton Mifflin Harcourt, 364t: © Houghton Mifflin Harcourt, 365: © Houghton Mifflin Harcourt, 366: © Houghton Mifflin Harcourt, 368: © Houghton Mifflin Harcourt, 369: © Houghton Mifflin Harcourt, 371: © Houghton Mifflin Harcourt, 372: © Houghton Mifflin Harcourt, 373ml: © Yellow Cat/Shutter Stock, 373ml: © FabrikaSimf/Shutter Stock, 374tl: © Elena Schweitzer/Dreamstime.com, 374ml: © Chalermphon Kumchai/Dreamstime.com, 374bl: © MCE, 375: © Houghton Mifflin Harcourt, 376(tl to bl): i) © Charles Brutlag/123rf.com, ii) © Toxitz/Dreamstime.com, iii) © Robyn Mackenzie/Dreamstime.com, iv) © Veniamin Kraskov/123rf.com, 376tr: © Houghton Mifflin Harcourt, 377b: © Houghton Mifflin Harcourt, 378: © Houghton Mifflin Harcourt, 379: © Houghton Mifflin Harcourt, 380: © Houghton Mifflin Harcourt, 381: © Houghton Mifflin Harcourt, 384: © Houghton Mifflin Harcourt, 385: © Houghton Mifflin Harcourt, 386t: © Houghton Mifflin Harcourt, 387t: © Houghton Mifflin Harcourt, 387mr: © MCE, 387br: © Sataporn Jiwjalaen/123rf.com, 388ml: © Sergei Kardashev/Shutter Stock, 388bl: © movingmoment/123rf.com, 389tl: © Cloki/Dreamstime. com, 389bl: © Alfio Scisetti/123rf.com, 390: © piotr_ pabijian/Shutter Stock, 391: © Houghton Mifflin Harcourt, 392(tl to ml): © Houghton Mifflin Harcourt, 392(tr to mr): i) © FabrikaSimf/Shutter Stock, ii) © Robyn Mackenzie/ Dreamstime.com, iii) © miltonia/123rf.com, iv) © Jurgen François/123rf.com, 392bl: © Bjoern Wylezich/123rf.com, 394tm: © Robert Adrian Hillman/Dreamstime.com, 394tr: © Alexander Atkishkin/123rf.com, 394ml: © Yellow Cat/ Shutter Stock, 394mm: © MAKSYM SUKHENKO/123rf.com, 394mr: © kaspri/123rf.com, 395tl: © PrasongTakham/ Shutter Stock, 395tm: © Brackishnewzealand/ Dreamstime.com, 395tr: © LuXpics/Shutter Stock, 395ml: © Charles Brutlag/123rf.com, 395mm: © Silberkorn/ Dreamstime.com, 395mr: © MeteeChaicharoen/Shutter Stock, 397mr: © Houghton Mifflin Harcourt, 398tl: © MCE, 398tr: Elena Schweitzer/Dreamstime.com, 400(t to m): i) © Duncan Andison/Shutter Stock, © lukethelake/Shutter Stock, © Olga Kovalenko/Dreamstime.com, ii) © george39/123rf.com, © Vudhikul Ocharoen/Dreamstime. com, © movingmoment/123rf.com, iii) © Chalermphon Kumchai/Dreamstime.com, © Phonlawat Chaicheevinlikit/123rf.com, 402tl: © Chalermphon Kumchai/Dreamstime.com, 402tm: © **Сергей Толмачев**/123rf.com, 402tr: © Elizabeth Cummings/123rf.com, 402ml: © Alla Sizintseva/123rf. com, 402mm: © Oleksandr Kovalchuk/123rf.com, 402mr: © Micha Klootwijk/123rf.com, 403: Creada por Fwstudio - Freepik.com, 404tl: © Houghton Mifflin Harcourt, 405tm: © Houghton Mifflin Harcourt, 406tl: © Pablo Hidalgo/ Dreamstime.com, 407: © Houghton Mifflin Harcourt, 408ml: © Houghton Mifflin Harcourt, 409: © Houghton Mifflin Harcourt, 410tl: © Chalermphon Kumchai/ Dreamstime.com, 410ml: © Roman Samokhin/123rf.com, 412: © Houghton Mifflin Harcourt, 413: © Houghton Mifflin Harcourt, 414t: © Houghton Mifflin Harcourt, 414ml: © pixelrobot/123rf.com, 414mm: © Tanakrit Tipkanok/123rf. com, 414mr: © **Сергей Толмачев** /123rf.com, 414bl: © MeteeChaicharoen/Shutter Stock, 414bm: © Chalermphon Kumchai/Dreamstime.com, 414br: © Julian Rovagnati/Dreamstime.com, 415t: © Houghton Mifflin Harcourt, 417(tl to bl): i) © Toxitz/Dreamstime.com, ii) © MCE, iii) © cloud7days/123rf.com, iv) © Jose Manuel Gelpi Diaz/123rf.com, 417(tr to mr): i) © Andriy Popov/123rf.com, ii) © Edgaras Kurauskas/Dreamstime.com, iii) © Olga Popova/123rf.com, 418tl: © Houghton Mifflin Harcourt, 418tr: © MCE, 418mr: © Natalya Aksenova/Dreamstime. com, 418bl: © Houghton Mifflin Harcourt, 420(mm to mr): i) © Spayder pauk_79/Shutter Stock, ii) © Rimijas/ Dreamstime.com, iii) © Yana Bardichevska/Dreamstime. com, 421tl: © Houghton Mifflin Harcourt, 421br: © Houghton Mifflin Harcourt, 422bl: © Houghton Mifflin Harcourt, 422br: © MCE. Objetos patrocinados por Noble International Pte Ltd., 423(bm to br): i) © Tatiana Popova/ Shutter Stock, ii) © Sergey Milovidov/Dreamstime.com, iii) © Nullplus/Dreamstime.com, 424(ml to bl): i) © lem/ Shutter Stock, ii) © Jesus Cervantes/Shutter Stock, iii) © Boris Medvedev/Dreamstime.com

Published by Marshall Cavendish Education
Times Centre, 1 New Industrial Road, Singapore 536196
Customer Service Hotline: (65) 6213 9688
US Office Tel: (1-914) 332 8888 | Fax: (1-914) 332 8882
E-mail: cs@mceducation.com
Website: www.mceducation.com

Distributed by
Houghton Mifflin Harcourt
125 High Street
Boston, MA 02110
Tel: 617-351-5000
Website: www.hmhco.com/programs/math-in-focus

First published 2020

ISBN 978-0-358-30964-2

Printed in Singapore

2 3 4 5 6 7 8 1401 25 24 23 22 21 20
4500800911 B C D E F

Los koalas tienen un pelaje suave de color gris y un pecho de color crema.
Solo se encuentran en algunas partes de Australia.
Los koalas viven en los árboles de eucalipto y se alimentan de sus hojas.
Los koalas no son osos, son marsupiales; los marsupiales son animales que cargan a sus crías dentro de una bolsa.